추천의 글

김윤권 교사
이사벨고등학교

    기독교 학교교육에 대한 꿈과 열정으로 가득한 이 책은 한국 기독교대안학교의 살아 있는 증거이자 감사의 결과입니다. 기독교교육에 대한 근본적인 고민과 성찰을 통해 공교육을 넘어서는 수많은 기독교대안교육의 주인공들을 만날 수 있음에 마음 가득 행복합니다. 특별히 이 책에는 공교육에서는 쉽게 찾아볼 수 없는 신앙과 가르침 그리고 삶의 통합이 진솔하고 아름답게 그려지고 있습니다. 그래서 하나님 앞에서의 순수한 반응과 그것을 예비하고 이끄시는 하나님의 놀라운 섭리가 더욱 소중하게 느껴집니다.
    나아가 수학, 과학, 역사, 미술 등 자신이 가르치는 교과를 하나님 앞에 소중한 제사로 올려드리는 대제사장 같은 선생님들의 열매가 한국의 기독교대안교육에 꺼지지 않는 소망과 도전이 되기를 기대합니다.

박상진 교수
기독교학교교육연구소 소장, 장로회신학대학교 기독교교육학과

이 책은 우리나라 기독교대안학교를 온몸으로 느끼도록 해 줍니다. 여덟 분의 기독교대안학교 지도자들이 자신이 이해하고 경험한 기독교대안교육을 마치 차를 마시면서 담소를 나누듯 이야기로 풀어내고 있습니다. 자신이 왜 기독교대안학교에 몸담게 되었는지, 시행착오를 통해 어떻게 기독교대안교육을 깨닫게 되었는지, 짧지 않은 세월동안 기독교대안교육을 실천한 보람이 무엇인지를 저마다의 색깔로 그려내고 있습니다.

이들의 공통점은 아세아연합신학대학교(ACTS) 교육대학원에서 머리를 맞대고 기독교대안교육을 함께 연구했다는 점입니다. ACTS 교육대학원은 기독교대안교육에 대한 우리나라 첫 대학원이며 가장 전문적인 과정이라고 할 수 있습니다. 이 과정을 통해 이들은 현장과 이론, 신앙과 학문, 기독교 세계관과 교과를 통합할 수 있었고, 이 책은 그 열매인 셈입니다.

이 책을 읽노라면 오늘날 한국의 기독교대안학교가 있기까지 하나님께서 베푸신 은혜와 기독교사들의 사랑의 수고가 있었음을 깨달으며 감사하게 됩니다. 이 책을 기독교적 가르침이 무엇인지를 궁금해하는 모든 기독교사에게 필독서로 추천합니다.

박은조 목사
샘물학교 설립자, 전 기독교 학교교육연구소 이사장

여호수아 4장을 보면 성도들이 평생 기억해야 할 일을 주께서 말씀하십니다. 주께서 요단강을 건너갈 이스라엘 백성들에게 요단강 바닥에 있는 돌 12개를 가지고 가서, 건너편 땅에 기념비를 세우라고 명령하십니다.

무슨 뜻일까요?

하나님은 우리의 상상을 뛰어넘는 방식으로 자신의 약속을 지키시는 분이시며, 그런 하나님을 자손들에게도 가르쳐 알게 하라는 말씀입니다.

우리는 가정과 교회와 기독교 학교에서 바로 이 하나님을 우리의 자녀에게 알게 해야 합니다. 우리의 자녀들이 그분과 함께 복된 삶을 살게 하므로, 하나님 나라 운동이 계속되게 해야 합니다. 그것이 이 땅을 사는 우리 자손들에게 가장 좋은 길이기 때문입니다. 바로 이 사역을 위해서, 현장에서 땀을 흘리고 있는 교사들이 전해 주는 생생한 이야기에 귀를 기울여 보십시다. 우리가 함께, 기쁘게 걸어가야 할 길을 발견할 수 있을 것입니다.

유경상 대표
Christian Thinking Center

멀리서 옛 친구가 찾아온 것처럼 참 반가운 책이 나왔습니다. 이 책이 반가운 이유는 다음과 같습니다.

첫째, 이 책의 저자 중 몇 분은 오래전에 함께 '하나님이 기뻐하시는 기독교 학교'를 꿈꾸며 동역했던 선생님들이십니다. 그들의 이야기를 글로 접하니, 오랜 친구의 근황을 듣는 것 같고, 저절로 옛 추억에 잠기게 됩니다. 그때는 기독교 학교와 기독교사의 정체성에 대해 함께 고민하고 이야기 나누었다면, 이제는 자신의 삶을 통해 기독교 학교와 기독교사의 이야기를 써가고 있는 선생님들을 보며, 제가 그들의 친구라는 것이 정말 자랑스럽습니다.

둘째, 오래전부터 이런 종류의 책이 나오기를 기다렸기 때문입니다. 기독교 학교나 기독교교육에 대한 이론 서적과 자료들은 많이 나왔지만, 정작 기독교 학교라는 최전선에서 치열하게 사는 선생님들의 이야기를 들을 기회가 많지 않았습니다. 이 책을 통해 선생님들의 솔직담백한 이야기를 들으니, 기독교 학교와 기독교사들을 이해하는 데 큰 도움이 될 뿐만 아니라, 선생님들의 기독교 학교를 향한 열정과 제자들을 향한 사랑이 온몸으로 느껴집니다.

학교라는 현장이 늘 해결해야 할 문제의 연속이고, 때로는 지치고 외로운 곳이지만, 이 책의 저자들은 그 학교라는 현장에서 행복하다고 고백합니다. 그들의 고백이 부럽기도 하고, 그들의 삶의 자세가 큰 도전으로 다가옵니다.

셋째, 저자들 모두가 기독교 세계관의 중요성을 공감하고 있습니다. 삶의 모든 영역에서 하나님의 말씀대로 생각하고 살아가는 것이 기독교 세계관이라면, 저자들은 교육의 영역에서 기독교 세계관을 적용하기 위해 몸부림치고 있고, 또한 열매들을 맺고 있습니다. 학교는 세계관을 가르치는 곳이라는 점에서, 이러한 선생님들이 기독교 학교의 중심에서 섬기고 있다는 자체가 감사한 일이고, 앞으로의 기독교 학교를 더욱 소망하게 됩니다. 이 책을 읽는 모든 분도, 제가 경험했던 것처럼, 옛 친구가 오랜만에 찾아온 것과 같은 반가움과 기쁨을 경험하길 기대합니다.

유재봉 교수
성균관대교육학과

이 책은 넓게는 기독교대안운동의 요체가 되는 기독교대안학교에 10년 이상 헌신해 온 기독교 학교 8명의 교사들의 생생한 이야기를 담고 있는 누구나 읽기 쉬운 책입니다.

그러나 이 책에는 교사들의 기독교대안교육을 위해 치열하게 고민해 온 흔적과 눈물이 있습니다. 성경에 토대를 둔 거대 서사(Grand narrative)를 각 학교와 교사의 맥락에서 풀어낸 역동적인 작은 서사들(little narratives)로 넘쳐납니다. 교사의 소명을 이루기 위해 제자 삼는 일을 위한 처절한 기도와 노력을 통해 가르치면서 오히려 더 배우게 되는 교학상장(敎學相長)의 현장을 목도할 수 있습니다. 때로는 교육 현장에서 자신의 미숙과 실패를 정직하게 고백하는 인간적인 진솔함이 진하게 묻어납니다.

그러므로 이 책은 기독교대안학교 교사를 꿈꾸고 있거나 기독교대안교육의 현장을 알고 싶은 분, 그리고 한때는 기독교대안학교에 헌신했으나 여러 가지 이유로 열정이 식어져가고 있거나 한 발 물러서 있는 분에게 일독을 권합니다.

이규현 목사
은혜의동산기독교학교 이사장

예수님께서 이 땅에서 하신 대표적인 일이 전도, 치유, 교육이었습니다. 주님은 한 사람의 인격이 세워지는 데 바른 가르침이 얼마나 소중한 것인지 알고 계셨기에 그렇게 열심히 가르치셨던 겁니다. 기독교대안학교 교사들은 주님께서 너무나 소중하게 생각하신 일을 위임 받은 분들입니다. 그렇기에 어깨가 무겁기도 하지만 너무 귀한 일을 감당한다는 감사와 기쁨을 가지고 계신 분들입니다.

이번에 ACTS교육연구소에서 귀한 책을 내시게 된 것을 축하드립니다. 더욱이 저자들이 모두 기독교교육학을 공부하시는 분들인 동시에 현장의 경험을 가지고 있다는 것이 매우 고무적입니다. 이론이 있어야 뼈대가 생기는 것이고 현장이 있어야 그것이 생명체가 되는 것이기 때문입니다. 선생님들의 글 하나 하나가 선명한 답을 주는 것이기보다 진실한 고민을 담고 있다는 것이 참 감사합니다. 이런 깊은 고민 속에서 찾아낸 소중한 진주가 앞으로 기독교 학교교육 발전에 소중한 밑거름이 될 줄로 믿습니다.

ACTS교육연구소 신서 ④

교사들이 말하는
기독교대안교육

ACTS교육연구소 편집

김병재·유승민·이정미·이해리·조희국·주순희·허 연·허찬영 지음

아세아연합신학대학교
Asian Center for Theological Studies and Mission
Asia United Theological University

목차

• 추천의 글   1

    김윤권 교사 | 이사벨고등학교
    박상진 교수 | 기독교학교교육연구소 소장, 장로회신학대학교
                기독교교육학과
    박은조 목사 | 샘물학교 설립자, 전 기독교학교교육연구소 이사장
    유경상 대표 | Christian Thinking Center
    유재봉 교수 | 성균관대 교육학과
    이규현 목사 | 은혜의동산기독교학교 이사장

• 머리말   12

    이숙경 | ACTS교육연구소 소장

• 공동체를 넘어선 공동체를 향하는 교육 | 허찬영   15

    1. 쫄보의 저항
    2. 러더퍼드의 선물
    3. 대안교육을 만남
    4. "맛있는" : 꿈의학교의 첫발
    5. "에너지" : 꿈의학교 나의 학교가 되다
    6. "애통하는" : 꿈의학교 내가 되다
    7. 기독교대안교육이 필요한 이유
    8. 기독교대안교육이 필요로 하는 것
    9. 기독교대안학교의 과제 : 공동체를 넘어선 공동체

- 기독교 학교교육이 자라다 | 허 연　　　　　　　　　　　　52
    1. 기독교 학교교육의 씨앗이 심어지다
    2. 싹이 나다
    3. 가지가 자라다 – 6년 차 교사의 성장통
    4. 꽃이 피다 – 역사를 어떻게 기독교적으로 가르칠 것인가?

- 계속, 교육을 함께 세워가다 | 조희국　　　　　　　　　　98
    1. 교사의 길을 만나다
    2. 샘물학교를 만나다
    3. 샘물학교가 시작되다
    4. 샘물학교를 돌아보다
    5. 기독교적인 수업을 말하다
    6. 이런 수업방법을 선호한다
    7. 기독교교육을 꿈꾸다
    8. 졸업생을 만나다
    9. 함께 고민하는 교사가 필요하다
    10. 기독교 학교의 미래는?
    11. 글을 끝맺습니다

- 작은 교회에서 시작한 행복한 학교 | 주순희　　　　　　123
    1. 용감한 부모들을 힘입어
    2. "삶을 즐거워하고 주님을 실질적으로 따르는 제자"로
    3. 분명한 열매, 그리고 씨름의 제목들
    4. "주 안에서" "나답게" "함께" "새롭게"
    5. 릭스쿨의 교육을 지켜 준 것들
    6. 삼십 년이 지나면?

- 복음의 능력에 대한 믿음으로 나아가는 교육 | 이해리　　153
    1. '닫힘'에 귀 기울이며 '열린' 기독교대안교육의 길
    2. '기독학부모'에서 '기독교사,' '기독행정가'로
    3. 기독교대안학교 교사로 성장하기
    4. 기독성의 회복
    5. 수학을 기독교적으로 가르친다는 것은?
    6. 기독교적 관점에서 바라본 수학의 특성
    7. 기독교교육의 궁극의 목적 – '영의 성장'

- 기독교적 가르침, 진리 안에서 누리는 배움의 즐거움과
  공동체의 회복 | 이정미　　191
    1. 기독교교육의 비전, 신학과 교육학을 공부하다
    2. 기독교교육의 현장에서 가르침의 즐거움에 빠지다
    3. 샬롯 메이슨, 그녀에게서 기독교적 가르침을 배우다
    4. 청소년들에게 필요한 기독교교육을 생각하다
    5. 파커 파머, 그에게서 기독교적 가르침을 배우다
    6. 배움의 즐거움과 공동체의 회복을 꿈꾸다
    7. 기독교사의 삶, 비전을 주신 이에게 순종하다

- 예술교육을 기독교적으로 하다 | 유승민　　223
    1. 미술 수업에서는 뭔가 엄청난 일이 생긴다
    2. 작가인가? 또는 교사인가?
    3. 학교에서 예술교육의 위치는 어디인가?
    4. 우리는 모두 예술가로 부름을 받았다
    5. 수업에서 마주치는 두려움을 인정하다
    6. 두려움을 넘어 관계 중심의 수업을 지향하다
    7. 나의 이야기에서 하나님 나라의 이야기로 연결되다
    8. 다시, 수업이다

- 저는, 우리는 기독교 학교 교사입니다 | 김병재　　　251
  1. 기독교 학교, 내가 기독교 학교의 교사로 존재하는 이유
  2. 하나님의 영광을 위한 교육의 초석, 거듭남
  3. 그래도 우리는 '교사' 아닌가요?
  4. 삼위일체를 통해 학생을 바라본다면?
  5. 삼위일체를 통해 교과를 바라본다면?
  6. 기독교 학교 교사가 되기 위한 최소한의 노력
  7. 학부모와 함께 걷기
  8. 기독교 학교에 대한 대표적 오해 두 가지
  9. 글을 마치며

- 저자소개　　　281

머리말

이숙경
ACTS교육연구소 소장

한국 기독교대안교육에 있어서 선생님들의 역할은 가장 중심에 있다고 할 수 있습니다. 기독교대안교육이라는 불모지에 하나님의 교육을 해야 한다는 사명감 하나로 뛰어들었던 사람들이 바로 그들입니다.

기독교대안교육이 시작될 당시 그 필요성에 대한 인식은 있었지만 사실상 그것이 무엇인지를 아는 사람이 국내에는 거의 없었다고 할 수 있습니다. 물론 하나님의 사랑으로 학생들을 가르치고 교육의 현장에서 복음을 전하는 선생님들이 있었고 그들의 헌신은 매우 소중한 것이었으며 그 헌신을 통해서 많은 열매를 맺어 왔었습니다. 그런데 기독교적으로 교과를 가르치고 학교 자체를 기독교 세계관 위에서 세워간다는 것은 전혀 새로운 도전이었습니다.

이런 학교교육의 필요성을 절실하게 느끼고는 있었지만, 기독교 교육학자, 목회자, 학부모, 교사 그 누구도 무엇을 어떻게 해야 하는지 몰랐습니다. 외국학자들의 도움이 컸습니다. 기독교 학교교육에 관한 그들의 연구들은 방향성을 제시해 주고 실천의 훌륭한 예들을 보여 주었습니다. 하지만 한국의 현실로 그것을 가져와 실천하는 것은 또 다른 도전이었습니다.

   한국이라는 현실 위에서 해결해야 하는 과제들이 있었습니다. 그리고 무엇보다 가장 큰 어려움은 그런 교육을 하려는 사람들이 그런 교육을 받아본 경험이 없었다는 것입니다. 그런데도 선생님들은 교육다운 교육, 하나님의 교육, 아이들을 살리는 교육을 하기 위해 기독교 학교교육의 현장으로 나아갔습니다. 그래서 기독교대안교육 초창기의 선생님들은 진정한 개척자라고 할 수 있습니다.

   이런 용기는 어디에서 비롯되는 것일까 생각해 봅니다. 물론 하나님에 대한 사랑이 가장 밑에 자리 잡고 있을 것입니다. 자신이 하는 교육에서 하나님의 뜻과 방식이 드러나길 원하는 열망이 작용했을 것입니다. 그리고 무엇보다 어린 영혼들을 향한 하나님의 사랑이 그들의 마음속에 있었기 때문일 것입니다. 이 책에 실린 글들을 보면 그 사랑을 느낄 수 있습니다.

   기독학교교육이란 무엇일까?
   기독교대안교육이란 무엇일까?

   여러 가지 논의들이 가능합니다. 글을 쓰신 선생님들의 말처럼 여전히 그 답을 찾아가야 하는 과제입니다. 하지만 한 가지 분명한 것이 있다면 그 근간은 하나님을 향한 사랑과 영혼에 대한 사랑이라는 것을 선생님들의 글을 통해 확인할 수 있습니다.

   글을 주신 선생님들은 대안학교에서 거의 15년 이상 가르쳐 오신 분들입니다. 한국 기독교대안학교의 초창기부터 함께 해 왔다고 할 수 있습니다. 그래서 선생님들의 글은 기독교대안교육의 살아있는 역사라고 생각합니다. 이 책에는 선생님들의 헌신, 용기 있는 시도들,

때로는 좌절과 극복, 열매 그리고 과제들에 대한 진솔하고 현장감 넘치는 이야기들이 실려 있습니다.

이 책이 기독교대안교육의 본질을 다시 한번 생각하는 계기가 되길 바랍니다. 그리고 기독교적으로 가르친다는 것이 무엇인지를 현장의 소리를 통해 실질적으로 접근할 수 있는 중요한 자료가 되었으면 합니다.

이 책을 위해 귀한 글을 주신 김병재, 유승민, 이정미, 이해리, 조희국, 주순희, 허 연, 허찬영 선생님께 감사드립니다. 특히 코로나19로 인해 급변하는 교육상황에서 분주한 가운데서도 선생님들의 경험을 진정성 있는 글로 나누어 주셔서 정말 감사합니다.

그리고 책의 출판을 위해 수고해 주신 기독교문서선교회(CLC) 대표 박영호 목사님께 감사드립니다. 행정적인 일들을 도와주신 ACTS의 육상근 팀장님, 교정을 위해 애써 주신 장만식 선생님께도 감사드립니다.

항상 부족한 가운데에도 긍휼로 인도해 주시는 하나님께 감사드립니다.

2020년 가을에

*이 책은 이영덕 교육연구기금의 지원으로 출판됩니다.

공동체를 넘어선 공동체를 향하는 교육

허찬영
꿈의학교

1. 쫄보의 저항

고등학교 1학년 때의 일입니다. 수업 시간에 저는 맨 앞자리에서 졸고 있었고, 한 친구는 맨 뒷자리에서 졸고 있었습니다. 저는 학급의 부반장이었고, 그는 아무것도 맡은 일이 없었습니다. 갑자기 선생님이 화를 내서서 저는 긴장하며 잠에서 깼고, 맨 뒤에서 졸고 있던 친구는 불려 나와 선생님께 꾸중을 들었습니다.

너 왜 수업 시간에 졸고 있느냐는 것이 요점이었습니다. 그 친구는 아무 말을 못하고 고개를 숙이고 있었고, 선생님의 추궁은 계속되었습니다. 사실대로 말하라, 괜찮다며 선생님은 그 친구의 대답을 요구하셨습니다. 그 친구는 대답했습니다.

"사실 저 공부 하기 싫어요."

그 친구의 용기있는 솔직한 대답에 저는 놀랐고, 그 친구의 대답에 대한 선생님의 반응이 어떨지 주목했습니다. 기대와 달리 선생님은 더욱 화를 내시며 그 친구의 등짝을 내리치셨습니다. 그 후 어떤 말씀을 하셨는지 지금은 기억나지 않지만 계속해서 그 친구를 나무라셨고, 그 친구의 등짝을 몇 대 더 때리신 후 그 친구에게 칠판 옆에 무릎 꿇으라고 하셨습니다.

그 친구는 무릎을 꿇었고, 수업 분위기는 싸늘해졌습니다. 속사정을 들어볼 것처럼 사실대로 말하라고 하셔서, 사실대로 말하는데 왜 더 화를 내시는지 이해할 수 없었습니다. 저는 손을 들고 너무 하시는 거 아니냐고, 솔직하게 말하라고 해서 솔직하게 말했는데, 이렇게 혼내시면 어떡하냐고 말했습니다. 입학한 지 얼마 안 되어 그 친구랑 친하지도 않았고, 그 친구를 변호할 마음은 없었던 걸로 기억합니다. 단지 그런 분위기가 싫었으며, 시간이 갈수록 더욱 화를 내시는 선생님이 이해되지 않았습니다.

저는 어떻게 되었을까요?

저는 그 선생님께 등짝을 맞지도 않았고, 심한 꾸중을 듣지도 않았으며, 그 친구 옆에 무릎 꿇지도 않았습니다. 그 선생님은 네가 어떻게 이럴 수 있냐며 앉으라고 저를 회유하셨습니다. 아마도 제가 학급의 부반장이라 그 선생님 수업의 학습자료를 매번 옮겨주어 저를 말 잘 듣는 아이라고 생각하셨던 것 같습니다.

고2가 되었습니다. 한 친구가 주말에 어떤 고3 선생님으로부터 매우 심하게 맞는 일이 있었습니다. 월요일에 그 이야기를 들었고 그 친구의 얼굴에는 약간의 멍과 상당한 붓기가 있었습니다. 심지어 눈도 심하게 충혈되어 있었습니다. 오전 내내 그 친구는 넋이 나가 수업 시간에 집중하지 못하였고, 체육복을 갈아입을 때 본 그 친구의 등과 옆구리에는 몽둥이로 맞아 생긴 자국이 선명했습니다.

영화에서나 볼 수 있는 장면을 보니 끔찍했습니다. 도대체 어떤 잘

못을 했길래 그렇게 맞았는지 궁금했습니다. 알아보니 고3 선배들이 공부하는데 학교 운동장에서 농구를 한다는 이유로 맞았다고 합니다. 시끄럽게 공을 튕긴다고 말입니다. 저는 이 사실을 교장 선생님에게 알려야 한다는 생각이 들어 그날 밤 이 사실을 담은 편지를 써서 다음 날 아침 교장실 문틈으로 밀어 넣었습니다. 그날 교무회의는 20분정도 지연되었을 뿐 그 후로 아무런 조치도 취해지지 않았습니다.

고3 때의 일입니다. 저녁을 먹고 오니 책상 속의 수학 문제집이 없어졌습니다. 그 당시 저희 학교에서는 문제집을 훔치는 일이 흔히 있었습니다. 저는 그날 야자가 끝나고 집에 오며 문제집을 다시 샀습니다. 예전 같으면 어디 이름 안 쓴 문제집을 가지고 있는 친구 없나 여기저기 살피며, 훔칠 기회를 엿보았을 텐데 왜 그랬는지는 모르지만, 그냥 그러고 싶지 않았습니다. 그리고 며칠 안 되어 그 문제집을 또 도난당했습니다.

한 번 더 샀는데 또 못 사겠냐는 오기가 생겼고, 또다시 문제집을 샀습니다. 그리고 전지와 매직도 사서 "저는 지금 정가의 3배가 되는 수학 문제집을 사용하고 있습니다"라는 내용으로 시작하는 대자보를 썼습니다. 예전에는 저도 다른 친구의 문제집을 훔쳤다는 사실에 대한 고백과 과거에 제가 했던 일에 대한 반성, 이제는 이러지 않겠다고, 그리고 우리 모두 이러지 말자는 글이었습니다. 정말 진심이었습니다.

쫄보인 저는 그 대자보에 이름도 못 썼으며, 새벽 일찍 등교해서 아무도 없는 틈을 타 학교 현관 바닥에 그 대자보를 붙였고 0교시를 기다렸습니다. 0교시가 끝나자 아이들이 수군수군하며 중앙 현관에 뭐가 있다고 했습니다. 친구들과 함께 가 보았습니다. 대자보는 제거되어 있었고 그 내용은 그날 수많은 아이들의 입에 오르내렸습니다.

저는 고등학교 3년 동안 이외에도 다양한 부당한 경우를 보았습니다. 가끔 용기 내어 위와 같은 소심한 저항을 했을 뿐, 늘 불만을 가지고 살았습니다. 교사가 되겠다는 생각은 하지 않았지만, '내가 선생이라면 이렇게 할 텐데'라는 생각은 늘 했던 것 같습니다. 공부하기 싫다는 아이 있으면 불러다 초코 우유라도 사 먹이며 속마음을 들어볼 거고, 부당하게 두들겨 맞은 아이가 있으면 그 아이와 부모를 찾아가 용서를 구할 거고, 그런 대자보가 붙어 있으면 일주일 내내 전교생이 볼 수 있게 바닥에 아세테이트 지를 깔아 보존할 거라는 생각 말입니다.

대학에서 신앙이 자라며 내 안에 교직에 대한 열망이 있음을 확인하게 되었습니다. IVF(한국기독학생회) 활동을 했던 저는 수련회에서 우연히 『다음 세대를 책임지는 기독교사』라는 책을 보게 되었습니다. 그 책의 제목을 보는 순간 제 가슴이 뛰었습니다. 제가 하고 싶은 일이 이것이었고, 이것을 해야겠다는 직관적인 생각이 들었습니다.

교사와 아이들이 함께 하늘을 바라보고 함성을 지르며 웃고 있는 표지 사진은 이 세대와 이 세대의 아이들이 자라나 살아갈 다음 세대를 내려다보는 하나님의 시각으로 보였습니다. 그리고 하늘을 바라보지 못하고 쫄보로 소심하게 저항하고, 때로는 낙심하여 고개 숙이고 땅만 보고 한숨 쉬던 제 모습도 발견하며 가슴이 먹먹했습니다.

그냥 눈시울이 붉어졌고 그 표지 사진처럼 이제는 하늘을 바라보고 함성을 지르며 웃고 싶었습니다. 하늘을 향해 쫄보가 아닌 대장부처럼 왜 보고만 있냐고 소리치고 싶었습니다. 이 아픔을 아냐고, 뭘 하고 계시냐고 말입니다. 그리고 아이들에게 함께 하늘을 보자고, 속사정을 알지도 못하고 겉보기로만 판단하는 편견도, 부당한 폭력도, 부정직과 불의가 상식이 되어 정직을 이야기하는 목소리가 몇 시간도 보존되지 못하는 그런 정글 같은 곳에서 하나님 나라를 꿈꾸고 그 나라 바라보며 함께 웃자고 말하고 싶었습니다.

그때의 그 만남이 그때 그 마음의 울림이 지금 저를 이 자리로 인도했습니다. 수련회 때 책의 앞표지와 뒤표지가 한 장으로 인쇄된 종이를 어떻게 구했는지 모르지만 그 표지를 항상 책상 앞에 붙여 두었고 교사의 꿈을 꾸고 사범대로 전과하였습니다.

2. 러더퍼드의 선물

기계공학과에서 물리교육과로 전과를 한 첫 학기로 기억합니다. 현대물리학 시험을 보았는데 아주 흥미로운 문제가 나왔습니다. 지구가 탄소로만 되어 있다고 가정하고 그 지구가 중성자별이 되어 원자 내 빈 공간이 없어진다면 얼마의 크기가 되겠는가를 묻는 문제였습니다. 계산 결과는 대충 손가락 한마디 정도의 크기로 기억합니다. 제가 계산해 얻은 값을 쓰고, "각설탕 정도의 크기. 놀랍네요"라는 코멘트를 남겼습니다. '야구공을 원자핵이라 가정하면 원자의 크기는 야구장 정도의 크기다'는 내용은 원자의 대부분이 비어있다는 말을 하기 위한 비유로 일반 화학 책에 단골 메뉴로 등장합니다. 그 흥미로운 시험 문제를 직접 풀어보니, 고등학교 때부터 알고 있던 지식이 상당한 충격으로 다가왔습니다. 그리고 자연세계에 대해 많은 생각을 하게 되었습니다.

내가 보고 만지는 것의 본질은 무엇인가?
존재한다는 것은 무엇인가?

왜 존재하게 되는가?

깊이 생각해 보니 하나하나가 너무나 신비로웠습니다. 사물이 존재하는 것, 사물을 보고 느끼는 것, 맛을 보는 것, 듣는 것 이 모든 것이 전자의 전이, 분자의 결합, 신경의 작용으로 설명할 수 있는 것이 너무나 놀라웠습니다. 이런 정교함이 이런 질서가 그냥 아무 기원 없이 생겨나지 않았음이 분명했습니다. 원자핵을 발견하고, 원자의 대부분이 빈 공간이라는 것을 발견한 러더퍼드의 실험을 통해 저는 사물에 대한 깊은 사유를 하게 되었고, 그 기원이 하나님이라는 분명한 확신을 가지게 되었습니다. 원자의 대부분은 빈 공간이지만 내가 만지고 보는 것은 보이지 않는 공간을 형성하는 상호 작용과 분자의 결합이며, 그것을 가능하게 하는 하나님의 능력을 아주 가까이에서 만지고 느끼며 볼 수 있게 되었습니다.

그 흥미로운 시험 문제를 통해 저의 세계관에 큰 변화가 생겼습니다. 리차드 미들턴, 브라이안 왈쉬, 제임스 사이어가 말하는 세계관의 변화와는 비교할 수 없는 엄청나고 실재적이고 지속적인 변화였습니다. 그 변화로 일 년 가까이 모든 물질세계가 제게는 엄청난 감동이었고, 자연친화 지능이 높지 않았던 저였지만 목련, 코스모스, 낙엽 이런 것들을 통해 하나님을 아주 깊이 만나고 느낄 수 있었습니다.

그리고 이러한 변화는 성경에 대한 더욱 깊은 이해로 저를 인도했습니다. "하늘이 하나님의 영광을 선포한다"는 시편 19편의 다윗의 고백, "창세로부터 그의 보이지 아니하는 것들 곧 그의 영원하신 능력과 신성이 그가 만드신 만물에 분명히 보여 알게 된다"는 로마서 1장 20절 말씀 그리고 "그의 능력의 말씀으로 만물을 만물되게 붙드신다"는 히브리서 1장 3절 말씀은 제게 너무나 큰 변화를 가져왔고, 하나님의 능력으로 가득 찬 자연세계를 살아가는 기쁨을 선사해 주었습니다. 그 구절들은 지금도 제 교과를 소개할 때 꼭 등장하는 구절이며, 원자의 구조를 설명할 때 저는 러더퍼드에게서 받은 감동과 통찰을 러더퍼드의 선물이란 이름으로 빼먹지 않고 이야기합니다.

보이는 것은 나타난 것으로 말미암아 된 것이 아닙니다. 원자와 물질을 구성하는 상호 작용은 보이지 않지만 원자와 물질로 나타납니다. 과학자들은 원자와 물질로 나타나는 현상으로 보이지 않는 상호 작용이 있음을 당연하게 받아들입니다. 다른 말로 하면 그들은 그렇게 믿습니다. 하나님을 믿는 자들은 보이지 않고 들리지 않는 하나님의 능력과 말씀으로 보이는 세계가 지어졌고, 유지되고 있음을 믿습니다. 구름같이 허다한 믿음의 선진들이 보이지 않는 것이, 나타나 있는 무언가를 형성함을 믿었습니다.

저는 물리와 과학을 통해 보이는 물질세계를 존재하게 만든 하나님의 능력을 보았고, 하나님에 대한 저의 믿음은 더 견고해졌습니다. 내가 과학교사로서 이것만 잘 가르쳐도 되겠구나, 물질세계를 통해 보이지 않는 하나님을 느끼고 만나게 하는 것만 잘해도 되겠구나 하는 생각을 했습니다. 하지만 '이것이 공교육에서 어떻게 가능할까?' 하는 고민과 제가 경험했던 학교와 그런 분위기에서 '내가 과연 이런 사유를 아이들과 나눌 수 있을 것인가?' '내가 그런 조직과 문화에서 잘 할 수는 있을까?' 하는 고민으로 이어졌습니다.

3. 대안교육을 만남

우연한 계기로 2002년 기독교사대회에 참석하게 되었고, '기독교대안학교연맹'의 사무총장을 역임 하신 임태규 선생님의 특강을 통해서 기독교대안학교의 존재를 알게 되었습니다. 기독교대안학교는 대안학교로서 교육과정의 자율성이 있고, 기독교 학교로서 신앙교육을 분명히 할 수 있는 곳 정도로 하게 되었습니다. 고등학교 때 생각했던 '내가 교사라면 이렇게 할 텐데'라는 그림들을 공교육보다는 더 분명하게 그려나갈 수 있을 것 같았습니다. 내가 사랑하는 과학, 그 과학을 통해 무엇보다 유리한 위치에서 그리고 가까이에서 만난 하나님을 더 분명히 그리고 당당하게 말할 수 있을 것이라 생각했습니다.

그리고 무엇보다 나같이 자유로운 사람은 공교육보다는 대안학교가 더 어울릴 것 같았습니다. 윗사람 눈치 보며 하나님이 나에게 주신 자유와 기쁨, 창의력을 제한 당하지 않을 것이라는 생각이 들었습니다. 조직의 경직된 문화 안에서, 경직된 교육과정과 방법으로 수업하고 싶지 않았고 저의 누나처럼 몇 년에 걸친 치열한 임용고시 준비를 하기도 싫었습니다. 사실 그렇게 할 자신도 없었던 것 같습니다.

대학 졸업을 앞둔 겨울 한 교수님이 기독교대안학교인 꿈의학교에서 물리와 화학을 가르칠 교사를 찾고 있다는 소식을 전해 주었습니다. 홈페이지에 들어가 보고, 아무 부담 없이 이력서와 자기소개서를 써서 보냈습니다. 학교에서 면접을 보러 오라는 연락을 받았고, 제가 러더퍼드에게 받는 선물을 소개하는 내용으로 수업 시연을 하고 면접을 보았습니다. 그리고 2004년 1월 4일 꿈의학교에 왔고, 17년이 흘렀습니다.

저는 꿈의학교에 제가 러더퍼드에게 받은 선물을 전해 주었고, 꿈의학교는 저에게 사랑하는 아내와 두 아이, 수용받는 공동체를 선물로 주었습니다. 그리고 저를 계속 꿈꾸게 하고, 성장하게 해 주었습니다. 무엇보다 꿈의학교는 제 인생에서 너무나 중요한 공동체이자 마을이 되었습니다.

4. "맛있는" : 꿈의학교의 첫발

꿈의학교에서는 꿈이름이라는 것을 사용합니다. 자기가 가지고 싶은 성품, 바라는 꿈 등을 가지고 새로운 이름을 정하고, 그 이름을 불러줍니다. 봄봄, 넘치는, 단순한, 나은, 다원, 바나바 이런 식으로 말입니다. 모든 학생과 교사들은 서로 본명을 사용하지 않고 봄봄님, 넘치는 님 이렇게 서로를 높여 부릅니다. 저는 '맛있는'이라는 이름을 지었습니다. 먹는 것을 좋아했고, 어머니를 통해 맛있는 음식이 주는 위로와 힘을 경험했기 때문입니다. 과학을 맛있게 가르치고 싶었고, 말씀을 맛있게 먹고 나누고 싶었습니다. 제가 어머니께 맛있는 그 무언가로 받은 위로와 힘을 저 역시 학생들에게 주고 싶었습니다.

정말 '맛있는' 학교생활을 했습니다. 그냥 아이들과 함께 행복하게 지냈습니다. 형처럼, 삼촌처럼 편하게 대해 주고 주말이면 같이 놀고, 먹고 또 놀았습니다. 축구하고 갯벌에 놀러 가고, 트럭에 학생들을 태우고 농로를 달렸습니다. 자유롭고 편한 수업을 했고, 저는 제가 만난 하나님을 이야기했습니다.

제가 좋아하는 과학을 제가 좋아하는 방법으로 가르쳤습니다. 수업 내용과 방식에 대한 학부모의 항의도 있었지만 저는 별로 신경 쓰지 않았습니다. 여기는 대안학교이고 학생이 행복하고 교사가 행복한 교육이 대안교육이라고 생각했습니다. 일단 제가 행복했으니까요. 그리고 그 행복이 학생들에게도 전이되는 것을 보았기 때문입니다. 큐티 시간에는 아이들이 모르고 저만 아는 찬양들을 가르쳐 함께 불렀습니다. 그 찬양을 통해 내가 만난 하나님이 어떤 하나님인지 저의 이야기를 해 주었습니다.

주말이면 아이들과 성경공부를 했습니다. IVF에서 배웠던 방식으로 성경을 보고, 서로의 고민과 생각과 마음을 나누며 그리스도의 제자로 함께 성장했습니다. 교실 청소가 잘 안된다고 환경부장 선생님께 불려가 잔소리를 듣기도 했지만, 그래도 저는 행복했고 아이들도 행복했습니다.

70여 명의 학생, 20여 명의 교사가 버스 두 대로 대천 해수욕장으로 갔던 첫 소풍을 지금도 잊지 못합니다. 고2와 초6이 한 팀이 되어 손잡고 달려서 반환점을 돌아오는 게임을 했는데, 고2 선배가 너무 빨리 뛰어 초6인 아이는 거의 끌려가다시피 했고, 심지어 반환점을 지날 때는 원심력으로 인해 초6인 아이는 공중에 떠올랐다 백사장으로 내동댕이치게 되었습니다. 그런 후배를 또다시 일으켜 끌다시피 하며 달려오는 장면이 너무나 웃겼고, 이런 소풍이 있는 학교가 또 있을까 하며 지켜보았습니다.

기독교교육이 뭔지, 대안교육이 뭔지 몰랐고, 알려주는 사람도 없었습니다. 교육과정과 학사일정은 탄력적으로 운영되었고 심지어 전교생이 영화를 보러 가는 것을 바로 전날에 결정하기도 했습니다. 그래도 아이들은 행복했습니다. 기초 교과의 시수는 적었고, 독서와 글쓰기, 재량 활동 시간이 많았습니다. 학생 수가 적어 아이들의 모습과 상황을 교사들이 쉽게 파악할 수 있었습니다. 교사들도 함께 교내에 거주하기 때문에 교사들의 교제도 자연스럽고 잦았습니다. 교사와 학생들은 매우 밀착되어 있었고, 교사가 교육과정이었습니다.

5. "에너지" : 꿈의학교 나의 학교가 되다

'맛있는'으로 살아온 지 5년째인 어느 날 '맛있는'이란 꿈이름이 영양사 같다는 이야기를 들었습니다. 새로운 삶을 살아볼까 하는 생각을 하던 중, 과학교사의 이미지와도 맞는 '에너지'로 꿈 이름을 바꾸었습니다. 그리고 학교의 이런저런 일을 많이 하게 되었습니다. 연구부장을 하고, 학생지원부장을 했습니다. 그러면서 저는 그동안 제가 보지 못했던 행복해하지 않는 학생들을 보게 되었습니다.

교사들과 함께 사토 마나부의 책을 보았고, 교과별로 서로의 수업에 들어가 수업 장면을 보고 분석하는 수업 세미나가 활발하게 이루어졌습니다. 공개수업을 위한 수업이 아닌 수업공개를 하여 교사들은 서로의 수업에 대한 피드백을 해 주었습니다. 수업의 영상을 촬영하고 학생들의 반응을 분석하는 시간을 통해 수업 시간에 보지 못하는 학생들의 모습을 보게 되었습니다. 서로에 대한 칭찬과 격려를 아끼지 않았습니다. 그뿐이었습니다. 수업의 문제는 누가 지적해 주지 않아도 본인 스스로가 알 수 있었습니다.

수업 촬영 영상을 보면 교사가 수업 시간에 어떻게 아이들을 놓치고 있는지, 어떤 상황에서 아이들이 소외되는지, 친구와 교사의 말에 학생이 어떻게 반응했는지 볼 수 있었습니다. 수업 인원이 많지 않아 소외된 아이들은 매우 소수였지만 제게는 그 아이들이 너무나 크게 보였습니다.

'그동안 나만 행복했구나.'
'다 행복한 게 아니었어.'

이런 생각을 하게 되었습니다. 저를 더 많이 성찰하게 되었고, 저는 더 이상 행복할 수 없었습니다.

어느 날 한 학생이 42점 만점인 물리 퀴즈에 6점을 맞았습니다. 저는 너무 힘들었고, 학교에 더 이상 있고 싶지 않았습니다. 부슬비가 내리던 그날 비를 맞고 교정을 거닐다가 기도실로 들어갔고, 홀로 기도하던 다른 학생을 만나 그 학생 앞에서 저는 울어버렸습니다. 점수가 문제가 아니라, 수업에 무기력하게 들어오고, 무기력하게 앉아 있다가, 또 무기력하게 다른 수업으로 들어가는 그 학생의 모습을 보는 게 너무 힘들고 내가 어떻게 할 수 있는 게 없어 힘들다는 말을 하며 말이죠. 저는 이렇게 연구부장을 하면서 수업에서 행복해하지 않는 학생들을 보게 되었고, 제가 무력하다는 것을 알고 깊은 탄식에 빠졌습니다.

2년간 연구부장을 한 뒤, 학생지원부장을 했습니다. 70명 규모였던 학교는 어느새 300명 규모가 되었고, 학생 수가 많아지자 교사의 더듬이에서 벗어나는 학생들이 생겨나기 시작했습니다. 교사의 도움을 받지 못하는 학생들의 문제가 누적되며 학교의 문화와 학생의 정서가 변하기 시작했습니다. 기존의 조직구조, 기존의 문화적 접근으로는 300명이 되는 학생을 감당하기 어려웠습니다. 수업 시간에 생기는 문제, 생활관에서 생기는 문제 등 여러 곳에서 다양한 문제들이 발생했고, 그 문제들이 공유되며 교사들은 그런 문제 앞에 함께 탄식하게 되었습니다.

다양한 학생활동과 학생문화를 지원하는 업무를 총괄하는 저에게 그 문제의 무게감은 너무나 컸습니다. 그때 저는 학생들과 하는 주말 성경공부를 다니엘서로 하고 있었습니다. 이스라엘의 역사뿐만 아니라 바벨론, 페르시아의 역사를 주관하시는 하나님을 발견하면서 인류의 역사를 주관하시는 하나님을 아이들에게 이야기했습니다. 하나님이 다니엘과 같은 한 사람을 통해 어떻게 대제국의 역사를 주관해 가시는지, 어떻게 그 한 사람을 통해 하나님의 통치를 드러내는지 말하며 너희들은 어떤 사람이냐는 물음을 하다가 그 물음을 하는 제가 너무도 부끄러워 그 아이들 앞에서 또 울어버렸습니다.

너희들 앞에서 이렇게 말하지만 사실 나는 지금 꿈의학교의 역사를 주관해 가시는 하나님에 대한 믿음이 없다. 나에겐 절망뿐이고 탄식뿐이다 하고 말이죠. 너무도 힘든 봄을 보냈습니다. 제 마음은 늘 울면서 하나님의 도우심을 구했습니다.

그해 학생은 학생대로 학교의 문제점을 진단하고 솔루션을 찾는 모임이 시작되었고, 교사는 교사대로 새로운 학교의 조직을 세워가기 시작했습니다. 대표성을 가진 학생들은 다양한 워크숍을 하고, 교사들도 밤새워가며 열띤 토론을 했습니다. 이를 통해 300명의 규모를 감당할 수 있는 조직을 마련하게 되었습니다. 1대 교장 선생님은 이 일을 마무리하고 은퇴하셨고 2대 교장 선생님이 그 구조를 이어받았습니다. '티칭에서 코칭으로, 관리에서 돌봄으로'라고 요약되는 그 구조를 우리는 '꿈의학교 2.0'이라 불렀습니다.

6. "애통하는" : 꿈의학교 내가 되다

대학생 때는 감정이 메말라 울고 싶다고 기도할 정도로 눈물 없는 제게 위에서 언급한 두 번의 울음은 매우 큰 변화를 주었습니다. 에너지의 삶을 통해 저는 꿈의학교와 꿈의학교 학생들, 한국사회와 한국교회에 대한 애통하는 마음을 가지게 되었고, 2013년 그 애통함은 저의 꿈이름을 '애통하는'으로 바꾸게 하였습니다. '애통하는'이라는 꿈이름을 가지며 저는 두 가지 변화를 경험하게 됩니다.

저는 꿈의학교의 교장이 됩니다.

제가 이렇게 마음을 쏟고, 애통해할 수 있는 학교라면 제가 학교의 교장이 아니겠습니까?

진짜 교장은 따로 있었지만, 마음만큼은 제가 교장인 것처럼 이 학교를 사랑하고 이 학생들을 사랑하게 되었습니다.

이런 마음이 있다면 누가 교장인 게 뭐가 중요하겠습니까?

이 학교와 학생들에 대한 사랑이 저에게 있으므로 저는 교장과 교감에게 할 말이 있으면 자유롭고 당당하게, 그리고 평안하게 말하고 제안할 수 있었습니다. 그리고 그분들의 반응은 교사 공동체를 더욱 신뢰하게 했습니다. 분명한 역할과 권위, 책임과 결정권이 있으면서도 서로 평등한 공동체의 구성원으로서의 신뢰가 있는 교사 공동체는 꿈의학교의 매우 중요한 기둥이라고 생각합니다. 그리고 그 기둥은 저 말고도 마음만은 교장인 다른 선생님들이 마음을 함께하여 세워진 것이기에 쉽게 흔들리지 않고, 앞으로도 꿈의학교를 지탱해 줄 중요한 기둥으로 존재하리라 생각합니다.

또 한 가지의 변화로 생활관을 경험하게 됩니다. 저는 2014년부터 2019년까지 6년간 남자 생활관 생활담임을 했습니다. 교과 수업을 최소한으로 하고 저녁에는 생활관에서 학생들과 밀접하게 생활했습니다. 생활지도를 하고 말씀 묵상 나눔과 상담을 하므로, 저의 교과 전문성과 멀어지는 것 같은 불편함도 있었지만, 6년 동안의 생활관 생활을 통해 학사에서 만날 수 없고 볼 수 없는 학생들의 다른 모습을 보게 되었습니다.

'이 학생이 이렇게 웃긴 학생이었구나' 하는 것부터, '이런 어둠과 아픔이 있었고, 이런 갈망과 고민으로 시름하고 있구나' 하면서 저는 생활관 자리를 지켰고, 그곳에서 학생들과 함께 웃고, 함께 울고,

함께 먹고, 함께 잤습니다.

막힌 변기가 역류하여 대변의 찌꺼기가 흘러 다니는 화장실 바닥을 청소하며, 체한 학생의 구토물로 역한 냄새가 진동하는 복도를 닦아 내면서, '학생들의 어떠한 오물이라도 받아낼 수 있다면 이 학교가 어떻게 될까?' 이런 생각을 했습니다. 학생들로서는 자신의 어떠함이라도 수용되는 공간, 자신의 가시를 발견하여 부끄러워하는 것도 수용되며, 다른 가시에 찔려 아파하는 것도 수용되는 공간, 밤새도록 평생 누구에게 말해 보지 못했던 상처와 아픔을 쏟아내도 용납받을 수 있으리라는 확신이 있는 공간, 저는 그런 안전한 공간을 만들어 주고 싶었습니다. 그런 한 번의 만남이 사람을 바꾸는 것을 경험하게 되어 저는 생활관에서 좀 더 여유 있어졌고, 더 기다릴 수 있게 되었습니다. 그리고 제가 다 할 수 없다는 것도 깨닫게 되었습니다. 이것은 포기가 아니라 겸손이고 온유입니다.

대학을 갓 졸업하고 교육과정의 자율성을 가지고 신앙교육을 더 분명히 할 수 있다는 정도의 이해로 기독교대안교육에 뛰어든 저의 도전은 지금도 계속되고 있습니다. 올해부터는 통합 독서 교육과정 LCLRI(Learning Collaboration and Loving through Reading and Intergration 의 약자로 2019년 본교에서 시작한 중등 교육과정) 2기를 개발하고 운영하는 일을 하고 있습니다. 그리고 이 일이 저의 삶을 또 어떻게 바꾸어 갈지, 제가 살아가는 하나님 나라를 어떻게 넓혀갈지 두근거리는 마음으로 하루하루를 살아갑니다.

창조 이래로 하나님 나라가 이 땅 가운데 임하여 뜻이 하늘에서 이루어진 것 같이 땅에서도 이루어지게 하는 도전은 시대와 지역을 넘어 하나님 나라를 살아가며 저항하는 하나님의 백성, 순종하는 그리스도의 제자들을 통해 계속되었습니다. 저는 기독교대안교육은 그것과 결을 같이 해야 한다고 생각합니다. 다음은 제가 쓰는 "기독교 대안교육학 개론"입니다.

7. 기독교대안교육이 필요한 이유

많은 사람이 하나님이 인간에게 두 가지 책을 주셨다고 합니다. 우리는 이 두 가지 책으로 하나님을 알아갑니다. 이것을 일반계시와 특별계시로 구분하기도 합니다. 인류의 역사 가운데 일반계시와 특별계시의 왜곡은 반복되어 왔고, 그 왜곡을 극복하기 위한 대안이 필요합니다.

1) 일반계시의 왜곡: 본질과 진리를 벗어난 교육에 대한 대안

기독교대안교육은 교육에 대한 대안이어야 합니다. 우리가 하는 기독교대안교육은 교육의 종교적 중립성에 대한 도전이며, 학문을 도구적으로 접근하고자 하는 탐욕에 대한 저항이어야 합니다.
교육은 가치 중립적이어야 한다고 말합니다.
그것이 가능할까요?
저는 명백하게 아니라고 말할 수 있습니다. 교육이 가치 중립적이어야 한다는 말 자체가 가치 중립적이지 않습니다. 교육은 사물과 인간에 대한 지식을 가르치고, 인간이 사회를 유지하며 살아갈 수 있는 방식을 가르칩니다. 지식과 삶의 방식이라는 것 자체가 어떤 형태로든 가치를 반영할 수밖에 없기에 교육은 가치 중립적이지 않습니다. 지식은 수, 언어, 자연, 사회, 인간, 역사 등을 해석한 것입니다. '수'

라고 하는 실재가 있다면, 그 실재와 규칙을 발견하고 체계화한 것이 수학입니다.

원자라는 실재가 있다면, 원자의 원자 됨과 그 구조와 특성을 발견하고 인과 관계를 객관화한 것이 과학입니다. 객관적인 사실이어서 가치 중립적이라 생각할 수 있겠지요.

하지만 인간에게 들어온 그 어떤 것도 가치 중립성을 유지할 수 없습니다. 아무리 객관적이고 가치 중립적인 그 무엇이라 하더라도 인간을 통해 이루어지면 그것은 인간의 해석이라는 과정을 필연적으로 거치게 되어 있습니다. 많은 학자가 동의하고 검증해 객관성을 유지한들, 그것 역시 공통된 방식으로 해석된 것일 뿐입니다. 그 공통된 방식은 항구적이지도 않고, 가치 중립적이지도 않음을, 가치 중립성이 가장 강하다 할 수 있는 과학의 역사에서 어렵지 않게 찾아볼 수 있습니다.

해석할 능력을 갖추고 있으므로 가치를 반영하고 때로는 창출하며 그 가치를 따라 살아갈 자유가 있는 인간의 교육적 활동에 가치 중립을 요구하는 교육이라면 그에 대한 대안이 필요합니다. 그 대안 안에서 하나님이 주신 능력에 따라(무신론자라면 인간이 가지고 있는 능력에 따라) 자유롭게 사유하고 자유롭게 판단하고 자유롭게 해석할 권리가 우리에게 있습니다. 그리고 무엇보다 그리스도인들인 우리는 그 자유가, 우리가 믿는 성경의 진리에 근거한 자유가 되게 하고, 판단과 해석 역시 성경의 진리에 근거한 것이 되게 하려고 노력해야 합니다. 종교의 자유가 보장된다면 종교적 신념에 따라 학문할 자유 역시 보장되어야 합니다.

학문의 목적은 진리를 알아가는 것입니다. 하나님은 창조세계를 통해 자신을 계시하십니다. 우리는 창조세계를 통해 하나님의 능력과 신성을 알 수 있으며, 하나님은 여전히 피조세계를 유지하고 계심을 알 수 있습니다. 또한, 하나님은 창조세계를 다스리고 정복하라며 우리에게 위임하셨습니다. 창조세계를 알아가고 다스리는 과정을 통해 우리는 하나님의 명령에 반응합니다.

따라서 창조세계는 하나님을 알고 하나님께 반응하는, 즉 하나님과 관계 맺는 통로가 되고 학문은 창조세계에 대한 탐구로 이루어지기 때문에 학문 역시 하나님과 관계 맺는 통로가 됩니다. 하지만 근대를 거치면서 일어난 '지식의 축적,' '학문 활동 인구의 증가'는 생업과 물질적 보상에 막대한 영향을 끼치게 되었고, 그로 인해 학자들에게 학문은 진리를 탐구하는 것이 아닌 선취권을 주는 도구가 되었습니다.

하나님을 알고, 하나님께 반응하는 학문이 아닌 물질과 권력을 얻는 도구가 되었고, 학문에서 여러 다른 의미는 제거되고, 객관적인 사실만 전달하는 방식으로 학문은 세속화되었고 그것은 당연히 교육의 세속화로 이어져 왔습니다. 학문을 도구적으로 접근하려는 인간의 탐욕에 대한 저항으로 기독교대안교육이 필요합니다. 그 대안적 활동에서 학문의 관계적 기능, 예배적 기능을 회복할 사명이 우리에게 있습니다.

2) 특별계시의 왜곡: 총체적 복음을 상실한 기독교에 대한 대안

저는 IVF라는 선교단체에서 신앙훈련을 받았고, 성경을 읽고 해석하는 기초를 배우며 하나님 나라에 대한 꿈을 꾸었습니다.

하나님 나라는 무엇일까요?

하나님 나라는 하나님의 통치가 있는 때와 장소입니다. 성경은 하나님이 하나님의 나라를 어떻게 이루어 가시는가를 보여 주는 책입니다. 하나님이 그의 나라를 어떻게 세우시고, 하나님의 나라가 어떻게 훼손되었고, 그것을 회복하기 위한 하나님의 뜻을 어떻게 알리셨는지, 하나님이 인간의 모습으로 땅에 오셔서 어떻게 인간을 구원하시고, 다시 하나님의 백성으로 부르셨는지, 그 부르심에 순종하는 하나님의 백성들이 어떻게 세상 나라에 저항해 왔는지, 결국에 하나님 나라가 어떻게 완성되어 가는지를 보여 주는 책이라고 생각합니다.

하지만 한국의 기독교는 하나님 나라의 복음을 '예수 천당 불신 지옥'이라는 슬로건으로 죄 사함의 복음으로 축소했습니다. 복음에는 죄 사함의 능력이 분명히 있습니다. 하지만 죄 사함을 받은 자들이 어떻게 하나님의 나라를 꿈꾸며, 하늘에서 이루어진 하나님의 뜻인 하나님 나라를 이 땅에 임하게 하려는 것에 대한 노력, 하나님 나라가 임하는 것을 막아서는 것들에 대한 저항과 싸움을 간과해서는 안 됩니다.

죄 사함만을 너무 강조하다 보면 하나님 나라는 하늘에 있는 것이고 우리가 가야 할 곳이 되고 맙니다. 빛과 물질이 이중성을 가지고 있듯이, 복음에는 영혼 구원의 측면과 이 땅에서의 하나님의 뜻을 이루어 가는 두 가지 측면이 모두 있습니다. 이것이 분리되어서는 안 됩니다.

예수님은 장차 도래할 하나님 나라, 즉 내세의 천국을 전함과 동시에 그 시대와 사회에서 소외되고 억압받던 자들의 친구로 사셨으며, 그들의 고통에 함께 하시며 그들을 자유롭게 하시는 삶을 사셨습니다. 예수님의 가르침을 간직한 사도들 역시 장차 도래할 하나님 나라의 복음을 전함과 동시에, 이 땅에서 공동체를 이루며 하나님의 통치를 실현하는 삶을 살았습니다. 지금 여기서 장차 도래할 하나님의 나라를 꿈꾸며, 이미 시작되었지만 아직 완성되지 않는 하나님 나라의 꿈을 이루기 위한 삶을 사는 그들은 예수님이 가르치고 실천하신 총체적 복음을 놓치지 않았습니다.

그 후 기독교가 로마의 국교가 되어 돈과 권력을 가지며 급속히 세속화되었지만 종교개혁을 통해 기독교는 새롭게 태어났고, 영국의 부흥을 통해 복음이 개인과 사회에 미치는 영향을 다시금 확인하게 됩니다. 19세기의 복음은 개인의 영혼 구원과 사회적 정의실현까지도 포함한 총체성을 가진 복음이었습니다.

하지만 20세기를 거치면서 특히 미국에서 급속한 경제 발전 속에서 성장한 교회와 냉전체제가 낳은 반공주의로 인해 복음은 총체성을 상실하게 됩니다. 그런 미국의 기독교 발전과 세속화의 과정은 한국교회에도 그대로 반복되게 됩니다.

한국교회 역시 경제 발전과 함께 급속도로 성장해왔습니다. 교회의 급속한 성장은 대중적 복음 전도의 효과입니다. 대중적 복음 전도는 교리를 단순화하는 문제를 낳습니다. 성경과 하나님 뜻과 성품에 대한 깊은 이해 보다는 단순한 믿음을 강조하게 되고, 마치 그것이 더 좋은 신앙인 것처럼 여깁니다.

이런 분위기는 신앙의 이성적 측면을 터부시하여 반지성적인 성향을 가지게 합니다. 또한, 많은 사람을 동원하려다 보니 '인간에 대한 하나님의 요구(인간의 사회적 책임)'보다, '하나님에 대한 인간의 요구(기복, 번영, 내세)'로 관심을 끌게 되며, 이것은 제자도의 약화를 가져오게 됩니다. 그리스도인의 제자화된 총체적이고 균형 잡힌 삶과 복음의 사회적 측면은 더욱 축소되어 복음은 단지 개인적인 죄의 문제를 해결하고, 천국 가는 복음이 되어버립니다.

복음은 개인의 구원과 죄 관리의 값싼 **은혜**만이 아닌, 하나님이 다스리시는 공감과 사랑의 공동체, 인종과 종교 이념을 넘어 서로를 **책임**지는 사회에 대한 현재의 복음이기도 합니다. 하나님 나라에 대한 총체적 복음을 상실한 기독교의 회복을 위해 기독교대안교육은 필요합니다.

3) 총체적 복음의 회복을 위한 씨름

한국의 기독교에서 복음의 총체성을 유지하며 사회적 책임을 다하고자 하는 노력이 없었을까요?

그렇지 않습니다. 6.10 항쟁으로 많은 제자가 민주화를 위해 싸우고 잡혀가는 모습을 보며, 기독교인이자 선생으로서 불편한 마음을 가지고 침묵하지 않고 사회적 목소리를 내기 시작한 이만열, 손봉호 교수 같은 지성인들이 있었습니다. 그들의 노력으로 그리스도인으로서 어떻게 사회현상을 이해하고, 사회에 참여해야 하는지에 대해 고민하고 실천하는 '기독교윤리실천운동'이 시작하게 되었습니다.

또한, 기독교적인 학문 연구 단체인 '기독교 학문 연구회' 등이 설립되어 그리스도인으로서의 학문적 고민도 시작되었습니다. 이런 운동이 발전하여 기독교 잡지인 「복음과 상황」, '기독교세계관학술동역회,' '경제정의실천연대' 등이 탄생하게 되고, '기독교윤리실천운동'의 소모임인 '기독교사모임'으로 이어졌습니다. 그것이 지금의 '좋은 교사' 운동을 낳았고, 일반 시민 단체인 '사교육 걱정 없는 세상' 운동으로까지 영역을 넓히게 됩니다.

기독교계의 이런 노력이 많은 변화를 가져온 것은 사실입니다. 민주화와 성숙한 시민사회의 토대를 형성했습니다. 이전보다 좀 더 정의롭고 공정한 사회가 되었지만, 하나님이 원하시는 사회적 정의는 여전히 부재합니다.

그런데 현재의 교회는 한국사회에 어떤 책임을 감당하고 있으며, 사회는 교회를 어떻게 바라보고 있을까요?

2008년 이후로 기독교윤리실천운동에서 수차례 시행해 온 '한국교회의 사회적 신뢰도 여론조사'에서 한국교회에 대한 신뢰도는 2009년을 제외하고 3대 종교(가톨릭, 불교, 기독교) 중 최하위를 벗어나지 못하고 있습니다. 이외에도 대중매체를 통해 보도되는 것을 보면 한국교회는 이 사회에서 신뢰받지 못하고 있음을 어렵지 않게 알 수 있습니다.

아직도 세월호 진상 규명에 대해 말하며 노란 리본만 달아도 곱지 않게 바라보는 시선이 아직 우리 교회에 있습니다. 약자와 소외된 자의 아픔에 공감하여 우는 자와 함께 우는 총체적 복음을 거부하고 사회주의 운운하는 교회가 아직도 있습니다. 제왕적 목사를 위한 교회 구조와 교회의 목회 세습을 비판하면 '남의 교회 일에 왜 간섭이냐?'라고 이야기하며 교회의 사회적 책임과 공공성을 포기하는 교회들이 있습니다. 성경의 메시지를 온전히 보기 위해, 성경이 쓰인 시대의 사회적 문화적 배경으로 해석하려 하면 '자유주의자'라고 규정하며 신앙의 변절자 취급을 하는 반지성적인 모습이 보이기도 합니다.

교회가 자기들의 신앙을 지킨다는 이름으로 반지성적인 태도를 보이고 사회의 문제에 침묵하면 총체적 복음을 잃게 되고, 교회 본연의 역할인 하나님 나라의 모형으로서 그 시대 가운데 진리의 빛을 밝히지 못하고 타락하게 됩니다. 그러면 교회는 교회만을 위해 존재하게 되고, 제왕적 목사를 위해 존재하게 됩니다.

복음의 총체성을 잃고, 참된 제자도의 길을 가며 이 사회의 문제를 감당하기를 거부하는 지금의 한국교회에는 '교회가 교회만을 위해 존재한다면, 목사만을 위해 존재한다면, 이 시대의 사회적 책임을 외면한다면 그것은 더 이상 교회가 아니다.'라고 외칠 수 있는 자들이 필요합니다.

이 한계를 극복하기 위한 열망이 기독교대안교육운동을 가져왔다고 저는 생각합니다. 성경적 관점으로 공부하고, 생각하는 훈련, 그 훈련을 넘어 지금 여기서 그렇게 살아가는 삶을 통해 이 땅에 하나님 나라를 부분적으로라도 이루어가겠다는 시대적 요구가 반영되어 있다고 생각합니다.

그렇다면 기독교대안교육이 온전히 이루어지는 데 필요한 것은 무엇일까요?

저는 학습자로서 행복한 교사와 그런 교사들이 보호받는 자율성과 전문성이 보장된 교사 공동체가 필요하고, 그 공동체를 형성하는 리더십이 필요하다고 생각합니다.

8. 기독교대안교육이 필요로 하는 것

1) 학생들에게 안전한 공간: 학습자로서 행복한 교사

10년 전의 일입니다. 수돗가 근처의 교실을 쓰고 있던 저는 수돗가에서 무언가를 씻고 있었습니다.

그때 저를 찾아온 고3 학생에게 웃으며 물었습니다.

"행복해지고 싶어?"

그 학생은 "네"라고 답했고 저는 그 학생에게 물을 뿌렸습니다. 갑자기 물벼락을 맞은 그 학생은 행복해했습니다. 그리고 저도 함께 웃으며 행복해했습니다.

왜일까요?

그 학생은 고1 때 제가 자전거 발전기를 만드는 데 도움을 주었습니다. 그렇게 시작된 관계가 '빛 분수'라는 것도 함께 만들게 했습니다. 물리 수업을 들었던 그 학생과 물의 전반사 실험을 하다 아이디어가 떠올라 탁구공에 구멍을 뚫고 그 안에 LED 램프를 넣고, 물을 펌핑하여 물줄기가 뿜어져 나올 때 그 물줄기 안에 빛이 전반사를 일으키며 진행하는 경로를 보이게 하는 것이 목적이었습니다.

물탱크로 쓸만한 버려진 물통을 주워와 물이 순환할 수 있게 펌프를 달고, 파이프를 연결하고, 유속을 조절하기 위한 밸브를 달고 하는 것을 함께 하였습니다. 그러면서 저와 그 친구는 물벼락을 여러 번 맞았습니다. 파이프 연결이 잘 안 되어 물이 샜고, 펌프의 압력조절이 잘 안 되었기 때문입니다.

그때 저는 그 학생에게 "과학자는 인간의 가장 행복한 상태다"라는 조지 월드의 말을 전해 주었습니다. 제가 확인은 안해 봤지만, 그 학생은 그 말에 깊이 공감했던 것 같습니다. 그는 그 후로 물벼락을 맞는 것, 실패를 반복하는 것을 두려워하지 않았고 실패의 과정을 즐기고 성공하기까지 인내했습니다. 계속된 실패 끝에 물이 아닌 점도가 높은 물유리로 '빛 분수'는 완성되었고 학기 말에는 이 '빛 분수'로 사업을 한다는 전제로 학부모를 대상으로 작은 투자 설명회도 했습니다.

이런 경험이 있었기에 그 학생에게 제가 뿌리는 물은 그의 행복했던 상태를 추억하게 하는 도구였던 것입니다. 그리고 그 학생은 이제 물리학과 대학원생이 되어 저보다 더 유리한 위치에서 행복을 누리고 있습니다.

저는 그 학생과 함께 '빛 분수'를 개발하며, 조지 월드의 말에 깊이 공감하게 되었습니다. 자연의 원리를 배우고, 그 원리를 이용해 무언가를 개발하는 것, 잘 되든 안 되든 생각하는 것을 시도하는 것이 저를 과학자가 되게 했습니다. 그리고 조지 월드의 말대로 행복했습니다. 저는 그 후로도 다른 학생들과 많은 것을 만들고, 여러 프로젝트를 진행했습니다.

교내에서 시행하는 솔로몬 학술제 지도 교사를 하면서 여러 팀의 아이들과 함께 연구하고 함께 실패하기를 반복했습니다. 몇 년간의 실패를 반복한 끝에 약 600m 높이로 고체연료 로켓을 쏘아 올리기도 했고, 과학실에 불도 내고(다행히도 초기 진화에 성공해 큰 피해는 없었습니다.) 커피콩으로 공기청정기도 만들어 보고, 야구공 피칭머신도 만들었습니다. 태양열 건조기도 만들어 보았고, 우리 학교만의 EM 효소를 배양하고, 그것을 통해 식물을 재배하고, 토양의 성분 분석을 하여 그 유효성을 검증해 보았고, Solar wifi Library의 동시 접속에 관한 연구도 했습니다.

이 모든 것들은 학생들이 하는 '자유 연구' 혹은 '자율 전공 연구'의 주제였습니다. 언급되지 않은 연구들도 많지만 저는 최대한 학생들의 연구를 도왔고, 저도 함께 연구자가 되었습니다. 제가 연구의 지도자가 되든, 조력자가 되든, 저도 학습자의 관점에서 대부분의 연구를 즐기려고 노력했고 그 과정에서 몸은 힘들었지만 행복했습니다. 학생들과 함께 하는 연구에서 저는 무엇보다 교사가 행복해야 한다는 조건에 하나의 조건을 더 달게 되었습니다. 그것은 바로 교사가 학습자이어야 한다는 것입니다. 교사가 행복한 학습자가 되어 학습과 연구를 행복하게 여겨야 합니다.

왜 이것이 중요할까요?

교사가 학습자가 되고, 연구자가 되면 학습과 연구를 지속하게 됩니다. 그리고 성숙한 교사는 실패하고 실수하더라도 계속 도전하고, 연구와 개발을 멈추지 않습니다. 그것이 로켓이든, 수업모형이든, 교재 집필이든, 스피치든, 성경연구든, 예술작품이든, 어떤 행사의 기획이든 말입니다. 지속해서 배우고 연구하며 성장하는 교사의 모습을 학생들이 직접 가까이에서 보아야 합니다. 가까이에서 교사가 어떻게 실패하는지, 어떤 실수를 하며, 그때의 반응은 어떤지, 또 어떻게 포기하지 않고 성장과 연구를 계속해 가는지 역시 보아야 합니다. 그러면 학생들도 도전하게 되고, 실패하더라도 포기하지 않고, 다시 도전하게 됩니다.

잘 준비되고 멋진 모습을 버리라는 것이 아닙니다. 수업 준비 잘 해야 하고, 잘 구조화된 수업을 설계해야 하지만, 준비한 대로 안 되어 실패하면 '이렇게 되길 원했는데 그렇게 되지 못했고, 이유는 이거 같다' 하며 새롭게 도전하고 계속해서 성장하고 배워가는 교사가 되어야 한다는 말입니다. 그래야 더 잘 준비할 수 있습니다.

자기의 실패를 성찰하고 그것을 인정하고, 학생들에게 알려주며 참된 배움의 본보기가 되는 것이 진정한 멋짐이라고 저는 생각합니다. 교사의 실패를 감추지 말고, 학생들과 함께 그 실패를 나누며 학생들과 같은 입장에서 학습의 운영자, 혹은 학습의 관리자에서 학습의 참여자, 혹은 학습자로 포지션을 확장해야 합니다.

교사가 학습자로서의 모습으로 도전과 실패, 성찰과 수정, 그리고 또 다른 도전을 계속할 때 학생들은 이 공간이 실패와 실수가 허용되는 공간이고, 어떤 도전도 용납되는 공간이라는 안정감과 신뢰를 갖게 됩니다.

그런 공간이라면 학생들은 언제든 다시 일어설 수 있고 새로운 도전을 할 수 있고 학생들의 창의력이 발산되고 진정한 학습자로 서게 됩니다. 그런 공간은 포기가 있을 수 없습니다. 그러니 수학 선생님들 수학 문제 가끔 틀려 주십시오. 여기서 틀렸고, 여기서 생각을 잘못했다고 수정해 주십시오.

선생님도 틀리는 공간이라면 아이들이 틀리는 것을 어떻게 부끄러워하겠습니까?

그렇다면 아이들이 좀 더 쉽게 도전할 수 있지 않을까요?

성장하고 배우고 연구하는 학습자로서의 교사가 학생들에게 안전한 공간을 제공해 주면, 그 공간에서는 학생들이 실패를 두려워하지 않고 도전하고, 포기하지 않는다는 이야기를 했습니다.

그렇다면 학습자로서의 교사는 어떻게 만들어질 수 있을까요?

2) 교사들에게 안전한 공동체: 보호하는 리더십

"선생님 제가 로켓을 만드는데 노즐의 모양을 어떻게 하는 게 좋을까요?"

로켓이라면 물로켓 정도밖에 모르는 저에게 단지 제가 물리 선생이라는 이유로 한 학생이 저를 찾아와 한 질문입니다. 저는 "모르겠는데?"라고 답했습니다. 그 후로 로켓을 만들겠다며 PVC 파이프를 들고 다니는 그 학생이 보였습니다.

"뭐 저러다 말겠지 … 되겠어?"

그런 생각을 했습니다. 2주 정도가 지나고 그 학생이 또 찾아왔습니다. 첫 번째 찾아왔을 때와는 사뭇 달랐습니다. 뭐랄까, 깊은 고뇌와 절망, 그리고 간절함이 있었습니다.

'나는 이걸 꼭 하고 싶은데 어떻게 해도 안 된다. 내겐 너무도 어렵다. 도와 달라. 너밖에 없다.'

뭐 이런 느낌이었습니다. 그 학생의 간절함으로 저는 그 학생과 로켓연구를 함께 하게 되었습니다.

솔비톨과 질산칼륨을 혼합해 고체연료를 만들고, 그것을 연소시켜 로켓의 추진력을 얻는, 알고 보니 상당히 위험한 작업이었습니다. 그리고 자세히 듣고 보니 그 학생은 상공 1km를 비행시키겠다는 말도 안 되는 목표를 가지고 있었습니다. 여기저기 자료도 찾아보고, 실제로 작게 만들어 보기도 하고 저도 그 학생과 함께 로켓 연구자가 되어 석 달 동안을 함께 했습니다.

그 학생의 로켓 발사는 실패했습니다. 정상적인 비행도 하지 못했고, 낙하산 사출도 실패했고, 동체는 높은 압력으로 파손되었고, 날개는 동체의 높은 온도와 강한 압력을 이기지 못하고 부러졌습니다. 1km가 아닌 10m 남짓 날았습니다. 하지만 그는 일곱 번의 실패 끝에 본인이 원하는 연료(그레인)를 만드는 데 성공했습니다. 그리고 이 연구로 꿈의학교 '솔로몬학술제'에서 1등을 하게 됩니다. 그때 모든 교사와 학생들이 그 학생의 끊임없는 도전에 감동했고, 그 끈기에 경의를 표했습니다.

그 후 그 학생의 말도 안 되는 꿈은 후배들의 꿈이 되었고 로켓 동아리가 만들어졌습니다. 그리고 그 동아리 후배들은 지도 교사였던 제가 외부 강의로 학교 밖에 있던 날, 학교의 입학설명회가 있어서 많은 외부 손님이 찾아온 그날, 그것도 학교 투어를 시작한 하필 그때 그들은 과학실에서 로켓의 연료를 만들다 불을 냅니다. 연료를 만들기 위해서는 열을 가열해 녹이고 거푸집에 부어 성형하게 되는데 연료를 녹이는 과정에 불이 붙었습니다. 주변에 있던 다른 연료에도 불이 옮겨졌고 연료의 연소 시 발생하는 고열로 부탄가스도 폭발하였습니다. 정말 감사하게도 학생들은 하나도 다치지 않고, 가까이에 있던 동료 교사의 빠른 대처로 화재는 초기에 진화되었습니다.

저는 사고 발생의 이유와 앞으로의 대처방안이 담긴 경위서를 썼고, 교감 선생님은 안전교육을 미비하게 한 저를 문책하셨지만, 저와 학생들을 보호해 주셨습니다. 두려움에 떨고 있을 아이들을 안심시켜 주셨고, "이 사고를 통해 너희들이 너희들의 꿈에 더 가까워졌다"며 앞으로는 안전하게 더 열심히 하라고 그 길 계속 가라며 격려해 주셨습니다.

교감 선생님의 격려로 학생들은 계속 로켓을 만들었습니다. 아쉽지만 그들도 로켓의 안정적인 비행과 낙하산 사출은 성공하지 못하고 졸업했습니다. 하지만 그들의 실패를 가까이서 지켜보며 과학실 청소와 설거지를 하던 중2 학생이 고2가 되어서 성공합니다.

로켓은 약 600m를 수직 비행했고 낙하산이 펴져서 안전하게 내려왔습니다. 그 학생들은 학기말 교내 학술제에서 1등을 수상합니다. 그들의 연구과정의 발표영상을 https://www.youtube.com/watch?v=CS8Ha209WKM에서 보실 수 있습니다. 이 성공을 거두기까지 수많은 도전과 실패들이 있었습니다. 그리고 도전의 때마다 저는 혹시라도 또 다른 사고가 발생할까 봐 몹시 두려웠습니다. 다시는 하고 싶지 않은 위험한 도전인데, 그들의 정신을 이어받은 후배들은 또 다른 도전을 준비하며 저를 두렵게 하고 있습니다.

수많은 도전과 실패의 반복, 그리고 마침내 성공이 가능했던 이유는 그들에게 '실패해도 괜찮다.' 심지어 '과학실에 불을 내도, 다치지 않았으니 괜찮다. 이 길 끝까지 계속 가라'는 메시지를 보내준 리더십, 그리고 그 리더십의 보호로 교사들이 확신 가운데 만들어 가는 공동체에 있습니다. 책임지고 보호해 주는 리더십이 없었다면, 함께 불을 꺼주고, 여러 번의 실패 속에서도 계속되는 도전을 지지하고 관심 가지며 파이팅해 주는 교사 공동체가 없었다면, 저 역시 학생들을 보호해 줄 수 없었을 것입니다.

그런 안전하지 않은 공간에서는 도전과 실패가 위축되기 마련입니다. 학생이 하고 싶은 것을 수용해 주고, 안전하게 그리고 의미 있게 실패하고 실수할 수 있는 공간을 교사가 제공해 주어야 합니다. 그런 공간이 되기 위해서는 새로운 도전과 실패가 수용되는 건강한 교사 공동체가 있어야 합니다. 새로운 행사, 새로운 교과, 새롭게 시도해 볼 만한 가치가 있다고 판단되면 그것이 무엇이 되었든 시도해 볼 수 있는, 그런 시도가 손가락질 받지 않고, 수용되고 지지가 되는 건강한 교사 공동체가 있어야 합니다. 그런 교사 공동체가 되기 위해서는 교사를 보호해 주는 리더십이어야 합니다.

지지하는 듯하지만, 결정적인 순간에 등 돌리며 리더로서의 책임을 회피하는 리더는 교사들에게 깊은 상처와 상실감을 주며, 이런 일을 몇 번 경험하게 되면 교사는 더 이상 본인이 안전한 공간에 있다는 확신을 하지 못하게 되고, 그러면 학생들 역시 안전한 공간을 상실하게 됩니다. 등 돌리는 리더십이라도 교사 공동체가 탄탄하면 서로 격려하고 지지하며 서로 보호해 주며 안전한 공간이 형성되긴 하겠지만 오래가지 못할 것입니다.

일차적으로는 위기 상황과 의사결정에서 책임지고 보호하는 리더십과 공동체가 필요하지만, 그것에서 그쳐서는 안 됩니다. 교사의 전문성과 자율성을 보장해 주는 리더십과 공동체가 되어야 합니다.

교사가 해당 교과의 교사로서의 전문성이 보장되지 않고, 새로운 영역을 개발하고 연구할 수 있는 자율성이 보장되지 못한다면 교사의 그 무엇이 행복하겠습니까?

교사가 교사로서 꾸는 꿈과 전문성이 존중받는 안정된 공동체가 되어야 교사가 학습자로 연구자로 행복한 상태가 되고 그래야 학생들에게 안전한 공간이 형성될 수 있습니다. 정치적 입장이 달라도, 성경

해석의 결이 달라도, 역사 해석의 관점이 달라도 그것이 하나님 나라의 가치를 훼손하는 것이 아니라면 존중되어야 합니다. 교육과 훈육의 방식이 아주 다르더라도 그것을 수용하려는 노력이 있는 공동체와 그렇지 않은 공동체의 문화는 확연히 다릅니다. 책임과 권위가 있고 그에 따른 역할과 결정권이 다르더라도 서로 대등한 입장에서의 자율성과 전문성을 보장한 대화가 가능한 공동체가 되어야 합니다.

9. 기독교대안학교의 과제 : 공동체를 넘어선 공동체

1) 학교를 넘어선 공동체

앞으로의 기독교대안학교는 어떠해야 할까요?

저는 국내의 많은 기독교대안학교가 학교 공동체를 넘어서야 한다고 생각합니다. 학교 안에서 서로 사랑하고 존중하고 보호받는 기독교 공동체를 넘어서, 더 넓은 하나님 나라와 세상을 바라보는 더 넓고 큰 공동체를 향한 공동체가 되어야 합니다. 참된 하나님 나라의 백성, 성숙한 그리스도의 제자라면 이 세상 나라에서 책임감 있는 시민으로 살아가야 할 것입니다. 이웃의 문제와 사회의 문제를 나의 문제로 여기며 이해하고 해결하려는 노력과 탐구가 필요합니다. 즉 더 많은 공공성을 확보해야 합니다.

교회만의 학교, 학교만의 학교가 아닌 하나님의 학교이면서도 이 세상 나라의 학교의 역할에 대해 고민하고 탐구해야 합니다. 그리고 그것을 실천할 수 있는 교육적 기회를 학생들에게 제공해 주어야 실제적인 세계관 교육이 이루어지고, 제자도가 길러질 수 있습니다.

지역사회와의 연계를 통해 지역사회와 학교가 무관하지 않음을 학생들에게, 지역 주민들에게 보여 주어야 합니다.

그리고 그것은 일회적으로 보여 주는 것에 그치는 것이 아니라 지속적이고 실제적인 그 무언가가 되도록 고민해야 합니다. 공교육과의 협력은 어려워 보이지만 서로의 연구 성과와 교육적 시도들을 교류할 수 있는 장을 만들어야 하고, 다른 기독교대안학교들과의 연대와 교류를 통해 좀 더 기독교적이고 대안적인 교육이 무엇인지 각 학교를 넘어서 함께 고민해야 할 것입니다.

2) 학교를 넘어선 교사, 가정을 넘어선 부모

하나님이 아브라함을 택하신 이유는 그 자식과 권속에게 명하여 하나님의 의와 공도를 행하게 하기 위해서입니다. 교육의 1차적 책임이 부모에게 있음을 확인할 수 있는 부분입니다. 학생들의 이런저런 문제들은 대부분 가정과 부모의 문제와 아주 긴밀하게 연결되어 있습니다. 그러므로 학생의 변화는 부모의 변화를 가져오기도 하고, 부모의 변화가 학생의 변화를 가져오기도 합니다.

학생들을 대상으로 한 교육이 온전한 효과를 발휘하기 위해서는 학교와 학부모의 연합, 신뢰 관계 형성이 매우 중요합니다. 학교와 학부모가 한마음이 되어야 학생들은 확신을 하게 되고 배움과 성장을 이어갈 수 있습니다. 학교의 가르침과 학부모의 가르침이 다르면 학생들은 혼란스러워하기 마련입니다.

학교와 학부모의 신뢰 관계를 형성하기 위해서는 교사는 학교를 넘어서, 학생과 교육의 문제를 학부모와 이야기할 수 있어야 하고,

부모도 가정을 가정의 문제로만 여기지 말고 가정을 넘어서 교사와 함께 학생을 세워가기 위해 노력해야 합니다. 학부모를 교육의 동반자로 존중하여 학교의 교육철학과 방향에 대해 지속해서 설명하고 학교에서 일어나는 일상의 소식을 안내하는 노력이 있어야 합니다. 열린 마음으로 학부모의 이야기를 듣고 학교의 방침과 철학을 설명해 주어야 합니다. 어떤 학부모의 요구에도 흔들리지 않는 확고한 철학을 토대로 학부모의 의견을 적극 수용하고 학부모의 참여를 존중해 주어야 합니다.

학부모가 참여하는 일회적인 특강뿐만 아니라 학부모가 스태프가 되어 학교의 교육활동을 돕게 해야 합니다. 더 나아가 학부모가 프로그램을 기획하고 주체적으로 운영하게 하고, 이 때는 교사가 스태프로 돕고 학부모들이 교육의 방관자가 되지 않도록 해야 합니다. 이런 활동과 프로그램을 통해 가정을 세워가는 것 역시 기독교대안학교가 해야 할 일입니다. 이것은 학생을 세우는 것과 다름이 없기 때문입니다. 교사는 학교를 넘어서 학부모를 만나고, 학부모는 가정을 넘어서 교사를 만나야 온전한 협력이 있는 교육 공동체가 만들어질 수 있습니다.

3) 기독 지성을 세우는 공동체

'자유주의의 반발로 시작된 근본주의는 복음주의의 지적 재앙이었다'고 마크놀은 말합니다. 미국 근본주의의 영향을 그대로 받은 한국의 기독교 역시 온전한 기독교적 지성을 찾아보기 어렵습니다. 과학교사인 저는 창조와 진화 논쟁, 우주와 지구의 연대 논쟁에서 이것을 뼈저리게 느꼈습니다. 학문과 신앙, 과학과 성경의 통합을 위한 저의 고민과 노력을 누군가가 자유주의자, 신앙의 변절자로 만들어 뼈아픈 상처를 주었습니다. 그분은 '성경을 문자 그대로 보는 것이 가장 안전한 해석'이라고 했습니다.

앞에서도 이야기했지만, 진리가 인간에게 들어올 때부터 해석은 불가피합니다. 성경을 문자 그대로 보는 것도 해석의 한 부분입니다. 진리이신 하나님의 말씀이 인간의 언어로 쓰인 것 자체도 해석이라는 과정을 거친 것입니다. 한발 물러서 문자로 기록된 하나님의 말씀이 인간의 해석이 전혀 없는 진리이신 하나님의 말씀이라 하더라도 지금 내가 읽고, 내 생각 속에 작용하는 것 자체가 해석입니다.

해석의 다름을 어떻게 인정하지 않을 수 있겠습니까?

성경에서 말하는 핵심 진리를 훼손하지 않는 범위 안에서 성경이 기록된 시대의 문화를 반영하여 해석하고 현재 학문과 지식체계에 적합하게 해석하려는 노력은 신앙을 버리는 것이 아닙니다. 사탄의 모략에 넘어가는 것도 아닙니다. 진리 앞에 인간이 취해야 할 상식적이고 겸손한 태도입니다. 그동안 온전한 기독 지성의 발현을 방해해 온 불필요한 논쟁을 넘어서야 온전한 기독 지성을 추구할 수 있고, 학문을 통해 더 크신 하나님을 좀 더 분명히 만날 수 있습니다.

4) 생존을 넘어선 공동체

기독교 학교교육 연구소의 연구에 따르면 2016년 6월 기준으로 우리나라에는 256개의 기독교대안학교들이 있다고 합니다. 지금은 더 많은 기독교대안학교가 운영되고 있으리라 생각됩니다. 각 학교가 학교의 소명이 무엇인지, 무엇에 대한 대안이며, 얼마나 대안성을 가졌는지, 무엇을 꿈꾸는지 끊임없이 스스로 물어보아야 합니다.

학교 설립자가 이러한 고민 없이 기독교대안교육을 교회교육의 연장으로, 교회의 또 다른 사역 정도로 생각하고 시작했을 수 있습니다. 하지만 이제라도 이러한 고민과 토론이 있어야 하고, 흔들리지 않는 철학적 토대 위에 요구에 맞는 혁신이 있어야 할 것입니다. 교회가 소명을 버리고 생존을 택할 때 생명력을 잃었던 것을 교회사에서 많이 볼 수 있습니다. 마찬가지로 기독교대안학교가 이 시대에 맞는 소명을 찾고, 소명을 감당하기 위한 씨름과 혁신을 계속하지 않는다면 생명력을 잃을 수도 있습니다.

단지 학교를 운영하는 것, 졸업생을 배출하고 그들을 상급학교에 성공적으로 진학시키는 것을 넘어서 그것의 의미와 가치, 학생의 소명과 학교의 소명에 관한 끊임없고, 간절한 고민이 있어야 합니다. 언젠가는 각 학교들이 시험대 위에 설 날이 올 것입니다. 하나님의 시험이든 시대의 시험이든 너희가 무엇에 대한 대안인지. 너희가 무엇을 위해 존재하는지 묻는 물음 앞에 분명한 태도를 보여야 할 날이 올 것입니다.

5) 현세대를 넘어서 다음 세대를 준비하는 공동체

한국에서 기독교대안학교 운동이 시작된 지 20년이 되어 갑니다. 꿈의학교는 선발주자에 속하고 20년 가까이 어려움이 없진 않았지만 비교적 안정적으로 운영되었습니다. 10년을 넘기며 학생 세대가 바뀌는 것을 준비해 왔다면, 20년을 넘기는 학교들은 교사의 세대가 바뀌는 것을 준비해야 합니다. 학교의 철학과 방향 목적을 다음 교사 세대의 언어로 새롭게 기술하고 새로운 비전을 제시하여 중역 교사들이 물러나도 지속 가능한 구조를 만들어야 합니다.

또한, 학교가 그 학교의 사명을 현 교사 세대를 넘어서 다음 교사 세대까지 이어 지속적으로 감당하기 위해서는 학교의 최고 리더십의 이양이 교사와 학부모 공동체가 존중받는 방식으로 이임자와 취임자가 서로 축복하고 교사와 학부모 모두가 동의하고 기뻐하는 방식으로 이루어져야 한다고 생각합니다. 이런 안정된 공동체이어야 현세대를 넘어서 다음 세대의 교사들이 마음껏 꿈꾸고 지속적으로 성장할 수 있을 것입니다.

복음의 능력을 경험한 그리스도인들은 장로들의 전통을 넘었습니다. 유대인과 이방인의 경계를 넘었고, 할례자와 무할례자의 경계도 넘었으며, 자유인과 종의 경계도 넘어, 더 넓고 더 큰 하나님 나라를 형성해 왔습니다. 복음의 능력은 인종을 넘고, 학벌과 이념을 넘고, 죄인이라는 편견과 증오를 넘어 '정직하게 행하며 공의를 실천하며 진실을 말하며 악을 행하지 않고 이웃을 비방하지 않고 무죄한 자를 해하지 않는 사회'(시편 15편)를 향해 왔습니다. 우리도 그들의 노력과 도전을 이어 받아, 공동체를 넘어 배움의 공동체로, 배움의 공동체를 넘어 행복한 배움의 공동체, 어떤 도전과 실패도 용납되는 수용의 공동체로 나아가야 할 것입니다. 한국의 기독교대안학교는 각자가 형성해 놓은 학교, 교회, 기독교 문화로 형성된 어떤 공동체를 넘어선 더 넓고 더 다양하고, 더 풍성한 하나님 나라를 향한 도전을 계속해야 할 것입니다.

17년전 저는 제대로 알지도 못하고, 경험해 보지도 못한 기독교대안교육운동에 발을 디뎠습니다. 지금은 본교 졸업생 4명이 저와 같이 기독교대안교육운동을 하는 동료교사로 모교에 와 있습니다. 이들이야 말로 진정한 기독교대안교육의 운동가들이 아닐까 생각합니다. 저를 포함한 여러 선생님들이 함께 엮어낸 이 책이 기독교대안교육을 통해 길러진 다음 세대의 교사들에게 좋은 자료가 되길 바라고, 더 많은 이들을 이 운동으로 불러들이는 초청이 되었으면 좋겠습니다. 다음 세대 선생님들과 하늘에서 이미 이루어진 하나님의 꿈을 이곳에서 함께 꾸며 이루어가고 싶습니다.

　기독교대안교육은 1차적으로는 교육에 대한 대안으로 시작되었습니다. 하지만 점점 공공성을 잃어가고, 그리스도의 가르침과 사랑을 상실해 가는 기독교에 대한 대안까지 생각하지 않을 수 없는 상황이 되었습니다. 현재 한국사회는 기독교에 대한 대안을 찾는 것 같습니다. 우리가 기독교에 대한 대안까지 생각하기에는 너무 벅찹니다. 목회자와 신학자가 깨어 있기를 이 시대의 외침에 귀를 기울이고 성경의 가르침에 겸손하여 지기를 간절히 원합니다. 대안이 요구되어지지 않는 원안으로서의 기독교, 원안으로서의 교회가 되도록 바른 길을 열어 주시길 간곡히 부탁드립니다.

　우리가 넘어서야할 공동체, 우리가 넘어서야할 기독교 문화, 우리가 넘어서야할 세대. 이것 말고도 우리에게 여러 도전이 산처럼 쌓여 있습니다.

　이 산 넘어서 만납시다.

> 좋은 소식을 전하며 평화를 공포하며 복된 좋은 소식을 가져오며 구원을 공포하며 시온을 향하여 이르기를 네 하나님이 통치하신다 하는 자의 산을 넘는 발이 어찌 그리 아름다운가(사 52:7).

기독교 학교교육이 자라다

허 연
두레학교

1. 기독교 학교교육의 씨앗이 심어지다

　교사들이 말하는 기독교대안교육에 대한 선생님들의 기록을 남기고 싶다는 말씀을 들었을 때 저는 '기독교대안교육'이라는 표현보다는 '기독교 학교교육'이라는 표현에 더 호감이 갔습니다. '기독교대안교육'이라는 단어가 가지는 역동적이고 진취적 느낌을 좋아함에도 '대안교육'이라는 단어가 지금의 기독교 학교교육의 부족한 점을 부각하는 듯한 뉘앙스를 풍긴다고 생각했기 때문입니다.
　저는 기독교대안교육을 하시는 분들이 대안성을 강조하다가 학교로서의 본질을 놓치거나 기독교로서의 본질을 놓치는 경우를 종종 보곤 하였습니다. 저는 '기독교'와 '학교'의 온전한 통합 가운데 주님이 부어주신 주권이 있다고 믿습니다. 물론 대한민국의 기독교 학교교육의 역사를 살펴볼 때 과오가 적지 않지만 저는 이것이 잘못되었으니 몽땅 버리고 다른 좋은 것을 하는 것이 아니라 '기독교'와

'학교'의 본질 곧 '기독교 학교'로서의 창조 목적을 회복시키는 것이 필요하다고 봅니다.

기독교 학교교육이라는 단어를 사용하는 또 다른 이유로는 기독교대안학교 교사들의 태도와 관련된 부분입니다. 현재 대안학교에 오시는 교사 중 상당수가 주님의 부르심 가운데 다른 좋은 것들을 다 버려두고 투신하는 경우보다, 임용고시를 실패한 후 주님의 다른 부르심이 있나 찾다가 오시는 분들입니다.

이분들에게는 실패했다는 상처가 있는 것을 발견하게 됩니다. 저는 공립학교로의 부르심 가운데 치열하게 주님의 뜻이 이루어지도록 애쓰는 분들을 많이 봤습니다. 그분들에게 공립학교는 좁은 길이지만 주님의 길입니다.

그러나 사회적 인식은 조금 다른 것 같습니다. 임용 고사의 등용문을 통과한 자들과 그렇지 못한 자들을 나누는 사회적 분위기와 개인적 실패의 경험이 있는 교사들에게 '대안학교'라는 단어는 사용할 때마다 약간 움츠러들게 만든다는 고백을 가끔 듣곤 합니다. 물론 그분들이 극복해야 할 개인적인 문제라고 볼 수 있지만 "저는 기독교 학교에 근무하고 있어요."라는 표현이 조금 더 교사들이 본질적인 일을 하고 있다고 느끼게 만드는 것 같습니다.

저는 기독교 학교교육이 하나님의 주권이라는 그 일반적이고 우주론적 원리의 진리성과 아름다움을 더욱 확실하게 드러낼 수 있다고 생각합니다. 그래서 기독교 학교교육이라는 단어로 저의 삶을 표현해 보고자 합니다.

저의 기독교 학교교육의 시작이 어디였는지 생각해 보면 기억나는 장면이 있습니다. 초등학교 4~5학년 때 즈음인 것 같은데 주일 학교 선생님이 교회 봉고차로 집에 데려다주시면서 기습적인 질문을 하신 것입니다.

"너는 사람이 진화했다고 생각하니?"

저는 "네" 하고 대답했습니다.

"그러면 성경에서는 하나님이 창조하셨다고 하는데 어느 것이 맞는 것 같니?"

이 질문에 저는 이렇게 대답했습니다.

"학교에서는 진화가 맞고, 교회에서는 창조가 맞지 않나요?"

그 답을 하고 얼굴이 붉어졌습니다. 선생님은 제가 무안할까 봐 그러셨는지 "그렇구나~"라고 대답해 주시고 저를 집에 내려주셨습니다. 제가 왜 그런 대답을 했는지는 기억이 나지 않지만 30여 년의 시간이 지난 지금도 그 상황과 질문 그리고 제가 했던 답이 생각납니다.

지금 생각해 보면 교회에서의 삶과 학교에서의 삶이 완벽하게 분리돼 있었던 증거가 아닌가 싶습니다. '기독교 원리와 삶의 원리가 다르니 그런 대답을 하는 데 조금도 어려움이 없었구나'를 알 수 있는 장면이라 생각됩니다. 중학교, 고등학교 시절 좋은 대학에 가고 성공해서 편안한 삶을 살아야 한다는 세속적 목적을 이루기 위해 그 사건을 무시하고 공부에만 힘썼지만, 그때의 상황과 질문은 저를 계속 따라다녔습니다.

대학에 들어와서 선교 단체 활동을 하는 가운데 성경을 후배들에게 가르치는 일들을 시작했습니다. 지상명령의 성취를 위한 복음의 전달이 왜 중요한지에 대해 배웠으며, 진리이신 하나님을 인격적으로 만나게 된 것도 그때입니다. 저의 육신을 위한 삶을 내려놓고 주님을 기쁘시게 하는 삶을 살고 싶었습니다.

선교사로 헌신해 선교사 비자를 받고 일본 오사카에서 짧은 시간을 보내기도 하였습니다. 저에게 교대에 다니는 예비 교사로서의 정체성은 별로 중요한 것이 아니었습니다. 예수 그리스도만이 우리 인생의 유일한 답이었습니다. 가르침의 내용이 성경이었기에 별다른 고민 없이 저는 기독교적 가르침을 하고 있다고 생각했습니다.

"가서 제자 삼으라!"

이 지상명령의 성취는 기독교적 가르침의 목적이자 전부였습니다. 성경 말씀을 알고 그렇게 살아야 하는 이유는 덕을 끼침으로 복음을 전하기 위해서였습니다.

그러던 3학년 어느 날 교육과정에 관한 공부를 교대에서 하던 도중 한 교수님은 저에게 새로운 설명을 해 주셨습니다. 교육이라는 것이 진리에 도달하기 위해서인데, 현재 교육과정은 분절된 하위 개념의 지식을 가르쳐 진리에 도달하기 원한다는 것이었습니다. 국어, 수학, 사회, 과학 같은 과목들을 가르치면 진리에 도달할 수 있다는 것이 지금 교육과정의 생각이라는 그 교수님의 설명에 저는 질문을 했습니다.

"진리를 그냥 가르치면 안 됩니까?"

혹시 종교적 신념을 이야기하는 것이냐는 질문에 "네"라고 대답하자 교수님은 명확하게 "그것은 불법이고 당연히 해서는 안 된다"라고 말씀하셨습니다.

분명한 진리가 있는데 그것을 가르칠 수 없는 교육이라면, 이 교육은 진리에 도달할 수 있는 것일까?

이 질문이 계속해서 저를 힘들게 하였습니다. 저는 이 장면이 학교교육에 대한 기독교적 부르심이 시작된 자리라고 생각됩니다. 고민이 시작되었고 공교육의 현장으로 들어가 5학년 담임교사로서 경험하게 되는 현실은 그런 저를 더욱 힘들게 하였습니다. 저는 제가 믿는 바와 삶이 통합돼 있다고 생각했는데 교육사회의 구조와 법은 그런 저에게 인지 부조화를 일으켰습니다. 지금 생각해 보면 매우 극단적인 생각이었지만 공교육에는 희망이 없는 것처럼 느껴졌습니다. 자신이 없었다는 표현이 더 정확할 것 같습니다.

그 고민이 계속될 때 주변에 기독교 학교에 근무하시는 선생님들을 만날 기회가 여러 번 생겼습니다. 하나님을 마음껏 찬양하고 예배할 수 있는 학교에 대한 소식을 들었을 때 마음이 흔들렸습니다. 진리가 선포되는 교육이 학교교육에서도 이루어질 수 있다는 것이 꿈만 같았습니다. 그러나 기독교 학교에 있는 아이들은 이미 복음을 듣고 예수님을 만난 아이들이지만 공교육에는 주님을 아직 만나지 못했지만, 천하보다 귀한 많은 영혼을 만날 기회가 주어집니다. 특히 초등학교 시절에 담임교사의 삶과 태도에 따라 어린아이들이 얼마나 쉽게 마음을 열고 복음을 받아드리는지를 경험하며 마음에 고민이 점점 커졌습니다.

'공립학교에서 교사를 지속해야 하는가?'

'기독교 학교에서 새로운 교사의 삶을 시작해야 하는가?'

이에 대하여 기도하던 중 한 선생님을 만나게 됩니다. 그때 권해주셨던 책이 『신본주의 교육』(CLC 刊), 『교실에서 하나님과 동행 하십니까?』와 같은 책 들이었습니다. 새로운 세상이 열리는 것 같았습니다. 진리와 하나 된 교육을 할 수 있다는 것은 저에게 큰 기쁨이었습니다. 기독교 학교에 대한 마음이 점점 커졌습니다.

어느 날 제가 기독교 학교에 대한 마음이 있다는 것을 아신 교대 앞 서점 사장님이 한 대안학교 교장 선생님의 명함과 함께 그 학교에 관한 책을 선물로 주셨습니다. 두레학교라는 곳이었습니다. 구리시 한다리 마을이라는 전원마을에 창고를 개조한 2층 집에서 시작한 그곳에 어렵게 찾아가 면접을 보았습니다.

주님 이 길이 주님이 인도하신 길입니까?

이런 질문에 '내 길은 좁다.'라는 마음의 울림을 느끼고 두레학교 교사로서의 삶을 시작하게 되었습니다.

2. 싹이 나다

두레학교는 미인가 기독교대안학교입니다. 2005년 3월에 개교하여 2006년 11월에 제가 근무하게 되었으니 개교한 지 2년이 안 된 신생학교였습니다. 후배 교사들은 전설처럼 듣는 이야기지만 재정이 부족해서 월급 지급이 늦춰진 경우도 여러 번 있었고, 교실이 없어서 컨테이너로 교실을 세웠다가 동네 주민의 신고로 교장 선생님이 경찰서에 가서 조사를 받고 교실을 철거해야 하기도 하였습니다. 많은 것이 부족한 시기였습니다. 그러나 정말 행복했습니다.

아이들이 존중받는 학교, 기도하고 말씀 보는 것이 장려되는 학교, 선배 선생님들은 각자의 분야에서 전문가로서 활동하며 후배들에게 아낌없이 자신의 노하우를 전수하는 학교. 특별히 태릉선수촌 조리장 출신 선생님께서 해 주시는 점심과 저녁은 정말 맛있었습니다.

그런데 조금 이상한 부분이 있었습니다. 『오늘은 두레학교 가는 날』이라는 책에서 보면 두레학교는 아이들의 자율성을 온전히 존중해 주는 학교였습니다. 책에 명시돼 있는 표현을 빌리자면 다른 사람들에게 피해를 주지 않는 범위 안에서 자유롭게 살아가는 법을 배우는 학교였습니다. 롤 모델로 삼고 있는 학교로는 서머힐이나 키노쿠니, 벤포스타와 같은 학교입니다.

서머힐 스쿨은 영국의 교육학자 A. S. 닐(A.S. Neil)이 1921년에 세운 대안학교입니다. 학생들의 방종이 아닌 자유를 최대한 보장해 주며 그 안에서 학교 구성원들은 그들의 행동이 남들에게 피해를 주지 않는다면 수업을 듣고 듣지 않을 자유까지도 보장해 주는 학교입니다. 학교의 운영을 결정하는 회의에서는 교사와 학생에게 동일한 권리를 보장하여 참여할 수 있게 합니다. 사람에 대한 존중이 가장 중요한 학교입니다.

키노쿠니학교는 "자기 결정," "개성," "체험"이라는 세 가지 기본 원리를 바탕으로 하는 일본의 대안학교입니다. 위의 원리를 적용하기 위해 프로젝트 학습이 수업의 반 이상을 차지합니다. 서머힐의 정신과 존 듀이의 교육방법을 접목해 1992년에 개교하였습니다.

벤포스타 어린이 공화국은 스페인에 세워진 대안 공동체입니다. 실바 신부가 1956년 고아들을 모아 설립한 이곳은 어른보다 어린이에게 더 많은 권리와 자유를 보장하며, 아이들이 어려서부터 스스로 책임지고 삶을 일궈가도록 자율성이 보장되는 공동체였습니다. 지금은 너무 유명해진 단어이지만 '코로나'라는 공화국 독자 화폐를 사용해 각자의 역할 가운데 경제생활이 되도록 노력했으며, 스스로 공동체가 살아가는 방법을 찾아가던 아이들은 서커스단을 만들어 전 세계로 공연하러 다니기도 했습니다. 하지만 2004년에 문을 닫았습니다.

그 당시 교장 선생님은 자신의 자녀가 프로게이머가 되겠다는 꿈을 품자 교장실에 컴퓨터와 프로그램을 준비해서 학교에서 게임 연습을 할 수 있도록 도와주시기도 하셨습니다. 그래서 저도 아이들의 자율성을 존중하며 수업과 생활지도를 하였습니다. 아이들의 자율성을 충분히 보장해 주었던 거지요.

그런데 그 당시 교감 선생님이셨던 분께서 저에게 "교사가 그 모양이니 학생들이 그 모양이지!"라고 하며 저를 혼내셨습니다. 지금 생각해 보면 아이들을 통제하지 않고 하고 싶은 대로 내버려 두던 저의 태도가 문제가 있다고 직관적으로 느끼셨던 모양입니다.

학교가 추구하는 방향대로 저는 교육을 했다고 생각했는데 어떤 것이 문제였을까?

심각한 고민이 다시 시작되었습니다.

또 하나의 고민은 기독교 세계관에 대한 부분이었습니다. 대학 시절 기독교 세계관을 접한 저는 아직 정확하게 기독교 세계관이 무엇인지 알지 못했습니다만 기독교 세계관으로 가르쳐야 한다는 신념을 가지고 있었습니다. 그런데 그 당시 두레학교는 기독교 세계관 운동 자체를 약간은 거부하는 분위기가 있었습니다.

"그렇다면 기독교적 수업은 뭔가요?"라고 물었을 때 "아이들이 행복하면 기독교적인 수업이다"란 대답을 들었습니다. 지금이 되어서야 이해가 되는 것은 두레학교는 공교육의 대안으로 만들어진 학교였다는 점입니다. 예수님을 믿는 '기독교인' 교사들이 만든 학교였지만 주입식, 입시 중심에 찌든 한국교육에 대안이 되는 그런 학교를 만들고 싶은 교사들이 모여 만든 학교입니다. 아이들이 존중받지 못하는 한국 공교육에서 아이들의 자율성과 존엄성이 온전히 존중받는 학교를 꿈꾸었기에 공교육에 학생 인권조례가 세워지기 한참 전부터 모든 부모와 교사들에게 체벌금지에 대한 서약을 받았고, 사교육을 금지하는 등의 규칙들을 세우고 실천하고 있었습니다. 아이들의 행복이 가장 중요한 학교였던 거지요. 하지만 여러 기독교교육에 대한 입문서를 접한 저로서는 무엇인가 이상하다는 생각을 계속하게 되었습니다.

이 글을 읽는 여러분들은 어떻게 생각하시나요?

아이들을 존중하고 아이들의 자율성을 존중하는 것은 기독교적인가요?

저는 2년 차까지는 기독교적이라고 생각을 했습니다. 우리나라 교육의 비 인격성이 워낙 두드러진 점으로 보였기 때문입니다. 아이들을 인격적으로 대하는 것은 그 근거를 분명하게 말할 수는 없지만, 직관적으로 기독교적인 것으로 보였습니다. 그러나 3년 차부터는 기독교적이 아니라고 생각했습니다. 기독교교육을 공부하면서 하나님을 근본으로 두지 않고 사람을 근본으로 두는 교육을 인본주의 교육이라고 부른다는 것을 알게 되면서부터입니다. 지금은 균형이 부족한 기독교교육이라고 생각합니다. 그 이유는 이 글의 끝에서 더 다뤄 보고자 합니다.

저 혼자서 분투하는 가운데 저의 기독교적 수업은 아주 초보적인 수준이었습니다. 국어 수업을 예로 들어보자면, 초등 2학년을 데리고 『너는 소중하단다』와 같은 기독교적 세계관이 담긴 원작을 같이 읽었습니다. 다음 학습지로 내용 파악을 진행한 후, 거기에 있는 활동을 같이 해 보았습니다. 장점을 말하고 별을 붙여 준다거나, 단점을 이야기하며 벌점을 붙여 주는 행동을 해 보고 어떤 느낌이 드는지 서로 이야기를 나눴습니다.

학교에서 그 당시 유행하던 『칭찬은 고래도 춤추게 한다』는 책을 선생님들과 함께 읽고 있었기 때문에 벌점을 붙이는 것은 하면 안 되지만 별을 붙이는 것은 기독교적이라고 생각했던 저를 발견하게 됩니다. 원작의 의도조차 파악하지 못했던 것이죠. 물론 받아쓰기는 따로 했었습니다.

지금 생각해 보면 교육과정이 뭔지, 그 과목이 왜 필요한지, 어떤 목표와 내용으로 가르쳐야 하는지, 왜 초등학교 2학년 때 배워야 하는지, 어떤 방법으로 가르쳐야 하는지도 모른 채 그냥 재미있게 가르치고 싶은 것만 가르쳤던 것 같습니다. 그 후 그 학생들이 중등과정에서 배우는 가운데 기초학력의 부재가 배움의 걸림돌이 된다는 이야기를 들을 때마다 참 죄송스러운 마음이 듭니다. 성경 과목을 따로 가르치고 성경적 세계관이 명백하게 드러난 책을 읽히고, 공립학교에서 하던 방식대로 학습지와 받아쓰기를 통해 언어적 기능을 보충해서 따로 가르친다는 그런 통합을 가지고도 제법 자부심을 느꼈으니 참 부끄러울 따름입니다.

3. 가지가 자라다 – 6년 차 교사의 성장통

기독교적 교육에 대해 고민을 하고 2008년 아세아연합신학대학교 교육대학원에 들어온 것은 하나님의 은혜라고밖에 설명할 수 없습니다. 그곳에서 참된 스승들을 만났고, 평생의 동역자들을 만났습니다. 대학원에서의 배움을 통해 "기독교교육과정이란 진리에 순종하는 공간 안에서 관계 맺으며 함께 성장하는 여행이다"라고 어쭙잖게 정의할 수 있게 되었고, 저 나름대로 기독교적 수업모형을 만들어 수업에 적용을 해 보기도 하는 경지에 이르렀습니다. 각 교과가 왜 필요한지도 설명할 수 있고, 학급경영 가운데 기독교적 철학을 논할 수도 있게 되었습니다.

그러나 제 안에 고민이 줄어든 것은 아니었습니다. 대학원 4년 차, 기독교 학교 6년 차에 반다이크 교수님이 쓰신 『리자에게 쓴 편지』라는 책을 읽고 적었던 기록들을 가져와 봅니다. 통째로 다 옮기는 것에 대한 부담이 많이 있지만, 그 당시 고민했던 기독교 학교교육의 흔적을 다양한 영역에서 다루었다는 점에서 가치가 있다고 보입니다.

사랑하는 하늘에 계신 아빠께

반다이크 형님의 책을 읽으며, 시종일관 느꼈던 것은 하늘에 계신 아빠의 따뜻한 음성이었어요. 좌충우돌하며 어떻게 하면 아빠의 뜻대로 교육할 수 있을까 고민하며 신음하며 유혹에 굴복하는 저에게 연아! 잊지 마라. 굴복하지 마라. 마땅히 해야 할 바를 위해 끝까지 애를 써라. 믿음을 갖고 비전을 품어라. 비록 때때로 실망과 우울함이 이 일을 계속 방해한다 할지라도!
이런 말씀에 눈물이 울컥 나버리고 말았어요. 사실 이 길을 가는 것에 매우 외롭고 지쳐 있었거든요.
반다이크 형님도 그런 아빠의 음성에 먼저 반응하시고 저를 위해 이런 책을 쓰신 거겠지요?
이 책을 번역해 주셔서 부족한 저 같은 사람도 읽을 수 있도록 해 주신 박상호 형님에게 고마운 마음이 새록새록 드네요. 고맙다는 마음을 품으며 이 책을 읽으며 들었던 의문들과 아빠께 하고 싶은 이야기들을 조금 적어 보려고 해요. 제가 민감해서 아빠가 주시는 말씀들을 듣고 행할 수 있도록 힘을 주세요.
아빠! 리자의 고백은 저의 고백이기도 해요. 기독교 세계관에 대해서도 배우고 교육 현장에서 적용하려고 애쓰고 있지만, 제가 할 일은 너무 많아요. 그리고 그 노력이 충분한 것 같지도 않아요. 기독교학교에서 교사의 역할을 감당하고 있지만, 진정한 기독교적 가르침이 무엇을 의미하는 것을 토론하는 것에 대해 어떤 선생님들은 부담스러워하기까지 해요. 아빠가 모든 것의 주되심을 고백하지만, 마치 아빠가 뜻하시는 가르침은 선택인 것처럼 보여요. 할 일은 너무 많고 교육의 영역에 아빠의 나라가 임하기를 위해 애쓰기보다는 끊임없이 잡무를 처리해야 하는 유혹에 시달려요. 안내자로서 격려하고, 제자화하고, 학습을 위해 교실을 구조화하는 것을 통해 학생들을 이끌고 아빠가 기뻐하시는 제자로서의 삶을 살게 하는 것이 제가 할 일이라는 것은 알겠어요. 하지만 너무 어려워요. 아빠가 함께 해 주셔야 해요.

학습 목표에 관한 이야기를 좀 해 볼게요. 저는 우리 선생님들의 매우 차가운 반응이 왜 일어났는지 조금 이해하게 되었어요. 교사 연수 때 우리는 교실에서 무엇을 하려고 하는지 명확한 관점을 가지기 위해서 우리말 우리글 교과의 목표가 무엇이냐고 국어 선생님들에게 물어보았거든요. 그 선생님들뿐만 아니라 다른 선생님들도 모두 화가 난 것 같았어요.

어떤 선생님은 그래도 저밖에 그런 주제들을 꺼낼 수 없다고 격려해 주시며 잘했다고 이야기하셨고, 이야기가 부드럽고 따뜻하게 잘 마무리되었지만, 그 차가운 반응을 아빠도 보셨지요?

그 선생님들이 느꼈던 것은 모욕감이었군요. 나는 우리 선생님들이 참 좋고, 함께 더 잘 해 보자고 그런 이야기를 꺼냈던 거였는데, 그렇게 느끼게 했다면 죄송하다고 사과를 해야 할 것 같아요. 암튼 목표에 관한 이야기 있잖아요. 우리 학교의 목표는 누가복음 2장 52절의 예수님이 키와 지혜가 자라며 하나님과 사람에게 사랑스러워 가셨던 것처럼 신체적, 지적, 영적, 사회적 성장이 골고루 성장해서, 이사야 58장 12절의 무너진 데를 보수하는 자가 되며 길을 수축하여 거할 곳이 되게 하는 사람을 키우는 것이에요. 그런데 예수님을 닮아가려고 노력할 수는 있지만, 예수님이 될 수는 없잖아요. 아빠도 이 세상 상황을 잘 아시잖아요. 오죽했으면 흐르는 죄로 인하여 동정녀에 나서야 했고, 독생자를 죽이시는 것밖에 방도가 없으셨잖아요. 평생 가야 하지만, 완벽히 도달할 수 없는 목표 가운데 전인적 성장을 목표로 두고 가다 보니, 자꾸 학부모님들의 욕심이 타고 들어와요. 지적 성장도 잘 할 수 있게 해 주겠다고 이야기했으면서 우리 아이는 왜 학습 성취가 이것밖에 안 되느냐고 따지는 분도 있어요. 이런 분들이 영적 사회적 성장은 왜 별로 관심이 없을까 하는 의문과 함께 우리는 어떤 구체적인 목표를 세워야 하냐는 고민이 계속 있거든요. 아빠, 나중에 평가에 관한 이야기도 좀 드리겠지만, 가치 목표는 너무 평가하기가 어려워요. 가치 목표의 평가 기준에 대해서도 도움을 주세요.

아빠가 요구하시는 창의력과 상상력, 비판적 사고능력, 구체적으로 신체적 활동을 할 수 있으면서, 사회적 감정적 발달을 이루는 즐겁고 행복한 배움이 있는 목표와 평가를 제가 할 수 있을까요?

아빠가 힘을 주세요.

학문적 수월성에 대해서는 아까도 말씀드렸죠?

그러나 그 부분만 어려운 것은 아니에요. 각자 아빠가 주신 달란트는 너무 다양하고 같은 달란트를 가지고 있어도 달란트의 양에서 차이가 있어요. 지체가 하나의 몸을 이루게 하시기 위해 그렇게 하셨다는 것은 알겠지만, 한 사람의 교사가 가르치기에는 너무 복잡하고, 많아요. 우리 학교 중등과정 선생님들은 그것을 위해 각자마다 다른 시험지를 만들어줘요. 물론 전 인격적인 성장이 일어나는지도 평가하지요. 하지만, 교사들이 너무 힘들어서 자꾸 지쳐 가요. 아빠가 힘을 덜 주셔서 그런 것 같아요.

우리가 덜 의지해서인가요?

제자도란 '이 세상에서 하나님의 영광을 위하여 창조된 인간이 제 몫을 다하는 것'이라는 설명을 듣고 나서야 제가 가야 할 방향성에 대해 명확해질 수 있었어요. 하나님의 말씀을 듣고 보살핌과 화평하게 하려고 종노릇을 하는 사람들이 가야 하는 그 길에 저와 우리 아이들이 동참하길 원해요.

아빠를 바라보고 멈추지 않고 가야 하는 것이 맞겠죠?

우리 아이들이 삶의 부르심을 들을 수 있었으면 좋겠어요. 아이들이 생명의 물을 마실 수 있으면 좋겠어요. 그리고 순종할 수 있었으면 좋겠어요.

교과 중심으로 할 것이냐, 학생 중심으로 할 것이냐 밀가루(교과)와 설탕(학생) 중 어느 것으로 케이크를 만들 거냐고 묻는 이 어리석은 질문에 지혜롭게 대답해 주셔서 감사해요. 교과가 없는 배움이라던가, 학생이 없는 가르침과 배움이라는 것은 있을 수 없는 일인데 역시 반다이크 형님 말씀대로 각 추가 극단에 설 때 유행을 일으키지만, 문제도 함께 일으키는 것 같아요. 저는 학생들을 바라볼 때 아빠의 형상으로 지음 받았으며 죄인이라는 사실을 잊지 않아요.

물론 개인적으로 아이들을 아빠의 형상으로 보는 부분에 저는 더 강하다는 생각은 해 보지만요. 아빠의 형상으로 지음 받은 존재들은 당연히 존중받아야 해요. 그러나 죄인인 아이들은 진리의 다스림을 받아야 하지요. 이 두 균형을 잘 잡아갈 수 있으면 좋겠어요. 교과에 대한 부분도 교과의 의미가 너무 축소되어 있다는 생각을 해봐요. 나중에 기독교적 교육과정에 관해 이야기할 때 조금 더 이야기해 볼게요.

교사 중심 수업에 관한 이야기를 듣는데 얼마 전 한국에 오셨던 부르멜른 교수님의 강의가 생각났어요. 그분은 아빠의 뜻을 참 잘 따르며, 뒤따라가는 저 같은 어린 교사들에게 엄청 힘을 주시는 분이잖아요. 그렇게 귀한 분을 만났는데, 거의 강의만 하시는데 시간을 다 쓰셨어요. 뒤에 질의응답 시간이 있었지만, 의사소통의 문제로 인하여 제가 질문했던 문제에 대한 답도 잘 듣지 못했어요. 매우 속상하더라고요.

물론 시간의 제약과 아주 많은 다수를 상대로 한 수업이었으며, 잘 듣기 위해 동기 부여된 학생들이었기에 굉장히 효율적인 수업이었지만, 인격적 만남의 시간은 아니었어요. 뒤에서 졸고 있는 학생들도 보였고요. 그 반대로 다른 어떤 선생님들과 만남은 제 인생에서 큰 어려움이 있을 때 등불이 되어 준 부분이 있어요. 인격적 만남 가운데 배워서 그런 것 같아요. 물론 저 또한, 강의할 때 저 혼자만 말을 많이 하고 싶은 욕심에 사로잡힐 때가 있어요. 특히 부모교육을 할 때는 그런 것 같아요. 조심해야 할 부분이라는 생각이 들어요.
학습지에 관한 이야기로 넘어가 볼게요. 저는 학습지 문제를 너무 처절하게 경험했어요. 학교에 처음 와서 교육과정이라는 것이 무엇인지도 잘 모르는 상태에서, 교과서도 없이 교육과정을 만들어 수업해야 했던 거 기억하세요?
그때 만들었던 학습지는 정말 부끄러운 과거에요. 한 선생님이 이렇게 재미없게 수업을 하는데도 아이들이 수업을 즐거워하냐고 물어보셨을 때 정말 쥐구멍에라도 숨고 싶은 기분이었다니까요. 그때 만들었던 학습지가 아깝기는 하지만, 과감하게 버렸어요. 지금은 꼭 필요한 부분에만 쓰려고 노력해요.
그런데 교과서를 사용하는 지금 가끔 교과서가 학습지처럼 되어버리는 것은 아닐까 고민이 돼요. 수렴적 질문이 생각보다 교과서에 많이 들어 있거든요. 저에게 드는 질문은 수렴적 질문과 발산적 질문이 어느 정도의 비율로 이루어져야 하냐는 거예요. 물론 상황에 따라 다르다는 것은 알고 있지만, 헌신과 가치, 우선순위, 감정과 같은 이야기들을 모든 수업에서 나눌 수는 없잖아요. 그리고 고학년으로 올라갈수록 지식의 양이 너무 많아져서 시간의 한계를 지속해서 느끼고 있어요.
발산적 질문을 하다가는 수업 진도를 나갈 수가 없어요. 협력 학급을 만드는 것은 선택의 문제가 아니라는 것을 알고 있지만, 효율성 때문에 한 아이의 성공을 위해 다른 아이의 실패를 조장하는 부분이 저의 수업 상황 가운데에 많이 있었다는 것을 고백해요.
학급 분위기에 관한 이야기를 좀 해 볼게요. 『두려움과 배움은 함께 춤출 수 없다』는 파커 파머의 책이 생각났어요.
그래서 가르칠 수 있는 용기가 필요한 거겠죠?
진리의 공간에 함께 순종하자는 그분의 말을 생각해 보니 연습이 없이는 너무나도 쉽게 개인주의로 흐를 수 있다는 생각이 절로 들어요. 하지만 우리 아이들은 생각보다 너무 이기적이어서 자신이 손해 보는 것을 절대로 참지 못해요. 아니 저라는 사람이 너무 개인주의적이고 경쟁적이어서 아이들에게 가르치는 것이 불가능한 것처럼 보여요. 그 두려움을 이길 힘을 주세요.

리자가 했던 질문, 얼마나 학생들을 알아야 하냐는 질문의 답을 머릿속으로는 알겠어요.

전인격적으로, 학생들의 독특한 은사와 필요를 알 수 있을 만큼이라는 거지요?

우리 학교는 아이들에 대해 알기 위해 모든 아이의 가정을 학기 초에 방문해요. 또 가을학기에는 모든 부모님과 상담을 하는 시간을 정해놓고 지키지요. 매년 그 아이의 환경에 대해 조사도 하지요. 그러나 문제점이 발생했어요. 교사 중에서 제법 경력이 있는 선생님께서 너무 교사의 에너지를 소비하는 일이라는 문제를 제기하셨어요. 또 시간을 정해 놓다 보니 너무 형식적으로 하게 된다는 거예요. 학사일정에 명시해 놓고 지키지 않으면, 우리의 게으름 때문에 그냥 넘어가고 마는 경우를 많이 본 저로서는 그 의견에 대해 아니라는 표현을 했어요. 하지만 실제로 형식화되어가는 것이 걱정돼요. 우리의 사정을 아는 아빠가 해야 하는 것과 하지 말아야 하는 것을 조금 명확하게 이야기해 주시면 좋겠는데, 아빠의 말씀을 듣고 분별하는 일이 쉽지만은 않은 일인 것 같아요. 한정된 시간 가운데 마음을 빼앗기지 않고 우선순위를 지키는 것을 어떻게 해야 하는지 알고 싶어요.

기독교적 평가에 대해서는 지금 우리 학교의 화두예요. 학생들은 배운 것을 중요하게 여기기보다 평가하는 것을 중요한 것으로 여긴다는 것을 알고 있기에, 교과별 목표의 달성 정도를 표기하고 전 인격적 성장이 일어날 수 있도록 평가항목을 명시해 평가하고 있어요. 물론 교과부의 통제를 받지 않는 비인가 대안학교이기에 가능한 것 같아요. 문제는 시스템은 그렇게 구축해 놓았지만, 교사들은 힘겨워하며 대충하려는 욕망에 사로잡히기 일쑤라는 거예요. 너무 목표를 크게 잡았는지 생각해 보기도 하면서, 적정선을 찾고 있어요. 또한, 고등학교를 졸업하고 상급학교를 진학하기 위해서는 수능을 봐야 하는데, 이 수능이라는 것이 줄 세우기 시험이다 보니 교육과정을 구성하기가 쉽지는 않아요. 아빠가 좀 도와주세요.

경쟁을 피할 수 없냐는 질문은 리자와 같이 저도 아직 의문이에요. 시합이 되는 경쟁은 분명히 좋은 성취를 가져오거든요. 하지만 우리의 죄 된 본성이 다른 사람을 누르고 혼자 빛나기 원한다는 것은 분명한 것 같아요. 우리는 분명 종 됨을 연습하고, 자기를 비우는 사랑을 경쟁해야 해요.

아빠의 선한 것을 위해 끊임없이 노력해야 하는 것은 맞지만, 그것이 매력 없어 보이는 것은 원수의 계략이 분명하겠지요?

우리의 원수는 참 머리가 좋은 것 같아요. 물질주의나 포스트모더니즘 같은 것으로 아빠보다 더 좋은 것이 마치 있는 것처럼 포장해서 사람들의 마음을 빼앗아 버리니까요. 예비 학부모 교육에 와서 이렇게 교육해서 이 험한 세상에서 아이들이 살아남을 수나 있는 거냐는 물음을 던지는 학부모들을 보며, 더욱 그런 생각이 들어요.

자신들은 경쟁에서 끊임없이 패배해 왔으면서, 왜 아이들도 철저한 패자가 되기를 원하는 걸까요?

협동학습은 현재 한국에서는 많은 기독교 학교에서 사용하고 있어요. 한국에 처음 소개될 때도 기독교인인 분들이 소개해 왔기에 별다른 의심 없이 전략들을 사용해 왔던 것이 사실이지요. 물론 지나치게 아이들이 경쟁적으로 변하는 부작용들을 경험해 왔었고 여러 가지 부작용을 줄이기 위해 노력해 왔었어요. 그런데 깜짝 놀랐어요. 기독교인이 아닌 사람들이 먼저 기본적인 원리를 발견했다는 거 말이에요.

아빠 조금 너무 하신 거 아니에요?

아빠를 믿고 따르는 사람들이 그런 것들을 발견할 수 있도록 아빠가 도와주실 수 있는 부분이었잖아요. 물론 우리의 교만함 때문에 그렇게 하셨을 수도 있다고 생각해요. 그리고 제가 하고 싶었던 것이 사실 협력 학급이었다는 것도 알았어요. 실패하더라도 사랑으로 아빠를 기쁘시게 하며 상호 용납하고, 평화와 치료가 있는 3학년 연이 반으로 안내하는 교사가 되고 싶어요. 아이들의 의견에 '고마워'라고 이야기하는 것은 너무 좋은 방법인 것 같아요.

아! 무시무시한 부분을 봤어요. 아빠의 형상대로 지음을 받은 학생들을 위해 서로 다른 활동이 동시에 일어나는 계획을 짜고, 필요를 충족시키라니요. 비행기 관제탑에서 일하는 사람 다음으로 많은 판단과 책임을 져야 하는 것이 교사라는 이야기를 들은 적이 있어요. 물론 지금도 그 이야기는 전적으로 공감돼요. 그런데 지금 모든 아이의 필요를 저의 교실에서 충족시키고 있냐고 물어보시면 당연히 대답은 NO이겠지요. 저는 아빠처럼 전지전능하지도, 무소부재하지도 못해요. 교사가 아이들을 위기에 처하게 만들 수 있다는 것에 공감해요. 그러나 기독교적 가치를 가르치고 있는 순간에 "우리 엄마 아빠는 그렇게 안 하는데 왜 해야 해요?"라고 묻는 '지옥에서 온 아이'를 아빠도 알고 계시잖아요. 일본에서 만났던 한 선생님의 이야기가 기억이 나요. '위기'는 '위험'과 '기회'가 함께 있는 거라는 이야기는 평생에 저를 돌아보게 하는 말이 될 것 같아요. 위기가 닥쳤을 때 그때가 아픈 곳이 드러나 치료할 수 있는 순간이라는 것은 분명해요. 그 기회를 아빠의 뜻대로 잘 살릴 수 있으면 좋겠어요.

전에 뒤쪽에서 교육과정에 관한 이야기를 해 보겠다고 했지요?
저는 교육과정이란 '진리에 순종하는 공간 안에서 관계 맺으며 함께 성장하는 과정이다'라는 표현을 하고 싶어요.
교사는 학생과 관계 맺을 때에(교육할 때에) 어떤 사람과 공동체가 될 것인가? (교육목적)
그에 따라 창조세계의 통일성과 다양성 가운데 어떤 가르침과 배움을 할 것인가? (교육내용)
어느 시기에 어떤 방법으로 성장과 성숙을 도울 것인가? (교육방법)

그에 따른 결과를 다음 성장에 어떻게 반영할 것인가? (교육평가)
이에 대한 함께함을 통해 진리(하나님의 주권)에 순종하며 성장하잖아요. 이 모든 과정은 아빠의 주권 안에 있으며 유기적이고 통합적이며 창조적으로 이루어지고 있음을 고백해요. 물론 교과에 대해서도 할 이야기가 많아요. 아이들에게 아빠가 만드신 세상은 아빠에 대해 알아가는 너무 좋은 교과예요. 아빠를 믿지 않는 사람들도 아빠가 만든 세상에 대해 열심히 탐구하잖아요.
그리고 그것이 아빠를 알아가는 데에, 아빠가 만드신 세상을 살아가는 데에 얼마나 도움이 돼요?
그게 아빠를 믿지 못하는 사람들에게서 나왔다는 것이 조금 아쉽지만, 아빠가 알게 해 주신 거잖아요. 물론 직접 알려 주신 성경이 그 판단의 기준이 되어야 하겠지요. 아빠께 편지를 쓰다 보니, 어리광과 불평불만이 너무 많이 써진 것 같아 죄송해요. 아빠가 주신 것들이 얼마나 많은지 사실 매우 느끼고 있어요. 제가 있는 두레학교도 아빠가 참 기뻐하시는 학교라는 것을 다시 한번 확인해 볼 수 있었고요. 감사해요.
그 마음을 아빠는 다 아시지요?
아빠의 칭찬과 격려를 먹으며 그리고 다스림을 받으며 이생에서의 삶을 열심히 살아가고 싶어요. 아빠 힘주세요. 아빠 사랑해요.

2012년 1월
사랑하는 아들 연 올림

그 당시의 기록들을 살펴보면 기독교 학교 교사로서 살아갈 때 문제가 얼마나 다양하고 통합적으로 일어나는지에 대해 다시 한번 깨닫게 됩니다. 교육과정에서는 목적과 목표가 분명하지 않았고, 내용은 무엇을 기준으로 선별돼야 하는지 아직도 헤매고 있었던 시기였습니다. 학습지에 대한 토로를 살펴보면 아직도 배움의 도구(방법)를 무엇으로서야 하는가에 머물러 있는 것을 봅니다. 목적과 목표가 가지는 중요성을 인식하고 있음에도 아이들의 신념과 삶의 체계에 대한 변화까지 들어가지 못하고 지식의 주입을 어떤 방식으로 해야 하는가에만 관심이 있었던 것입니다. 평가에 대한 방향성은 잡았지만, 입시와의 충돌 가운데 고민하고 있었고, 협력 학급에 대해 피상적으로 생각하지만 실천하지는 못하고 있었던 부분이 보입니다.

도움이 필요하다는 신호를 보내는 아이들을 저의 선한 의도를 무참히 밟아버리는 지옥에서 올라온 아이로 표현하고 있으며, 하라는 것은 알겠지만 일이 너무 많다고 징징대는 어린이와 같은 면모를 보입니다. 교육철학에 동참하지 않는 부모님들에 대한 소심한 원망도 가지고 있는 것 같습니다.

이 글을 쓰고 8년이 지난 지금도 저는 비슷한 문제들로 고민하고 있습니다. "시간이 지나고 성장하여 이런 문제들은 다 주님이 해결해 주셨어~!!"라고 자신만만하게 말하고 싶은데 아직도 다 해결되지 않았음을 고백합니다. 그러나 문득 깨닫게 됩니다. 가지가 뻗어 나가는 데에 성장통이 동반된다는 것을 그리고 고통과 유혹으로 인하여 본질을 잃어버리면 안 된다는 것을 말입니다. 그런 저에게 다시 한번 이렇게 말해 보고 싶습니다.

연아! 잊지 마라. 굴복하지 마라. 마땅히 해야 할 바를 위해 끝까지 애를 써라. 믿음을 갖고 비전을 품어라.

비록 때때로 실망과 우울함이 이 일을 계속 방해할지라도!

4. 꽃이 피다 : 역사를 어떻게 기독교적으로 가르칠 것인가?

2014년부터 학교의 필요로 인해 사회를 전담하여 가르치게 되었습니다. 전 과목을 가르치는 초등학교 담임에서 한 과목을 집중적으로 배우고 가르칠 기회가 주어진 것입니다. 초등 사회는 일반 사회 전반과 한국사를 다루게 돼 있는데 그중 한국사를 기독교적으로 가르치기가 참 어려웠습니다. 우리나라 역사에서 기독교가 영향을 미치는 시기는 한국사 전체보다 너무 짧은 시간입니다. 그리고 그 나머지 역사는 비기독교적인 것처럼 보이는 신화와 다른 종교의 문화로 철저하게 물들어 있는 것처럼 보입니다. 이 글을 읽는 분들에게 여쭙니다.

기독교 학교에서 한국사를 가르쳐야 할까요?

차라리 역사 시간에 성경의 구약과 신약을 가르치는 것이 낫지는 않을까요?

제 안에서는 이런 질문들이 지속해서 올라왔던 것 같습니다.

고민만 하다가는 답이 나오지 않을 것 같아 석사 논문의 주제로 삼고 연구를 시작했습니다. 우선 '역사를 왜 배우지?'라는 질문을 던졌습니다. 매우 큰 질문이었지만 소수의 신앙의 선배들이 먼저 그 연구를 진행하셨음을 알게 되었습니다. 특별히 기억나는 것은 제 연구 주제에 관한 이야기를 들은 김윤권 교수님이 집에 있는 기독교와 역사에 관한 책들을 한 상자 보내주셨던 일입니다. 워낙 관심 있는 사람들이 적어서 자료를 구하기 어렵고 절판된 책들이 많이 있었는데 연구의 기초를 닦는데 매우 도움을 받았습니다.

연구의 순간순간 그런 주님의 도우심을 많이도 경험했습니다. 그런 책이 있다더라 하는 이야기를 듣고 중고 책방을 뒤지다가 찾을 수가 없던 책들이 발견되기도 했습니다. 포기하고 싶을 때마다 주님의 붙드심을 경험했습니다. 다 나눌 수 없지만, 그때 주님이 주셨던 통찰들을 조금 나눠보겠습니다.

역사(歷史)는 왜 배우나요?

저는 우선 '역사'라는 단어 자체에 대해 살펴보고 싶습니다. '역사'라는 단어는 두 가지 의미가 있습니다.

하나는 실제로 일어난 역사입니다. 또 하나는 실제로 일어난 역사를 기록으로 남겨놓은 역사입니다. 우리가 보통 역사 공부를 한다고 이야기할 때에는 두 번째 의미로 사용하는 경우가 많습니다. 실제 역사는 과거 인류 전체가 살아갔던 모든 삶입니다. 이것은 다 기록으로 남길 수가 없습니다. 그래서 역사를 기록하는 사관(史官)은 자신이 중요하다고 생각하는 것을 선별적으로 골라 기록으로 남깁니다. 당연히 역사가가 무엇을 중요하게 여기는 지가 역사 기록에 영향을 미칩니다.

그럼 역사가는 무엇을 중요하게 여길까요?

과학의 발전과 함께 도래한 모더니즘 시대에는 관찰 가능한 사실 곧 과학적 사실이 중요했습니다. 증거가 분명해야 하며 실제로 있었던 일을 그대로 적는 것이 중요합니다. 가치 중립적 지식 곧 사실이 명확하니 교훈도 명확합니다. 옳고 그름이 분명한 것이지요. 그러나 제1, 2차 세계대전을 겪으며 사람들은 과학적 발전과 사실이 핑크빛 미래를 약속하지 않는다는 것을 경험하고 맙니다. 그리고 인간이라는 존재는 인식의 한계로 인하여 사실을 정확하게 알 수 없다는 주장이 설득력을 얻어 갑니다. 그럼 진짜 중요한 것은 무엇이냐는 질문에 역사가들이 다른 대답을 하기 시작했습니다. 사실이라는 것은 인간이 온전히 알 수 없으므로 역사는 사실이 중요한 것이 아니라 의미가 중요하다고 말입니다.

　각자의 역사적 의미는 그 사람이 경험한 삶이 다르므로 다르게 해석되고 적용될 수 있습니다. 이 사람이 중요한 것이 다른 사람에게는 중요하지 않을 수 있는 것입니다. 각자 상대적입니다. 자기가 의미가 있다고 생각하는 것이 옳다. 이런 사상들이 시대의 거대한 흐름을 만들자 사람들은 이것을 포스트모더니즘이라고 부르기 시작했습니다.

　역사가들은 보통 이 두 부류에 소속됩니다. 앞에 부류에 소속된 역사학자들을 실증주의 학자들이라고 말하는데 사실이 무엇인가에 매우 관심이 있습니다. 과학적 역사연구라고 표현하면 이해가 쉬우실 것 같습니다. 사람의 해석은 최대한 배제되어야 합니다. 이런 역사에 대한 의견은 최대한 객관적인 태도를 보이려고 하므로 역사로부터 교훈을 얻기에 좋습니다. 또한, 법칙과 규칙을 발견하기 때문에 앞으로의 미래를 예측하기도 참 좋습니다. 역사가 길잡이가 되어주는 것입니다.

　그러나 이 입장에는 다음과 같은 단점들이 존재합니다.

첫째, 사람이 사실을 완벽하게 알기가 참 어렵습니다.

　사실을 인식하는데 각자의 관점을 배제하는 것은 거의 불가능하기 때문입니다. 물리적 사실이나 화학적 사실들에 대해서는 이견이 거의 없을 수 있지만, 이조차도 패러다임의 영향을 받는다는 것이 최근의 이야기입니다. 역사는 사람들의 이야기이기 때문에 더욱 사실을 파악하기가 어렵습니다.

둘째, 역사가가 기록한 역사는 특정한 역사 문화적 배경 가운데 오래 전에 일어난 일이기에 현대에 적용하기가 참 어렵습니다.

구약성경을 보면 이스라엘 민족이 가나안을 정복하는 가운데 가나안 족속들을 진멸하였던 장면이 나옵니다.

이것을 현대에 적용하려면 어떻게 해야 할까요?

어떤 분들은 자신이 믿는 기독교 이외의 종교를 믿는 분들에게 폭력성을 보이며 자신의 행동 근거를 구약에서 찾습니다. 실증주의는 사실관계가 명확하니 교훈을 적용하기 쉽다고 하는데 그 사실에 대한 완벽한 파악이 어려우니 적용하기도 어렵습니다. 그러다 보면 잘못된 적용이 이루어지는 경우가 생깁니다.

셋째, 과학적인 설명을 넘어서는 초월적 역사에 대해 부정합니다.

한국 기독교인들은 성경의 초월적 역사에 익숙하지만, 한국사의 초월적 역사는 믿지 않는 경우가 많습니다. 과학적이지 않아서입니다. 놀라운 것은 그런 역사관에 익숙해져 버린 나머지 성경의 기적들 때문에 성경을 믿지 못하게 되는 경우들이 생겨난다는 점입니다. (아니면 완벽하게 분리해 버리기도 합니다) 우리는 과학적 역사 또한 하나님의 주권 안에 있음을 압니다. 그러나 그것이 전부가 아니라는 것도 믿습니다. 역사의 사실 여부를 반드시 밝히되 그것을 넘어서는 역사가 있을 수 있음을 인정해야 합니다.

이번에는 뒤에 부류에 소속된 역사학자들을 소개해 보겠습니다. 사학계에서는 뒤에 부류의 학자들을 역사주의 학자라고 말합니다. 이들에게는 역사적 사실은 개인과 공동체가 경험한 역사로 인해 나온 해석된 결과물입니다. 사실보다는 그것이 사실이라고 주장한 이유를 찾고 의미를 중요하게 여깁니다. 사실은 해석된 결과일 뿐입니다. 당연히 사실보다 의미가 중요합니다. 이렇게 역사를 볼 때 좋은 점이 참 많습니다. 우선 역사는 자신을 알게 해 줍니다.

교회에서 라이프 스토리를 서로 들려주는 경험을 해 보신 적 있을 겁니다.

너는 누구니?

이렇게 물었을 때 나는 어디서 태어났고 어떤 경험을 해서 지금의 내가 됐다고 설명합니다. 이 설명을 들으면 그 사람을 더욱 깊이 이해할 수 있게 됩니다. 아들이 유치원을 다닐 때 유치원 선생님께 연락이 왔습니다. 급식을 먹는데 해산물 알레르기가 있다고 주장했는데 사실이냐는 것이었습니다. 그런데 제 아들은 해산물 알레르기가 없습니다. 놀라운 것은 해산물을 극도로 싫어하고 먹으려고만 하면 구토 증세가 일어나는 사람이 되었다는 것입니다.

차분하게 왜 그런 생각과 믿음을 가지게 되었는지 아들과 대화를 나누다 보니 오징어를 먹다가 토한 경험을 한 적이 있는데 친구들이 무엇을 먹지 못할 때 알레르기가 있다고 말하는 것을 듣고 자신도 그렇게 말하게 되었다는 것을 알게 되었습니다. 시간이 좀 걸리기는 했지만, 자신의 역사에 대해 인식하고 비합리적 신념에 대한 변화를 경험한 아들은 지금은 버터구이 오징어를 해 주면 매우 잘 먹습니다. 역사를 잘 살펴봄으로써 자신에 대한 이해와 변화의 동력을 얻게 된 것입니다. 역사는 자신을 돌아보게 합니다.

그러나 이 역사주의는 진리의 기준이 자신과 공동체의 역사적 경험과 의미입니다. 경험과 의미가 사람마다 모두 다르니 당연히 상대주의적으로 흐를 수밖에 없습니다. 각자 자신에게 의미 있는 것만이 중요하기에 절대적 진리가 사라집니다. 기독교인들에게는 치명적인 것처럼 보입니다.

제가 왜 이렇게 역사관에 관한 이야기에 많은 지면을 할당하는지 궁금하신 분들이 계실 것입니다. 이것은 역사를 배우는 이유를 설명하기 위해서인데 기독교적 역사관은 이 두 가지의 관점에서 기가 막힌 균형감을 선보입니다. 기독교적 역사학자들은 하나님이 역사의 주관자 이심을 고백하며 지금의 역사가 끝이 있다는 것을 믿습니다. 모든 법칙과 질서의 주관자이신 하나님이 세세하게 역사에 개입하고 계시기에 사실이 존재합니다. 피조물인 사람은 하나님의 주권 안에 있는 시간과 공간의 다스림을 받아 가며 살아갑니다. 실증주의자들처럼 과학적 사실이 사람을 다스리는 것을 인정하는 것입니다.

그러나 성경은 동시에 사람이라는 존재가 하나님의 형상으로 지어졌음을 말합니다. 자유의지를 가지고 하나님과 이웃, 창조세계와 관계 맺어가는 존재인 사람은 피조물에 이름을 지어 부여하는 과정과 창조세계를 다스리는 삶 가운데서 의미를 추구하도록 지어졌습니다. 역사주의자들처럼 의미가 사실을 다스릴 수 있다는 것 또한 인정하는 것입니다. 사람은 하나님 형상인 동시에 피조물입니다. 역사학자들이 양극단의 중요성만을 강조할 때, 피조물로서의 사실과 하나님 형상으로서의 의미를 통해 역사를 바라보는 균형을 잡아갈 뿐 아니라 그것을 넘어서는 하나님의 주권과 섭리까지 살펴볼 수 있는 탁월함이 기독교적 역사관에 담겨 있습니다.

한국사로 넘어와 한국사의 시작이라고 불리는 단군신화를 예로 들어보겠습니다. 실증주의 학자들은 단군신화에 사실이 무엇인지에 집중합니다. 주된 논쟁거리는 단군이 실제로 있었는지 없었는지를 가리는 일입니다. 남겨져 있는 정사 중 가장 오래된 책으로 알려진 김부식의 『삼국사기』에서는 단군신화가 없습니다. 삼국사기를 편찬할 때 '술이부작'(述而不作, 기술하기만 할 뿐 지어내지 않는다)과 '이실직고'(以實直告)라는 두 가지 원칙을 가지고 있었기 때문입니다. 그러나 일연이 『삼국유사』를 편찬할 때에는 '고기'(古記)에 단군에 대한 기록이 있었음을 강조하면서 사실이라고 주장합니다. 신채호는 단군이 실제 있었던 사실이라고 주장하였으며 최남선은 신화의 형식을 빌리고 있기에 사실이 아니라고 합니다.

해방 후 대표적 역사학자인 이기백과 노태돈 같은 학자들은 고고학적 유물과 유적의 연대를 바탕으로 한반도와 남만주 지역에서 문명이 시작된 것과 대표적 유물인 비파형 동검 등의 분포와 연대를 살펴볼 때 고조선의 성립 시기는 B.C. 8세기에서 겨우 몇 세기를 조금 더 올라갈 수 있는 정도로 본다며 삼국유사의 주장이 사실이 아니라고 말합니다. 북한에서는 단군릉이 발견되었다고 주장하기도 하였으며, 1998년에 '한문화운동연합'이라는 곳에서는 단군이 실제 역사임을 주장하며 전국 초중고등학교에 단군상을 세우기도 하였습니다. 2년 전 막내의 두레학교 입학을 알리러 동네 초등학교에 가 보니 세종대왕 동상은 녹이 슬어 있는데 단군상은 황금빛을 내며 아직도 잘 관리가 되는 것이 보였습니다.

역사주의 학자들은 단군이 사실인지는 그렇게 중요하지 않습니다. 서영대 교수의 주장을 살펴보면 단군에 대한 믿음은 민족의 위기 상황 때마다 일어났습니다. 일연이 『삼국유사』를 쓸 때는 몽골 지배기, 홍만종이 『동국역대총목』을 쓸 때는 임진왜란과 정유재란이 있었다는 것입니다. 민족의 위기 상황에서 사회 내부의 힘을 결집하는 이데올로기 역할을 했다는 그의 주장을 들으면 신채호 및 민족주의자들이 일제강점기에 단군의 중요성을 주장하였던 것도, IMF 시대를 지나던 1998년 한문화운동연합이 단군상을 세우던 것도 이해가 됩니다.

이어령 교수는 신단수 아래에서 다른 신분을 가진 두 존재가 혼례를 드렸다는 단군신화의 이야기가 우리 민족이 투쟁이 아니라 화합, 파괴가 아니라 창조를 중요하게 여겼다는 증거라고 설명합니다. 끈기와 참을성이 있는 '곰'이 투쟁과 용맹의 상징인 '호랑이'를 경쟁에서 이겨내는 장면에서도 '쑥과 마늘'이라는 맵고 쓴 내적 투쟁을 참고 견디는 과정에서도 우리나라 고대인의 가치관이 드러난다는 것입니다. "이것을 사실이냐 거짓이냐로 따지는 것은 어리석은 일일 뿐 아니라 텍스트의 본질을 잃어버리게 만든다"라는 그의 주장은 역사주의 입장이 잘 드러납니다.

그럼 이것을 기독교적으로 가르치려면 어떻게 할까요?

저는 우선 아이들이 실증주의적 접근과 역사주의적 접근 두 과정을 다 밟아 가도록 가르칩니다. 초등학교 친구들이지만 역사학자적 안목을 기르기 위해 삼국유사에 대한 번역 자료를 살펴보며 최대한 1차 사료에 가까운 자료들을 깊게 관찰하는 시간을 갖습니다. 그 후 이것이 사실이라고 주장하는 학자들과 거짓이라고 주장하는 학자들의 이야기를 함께 나눕니다. 과연 진짜 사실은 무엇인지에 집중하게 하는 것입니다. 그리고 그렇게 사실에 집중하는 학자들을 실증주의자라고 부른다는 것도 배웁니다.

다음은 그것이 어떤 의미를 지니고 있는지를 살핍니다. 단군신화는 민족적 위기가 닥칠 때마다 사실이라고 주장됐음을 살피고, 이 신화에 어떤 의미가 있으며 우리 민족이 어떤 민족적 정체성을 가졌는지를 아이들과 이야기 나눕니다. 우리가 많이들 알고 있는 곰을 숭상하고 있는 부족과 호랑이를 숭상하는 부족이 결혼한 것이라고 하는 주장은 실증주의자들이 흔히 하는 에우헤메리즘적 해석(신화를 과학적 합리성으로만 설명하려는 해석의 한 종류)이라고 불리며 과학적 해석으로 전부를 설명하는 것은 균형을 잃어버리게 할 수 있다는 것도 다룹니다.

저는 이렇게 어떤 한 역사를 살펴볼 때 실증적 연구와 의미적 연구를 함께 하여 균형을 잡는 것이 기독교적이라고 생각합니다. 하나님이 역사라는 교과에 허락하신 사실과 의미에 관한 탐구를 최선을 다해 가도록 돕는 것입니다.

그러나 그것만으로는 기독교적 역사교육이라고 부르기에 부족한 부분이 있습니다. 저는 이 과정 가운데 하나님이 이 역사를 우리에게 주신 이유를 반드시 묻습니다. 하나님의 주권과 초월성이 역사 가운데 어떻게 나타났는지를 살피고 그것이 우리 믿는 자들에게 어떤 의미를 지니는가를 성령님의 도우심에 의지하며 함께 묻는 것입니다.

저는 단군신화를 왜 우리에게 주셨냐고 주님께 묻고 연구하던 도중 우리나라 초기 선교사님들의 대부분이 단군신화 전문가들이었음을 알게 되었습니다. 우리가 널리 알고 있는 언더우드, 아펜젤러, 게일, 헐버트, 레이놀즈 선교사님뿐만 아니라, 최초의 한글 번역 성경을 만드셨던 존 로스 선교사님 등이 그들입니다.

그들은 처음 우리나라에 왔을 때, 우리 선조들 마음속에 단군 신앙이 자리 잡고 있음을 알게 됩니다. 그리고 성령님께 간절히 구하는 가운데 어떻게 우리 민족에게 복음을 제시할 것인가를 위해 10여 년간 치열하게 고민합니다. 우리가 성경에 쓰고 있는 '하나님'이라는 단어가 단군의 할아버지인 환인을 부르는 명칭이었다는 것을 아는 기독교인은 많지 않습니다. 마치 바울이 아테네에서 알지 못하는 신을 통해 주 예수 그리스도를 전했던 것처럼 우리 조상들이 인식하고 있던 있는 단군신화의 하나님을 매개체로 놀라운 복음의 전달이 있었다는 것은 참 기묘한 일입니다. 저는 그 과정들을 아이들과 함께 찾아가며 역사의 주관자 되시는 하나님을 지속해서 느끼게 하려고 애를 씁니다.

저는 한국사를 가르칠 때 기독교사들이 다음과 같은 절차로 가르치면 좋겠다는 생각을 해봅니다.

첫째, 역사의 주관자가 하나님이심을 인정하는 가운데 역사에 대해 성경이 무엇을 이야기하고 있는지 개념을 숙지해야 합니다.

저는 다음에 소개할 개념들을 기독교사 세움터의 도움을 받아 배웠습니다. 하나님의 말씀이 역사에 대해 무엇이라고 이야기하고 있는지 기준을 잡지 못하면 무엇이 비성경적인지 분별하기가 어렵습니다. 중요한 것은 개념만 익히는 것이 아니라 뒤에 나와 있는 성경의 주소들을 찾아가 꼭 묵상해 보는 것입니다. 말씀의 세계는 볼 때마다 새롭고 끊임없이 흘러나오는 샘물과 같습니다. 저는 역사를 가르치는 한 단원을 계획할 때마다 밑의 개념들을 다시 숙지하곤 합니다.

1) 역사에 대한 자세

(1) 하나님께서는 역사에 대해 우리가 알기를 원하신다(신 1:1-4:2; 수 24:1-13; 시 78).
(2) 하나님께서는 역사적 지식에서 교훈을 얻기를 원하신다(신 4:32-34; 7:17-19; 대하 20:6-13; 겔 5:13; 단 5:18-23; 9:2, 3, 11-14; 고전 10:11).
(3) 하나님께서 주관하시는 역사를 살펴 하나님이 어떤 분이신지 알 수 있다(창 6:8, 13-14, 21; 7:1; 8:1; 시 107; 136; 렘 44:20-23; 요 3:16; 딤전 1:13-14).

(4) 하나님께서는 기록을 잘 보관할 것을 명령하셨다(출 17:14; 34:27-28; 신 17:18-20; 31:19, 21-22; 렘 30:2; 단 12:4, 8-9; 눅 1:1-4; 계 1:11, 19; 2:1, 8, 12, 18; 3:1, 7, 14; 19:9; 21:5).

2) 하나님과 역사적 사건과의 관계

(1) 하나님이 모든 것의 통치자이시다. 그 어떤 민족도, 누구도 하나님을 넘어 설 수 없다(삿 7:1-8; 스 6:22; 욥 12:23; 시 22:28; 잠 21:1; 사 23:7-9; 40:13-17; 렘 46:1-26; 겔 25:5; 25:7, 11, 14, 17; 29:3, 9; 38-39; 욥 3, 4, 8; 말1:4; 마 28:18; 행 5:39).

(2) 하나님 안에서 우연으로 일어나는 일은 없다. 모든 것은 하나님의 계획 가운데 일어난다(창 45:4-11; 출 3:19-21; 4:21-23).

(3) 하나님은 모든 민족의 역사를 계획 하신다 - 그 속에는 분명한 목적과 의도가 담겨 있다(신 7:7-8; 8:3; 단 7장; 9:22-27; 습 3:8; 3:14-20; 14장).

(4) 하나님께서는 통치자들의 흥망을 결정하신다(잠 8:15-16; 20:28; 단 2:20-21; 2:44-45; 4:17; 호 13:11; 롬 13:1 / 예: 삼상 9:16-17; 16:12; 왕상 14:7-8; 14:14; 16:2-3; 대상 22:9-10; 사 44:28; 45:1-4; 겔 30:22-25; 단 2:37-38; 5:26-31).

(5) 하나님께서는 통치자가 그의 도우심에 의지할 때 이끌어주신다(삼상 23:2; 왕상 5:2-4; 12:22-24).

(6) 하나님께서는 그의 뜻(purpose)을 이루기 위해 이방 민족을 사용하시기도 하신다(삿 2:14-15; 왕하 17:6-18; 스 5:3-17; 6:1-14, 22; 7:6-26; 느 2:4-9; 사 44:18; 45:1-4; 렘 5:15-17; 25:8-11; 36:1-3; 46:24-26).

(7) 하나님께서는 민족뿐 아니라 각 개인에 대해서도 관여하신다(요 1:12; 21:21-23; 엡 1:4-6).
(8) 하나님께서는 그의 이름을 영광스럽게 하려고 심판을 유보하시기도 한다(출 32:9-14; 민 14:11-21; 사 48:9; 겔 20:7-22).

3) 민족 그리고 하나님과 민족 간의 관계

(1) 하나님께서는 모든 민족과 그 민족에 속한 사람들에 관해 관심을 가지고 계신다(창 12:3; 시 96:1-10; 욘 1:1-2, 3:1-10, 4:11; 마 12:41-42; 28:19-21; 막 16:15; 눅 2:10; 요 1:6-7; 3:16; 행 17:30-31; 롬 16:26; 딤전 2:1-6; 요1 2:2).
(2) 모든 국가는 하나님에 대해 짊어져야 할 책무가 있다(사 13:19-22; 사 14:22-27; 겔 7:27; 14:12-20; 단 2:37-45; 4:34-37; 5:22-31; 암 1-2; 옵 15; 마 25:32).
(3) 각 민족의 역사는 하나님과 하나님의 백성에 대해 어떻게 반응(responses) 하느냐에 달려있다(창 6:5-8, 13; 신 23:3-8; 25:17-19; 27:14-26; 28:1-68; 삼상 7:3; 왕상 9:4-9; 11:14, 23, 30-39; 잠 14:34; 렘 46-51; 28:1-2, 6, 8; 욜 3:1-8, 12, 19; 욘 3:5-10; 슥 1:14-15; 2:8-9; 마 25:32-46).
(4) 하나님에게서 멀어지거나 하나님보다 자신을 더 높인다면, 어느 민족도 안전(secure)을 보장받을 수 없다(사 47:5-10; 렘 48:7, 29-30, 42; 49:4-6; 49:15-16; 50:35-40; 51:13, 36-37; 겔 29:3, 9; 호 8:14; 13:16; 옵 3-4).
(5) 하나님의 심판 도구로 쓰임을 받은 민족이라 할지라도 하나님을 향한 책무가 면해지는 것은 아니다(사 10:12-15; 30:31; 렘

25:11-12; 슥 1:12-15).
(6) 하나님에 대한 사탄의 대항은 각 민족의 역사에 영향을 끼쳤다(창 3:14-24; 욥 1:7, 12; 사 14:12-17; 요 8:44; 엡 6:12).
(7) 종국에는 모든 민족이 하나님을 찬양하게 될 것이다(시 22:27-28; 빌 2:9-11; 계 15:4).

둘째, 역사에 대해 열린 마음을 가지고 진지하게 대하여야 합니다.

물론 최고의 권위는 성경에 있지만, 역사에 대해서도 중요하게 여겨야 합니다. 성경은 우리가 구원에 이를 수 있도록 무오하게 쓰인 책입니다. 무엇이 옳은지 그른지를 하나님의 뜻 가운데에서 분명하게 보여줍니다. 분명한 '사실과 규범'이 있는 것입니다. 문제는 사람이 그 사실과 규범을 정확하게 판단할 힘이 없다는 데에 있습니다. 지성의 한계와 죄의 문제 때문입니다.

역사주의적 역사관을 설명하면서 역사를 배우면 나에 대해서 조금 더 알 수 있게 된다고 이야기 드렸었지요?

『기독교 강요』에서 칼빈은 믿음이 무엇인지 설명할 때 하나님에 대해 아는 지식과 하나님 앞에서 자기 자신을 아는 지식이라고 말했습니다. 역사는 성경과는 조금 다른 측면에서(물론 성경에도 역사가 있습니다.) 나를 알아가게 합니다. 그리고 그 역사를 주관하시는 하나님을 더듬어 찾아가게 해줍니다.

글자 그대로를 이해하는 표면적 문자적 해석에서 나와 하나님을 알아가는 가운데 좀 더 깊은 해석이 가능해지게 되는 것입니다. 아이들이 역사에 대해 진지한 태도를 보이고 배움에 임하게 할 수 있는 것만으로도 하나님의 뜻을 더욱 알 수 있다니 어떻게 하면 진지하게 역사를 대할 수 있을까를 고민해야 할 것 같습니다.

개인적으로는 성경이 내러티브 적으로 우리에게 메시지를 전달하고 있는 것을 살펴볼 때 '역사 또한 내러티브 적 방법을 사용하는 것이 가장 효과적인 전달 방법이 아닐까?' 하는 생각을 해봅니다. 추천해 드리고 싶은 책으로는 용 선생의 『시끌벅적 한국사』를 추천해 드리고 싶습니다. 지금 두레학교 5학년 친구들은 인문사회 시간에 사용하고 있는 책입니다. 물론 기독교적 재해석이 필요합니다.

셋째, 시대가 가지고 있는 흐름의 장단점을 정확하게 파악하고 성령에 의지하는 가운데 기독교적 관점을 바탕으로 역사적 사실들을 전달하고 해석해야 합니다.

저는 모더니즘과 포스트모더니즘의 큰 흐름 가운데에 역사를 바라보는 관점을 소개하였습니다. 이것은 각 역사적 사건을 어떻게 해석해야 하는가에 대한 틀을 제공해 줍니다. 신라 법흥왕 때 일어난 이차돈의 순교를 하나 더 예로 들어보겠습니다. 이차돈이 죽자 목에서 흰 피가 쏟아지고 꽃비가 내렸다고 합니다.

이것을 어떻게 해석해서 받아들여야 할까요?

『삼국사기』와 『삼국유사』 기록에 따르면 이차돈은 천경림의 숲을 베어내고 절을 짓기 전에 법흥왕과 대화를 나누었던 것으로 기록돼 있습니다. 죽기 전에 이미 이적이 일어날 것을 법흥왕에게 이야기했다는 것입니다.

첫 번째 해석은 이차돈이 자신이 하얀 피가 흐른다는 것을 알고 있었다는 것입니다. 실제로 특이한 대사 증후군을 앓는 경우 흰색 피가 흐를 수 있다고 합니다. 그것을 안 이차돈이 자기 죽음을 통해 불교를 받아들이도록 자신의 목숨을 바쳤다는 것입니다. 이런 해석적 입장을 가진 이들 중에는 일어날 수 없는 일이기에 지어낸 이야기라고 치부하는 분들도 있습니다.

두 번째 해석은 조금 다릅니다. 이차돈은 분명 불교의 수용 과정에서 순교했습니다. 그리고 그 이후 불교가 널리 퍼져나갔고 후대에 가면 갈수록 순교자 이차돈에 대한 숭배와 존경의 열기는 더해갔습니다. 그래서 이차돈의 죽음[1]을 불교적인 시각에서 아름답게 채색하려는 움직임(종교적 신비화)이 일어났습니다. 그 과정에서 이차돈은 바로 한 떨기의 연꽃으로 비유되었습니다.[2]

즉, 불교에서 신성하게 여기는 연꽃이 떨어지는 것으로 이차돈의 신성한 죽음에 대한 의미를 표현했던 것입니다. 그리고 이런 이차돈의 죽음을 더 장중하게 표현하기 위해서는 달랑 한 송이의 꽃이 아니라 수만 송이의 꽃송이가 동시에 떨어지는 것으로(꽃비가 내리는 것으로) 역사 책에 표현되었다고 해석하는 것입니다. 옛날 이야기에 "주인공이 죽은 다음에 …. 그 자리에 OO 꽃이 피었다"는 이야기들과 비슷한 맥락입니다.

이 해석들이 어떤 관점에서 해석됐는지 이해가 되나요?

첫 번째 해석은 실증주의적 역사관을 그대로 따르고 있고,

두 번째 해석은 의미와 영향력이 중요한 역사주의적 해석을 따르고 있습니다.

우리 아이들은 어떤 것을 더 잘 받아들일까요?

저희 아이들은 포스트모던 시대에 살고 있으므로 두 번째 해석을

---

1 죽음 방식으로 보자면 단순하고 일반적인 죽음이었을 것입니다.
2 연꽃을 꺾으면 흰색 즙이 나옵니다.

훨씬 잘 받아들입니다.

그럼 우리는 어떻게 가르쳐야 할까요?

제가 한 방법은 이 두 가지 해석에 관해 설명해 준 다음 진짜로 기적이 일어났을 수도 있다고 가르쳐 주었습니다.

너무 미신적인가요?

모세가 출애굽 할 때 첫 번째 재앙이었던 나일강을 피로 만드는 기적에서 그 당시 이집트의 주술사들도 같은 기적을 따라 했던 것을 생각해 본다면 충분히 실제로 일어났을 수 있다고 저는 생각합니다. 제가 아이들에게 가르쳐 주고 싶었던 것은 물론 과학적인 것이나 의미에 따른 해석도 하나님이 주신 것이지만 초월과 기적의 역사가 일어날 수 있다는 관점을 제시하고 싶었습니다.

한국사를 가르치다 보면 주님의 창조질서가 동일하게 한국사에서도 적용되는 것을 봅니다. 질서를 세우고, 백성들을 사랑하고, 교육을 세우는 나라는 번창합니다. 고구려, 백제, 신라가 전성기를 맞이하는 때의 바로 직전 기초를 닦는 장면들을 살펴보면 율령의 반포와 국립 교육기관의 설립과 불교의 반포가 이루어 집니다. 주님이 질서의 하나님이시고 사랑의 하나님이시기 때문에 믿지 아니하는 자들이 붙드는 진리의 파편마저도 선하게 인도하시는 것을 보게 됩니다.

반대로 나라들의 망함과 쇠함을 살펴보면 사람들이 하나님의 형상으로 지어진 백성들을 존중하지 않을 때, 서로 하나님처럼 높아지기 위해 권력 다툼을 할 때인 것들을 보게 됩니다.

또한, 한국사를 가르치다 보면 역사적 영향을 받은 나를 바라보게 됩니다. 예를 들면 내가 왜 가족과 나를 분리하지 못하는지 알게 됩니다. 유교는 자아(自我)가 없고 자가(自家)만 있기 때문입니다.

이것을 조금 더 확장해 보면 우리 사회에 있는 수많은 부조리에 대해서는 많은 사람이 눈을 감으면서도 왜 조국 사태에서는 국론이 분열될 정도로 분노가 표출되는지 조금은 알게 됩니다. 현대사를 배우다 보면 그 행위의 옳고 그르고를 떠나서 서울 시청 앞에서 찬양을 부르며 시위를 하시는 분들이 태극기와 성조기를 왜 같이 걸어놓고 계시는지 어느 부분 이해가 됩니다.

저는 성령님께 의지하며 역사를 가르치고 배우다 보면 하나님이 우리에게 깨달아 알기를 원하는 순간이 찾아오리라 확신합니다. 너무 과학적인 해석만을 주장하다가 흐름을 놓친다거나 의미를 찾다가 교훈을 잃어버리지 않는 균형 가운데, 온전히는 알 수 없지만, 하나님이 이 역사의 배움을 통해서 무엇을 우리에게 알리시기 원하는지를 깨달아 아는 기쁨이 우리에게 있었으면 좋겠습니다.

4. 열매를 꿈꾸다 : 울며 씨를 뿌리는 자는 기쁨으로 단을 거두리로다

현재 저는 두레학교에서 아이들에게 사회를 가르치는 동시에 교감의 역할을 하고 있습니다. 그런 저에게 기독교 학교교육에 대해서 잘 아냐고 물어보신다면 저는 단언컨대 "잘 모릅니다!"라고 말씀드릴 수 있습니다. 저의 경험은 한정적이고 저는 주님의 종으로 살아가는 것도 버거워서 늘 허덕입니다.

얼마 전 예수님이 나귀를 타고 가는 장면을 묵상하고 선생님들과 함께 나누다가 눈물이 터지고 말았습니다. 예수님이 예루살렘으로 들어가실 때 새끼 나귀를 타는 장면을 보며 제가 새끼 나귀 같다는 생각이 들었기 때문입니다. 그때 제가 주님께 여쭸던 질문은 다음과 같습니다.

주님은 영광스러운 분이시고 만물을 지은 창조주이신데 어쩌면 이렇게 볼품없는 나귀 새끼를 타고 사람들 앞에 나서셨나요?

예수님의 품격과 나귀 새끼는 참 어울리지 않습니다. 저도 마찬가지입니다.

저 같이 볼품없고 부족한 사람을 왜 주님 일에 쓰시고 동참시키려고 하시나요?

주님의 영광을 드러내기는커녕 매일매일 가리는 것 같아 고통스럽고 슬픕니다. 이렇게 기도했던 것 같습니다. 그러다 이 장면이 스가랴를 통해 미리 예언됐던 장면이었던 것이 생각나 성경을 찾아봤습니다. 거기서 저는 새끼 나귀의 볼품없음이 주님의 겸손함을 증거한다는 것을 알게 되었습니다. 저의 부족함이 주님의 겸손함을 드러내는 것입니다. 그런 하나님께 미안하면서도 너무 고마운 마음이 들어 눈물이 그렇게 났었습니다.

그런 제가 누구에게 제언한다는 것에 관해 부담이 있습니다. 그래도 주님께 이 글 가운데 무엇을 나누면 좋겠냐고 기도를 하던 중 몇 가지가 생각나 나눠봅니다.

첫째, 숨 쉬듯이 하나님을 의지하여야 합니다.

다른 말로 표현하자면 말씀의 다스림을 순간순간 받아야 합니다. 이 말이 식상할 수 있다는 것을 압니다. 그래도 조금 더 설명해 보겠습니다. 저는 선교단체 훈련과 기독교 학교에서의 삶, 아세아연합신학대학에서의 석사와 박사과정들을 거치며 성경에 대한 지식을 많이 쌓았습니다. 그런데 작년 일 년간을 돌아보면 마음에 평안함이 적고 삶의 짐이 너무 무겁게 느껴져 기독교 학교 교사를 포기하고 싶다는 생각과 함께 깊은 무기력감을 경험했습니다. 등과 허리에 원인을 알 수 없는 통증으로 오랜 기간 시달리기도 하였습니다.

하나님이 저를 사랑하시는 것을 알고, 그것을 경험했던 역사가 저에게 있으며, 하루하루 기독교사의 삶을 살아가려고 애를 썼지만 뭔가 부족했습니다. 그런 시간이 제법 오래 계속되었습니다. 그러던 도중 올해 들어 두레학교 교사들 사이에 주일 말씀에서 나누어진 성경과 성경적 원리를 평일의 삶 가운데 적용하는 운동이 일어나기 시작했습니다.

저는 어떻게 동참할 수 있을까 고민을 하다가 가족들과 함께 출근하면서(저와 아내, 저의 두 아들 모두 두레학교에 다닙니다) 차 속에서 주일 말씀에서 나왔던 본문들과 원리를 암송하는 게임을 시작했습니다. 그런데 생각지 못했던 경험을 하게 됩니다. 아침에 분명히 외웠던 말씀이 저녁때가 되어 다시 집에 돌아가는 차 안에서 한 구절조차 기억나지 않는 것을 발견하게 된 것입니다.

저는 제가 말씀대로 사는 줄 알았습니다. 그런데 아침에 암송한 말씀 한 구절조차 마음속에서 지키지 못하고 살고 있었다는 사실에 충격을 받았습니다. 주님께 기도하면서 저 자신을 살펴보니 제가 말씀과 하나님의 다스림을 받는 것이 아니라 말씀에 대한 지식과 경험을 의지하며 살아가고 있음이 드러났습니다.

그 둘의 차이가 느껴지시나요?

저는 과거에 만났던 하나님과의 추억을 기리지만 지금 여기 이 순간에 주님의 다스림에 복종하지 못했던 것입니다.

그것을 깨닫게 된 후부터 아침에 눈을 뜨면 지금 저를 다스려달라고, 인도해 달라고, 주님의 생각이 내 생각이 되게 해달라고 계속해서 기도하기 시작했습니다. 그런데 놀라운 삶의 변화가 일어나기 시작했습니다. 우선 말씀이 제 마음속에서 기억되기 시작했습니다.

물론 수시로 잊어버리고 맙니다. 그러면 다시 핸드폰 메모를 열고 말씀을 보고 암송합니다. 이렇게 점차 말씀이 기억과 마음에 머물도록 하다 보니 요즘에는 말씀의 원리가 수시로 생각납니다. 그뿐만이 아닙니다. 염려와 걱정이 사라지기 시작했습니다.

코로나19 사태로 인해 학교의 학사일정과 교육과정이 수시로 변하기 때문에 바쁘기는 하지만 교감인 저의 마음에 평강이 있습니다. 운동해야지 하는 마음만 있고 움직이지는 않던 제가 저녁에 돌아와 스마트 워치를 살펴보면 저번 달보다 활동량이 하루 2000걸음 이상 늘어나 있는 것이 보입니다. 등과 허리에 있던 통증이 매우 감소하였습니다. 저에게 겨자씨만 한 믿음을 주셔서 삶이 변화해 가는 증거들이 소소하게 드러날 때마다 그렇게 기쁩니다. 모든 사람에게 적용할 수는 없지만 주일 말씀이 기억나는지, 오늘 아침에 묵상한 말씀이 가슴에 머물고 있는지 한 번 살펴보시기 바랍니다.

기독교 학교에서는 많은 일을 해나가야 하는 경우가 많습니다.

주님에 대한 사랑을 마음에 품고 기독교 학교에 들어왔지만, 이렇게까지 해야 할까?

이런 마음이 들 때도 있고, 아이들과 종일 씨름하다 보면 빠르게 처리하기 위해 정신이 없을 때도 있습니다. 그럴 때일수록 주님의 다스림을 순간순간 구하지 않으면 우리는 우리의 경험과 지식을 의지합니다. 저처럼 고생하시지 마시고 기쁘게 주님과 동행하셨으면 좋겠습니다.

둘째, 기독교 세계관을 제대로 익혀야 합니다.

많은 사람이 기독교 세계관을 공부합니다. 많은 기독교사들이 창조, 타락, 구속이라는 큰 틀 가운데 기독교 세계관에 관한 책들을 공부하고 배워갑니다. 그러나 세계관은 의식의 차원에서 이루어지는 작업이 아닙니다. 우리가 어떤 선택을 하고 결정을 할 때 작용하는 전의식의 영역입니다. 그러다 보니 세계관 운동을 하시는 많은 분이 지식적으로는 기독교 세계관을 익혔지만, 삶에 작은 문제에서 큰 문제에 이르기까지 주님 뜻대로 결정하지 못하는 것을 봅니다.

우리가 예수님을 믿고 있다고 하지만 믿음이 내 마음의 전 영역으로 확장되지 못하는 것입니다. 저는 기독교대안학교 교장단들이 모여 있는 카카오톡에 소속돼 있습니다. 그런데 기독교 학교교육의 리더로 서 계신 분들이 가끔 이해하기 어려운 가짜 뉴스들을 교장단 카톡에 올리고 이 소식을 널리 전파해 주실 뿐 아니라 운동에 동참해 주시기를 원하시는 것을 보게 됩니다.

최근에도 코로나19 전파를 막기 위해 외국인 노동자들의 입국을 막자는 청원을 올리신 분이 계셨습니다. 저는 기독교 세계관적 결정을 가로막는 가장 주적이 염려와 두려움이라는 생각을 해봅니다. 염려는 자기를 사랑함에서 나옵니다. 자기를 사랑하는데 환경의 변화가 극심하고 미래를 알 수 없으니 두려움에 빠집니다. 그러면 자신의 경험과 지식으로 그것을 해결하려고 합니다.

그러나 창조주이신 그분을 바라보고 그분의 인도하심과 다스림을 따라가기로 하면 우리가 지금 해야 할 일이 생각납니다. 충성(prove faithful) 곧 믿음이 가득함을 증명하다 보면 모든 것이 주님의 계획 가운데 있음을 발견하게 됩니다. 모든 지각에 뛰어나신 하나님의 평강이 우리의 마음과 생각을 지키게 되는 것입니다.

저는 세계관을 공부하는 것이 필요하다고 봅니다. 기독교 세계관에 관련된 지식은 성경으로 들어가는 지도(地圖)와 인도자와 같은 역할을 한다고 생각하기 때문입니다. 성경을 한 번에 볼 수 있는 사람은 없습니다. 그렇기에 그 방대한 세계에 들어가기에 앞서 우리는 정확한 지도와 좋은 인도자가 필요합니다. 지도의 핵심은 정확성과 간략성에 있습니다. 간략한 대신 한 번에 볼 수 있습니다. 그러나 지도가 있어도 그 길을 직접 걸어가기는 쉽지 않습니다. 그때 좋은 인도자가 있다면 더 수월하게 그 길을 갈 수 있습니다. 저는 세계관에 대한 지식이 '지도'와 '인도자'라는 도움을 준다고 생각합니다. 그러나 결국 그 길을 걸어내고 살아내야 하는 것은 우리입니다. 삶의 문제는 훨씬 사소하고 구체적입니다. 성경의 세계로 들어가고 성령의 인도하심을 받는 경지에 들어가지 못하면 우리 삶의 결정은 다른 것이 좌지우지하게 되기 마련입니다.

셋째, 인간에 대한 바른 이해가 있어야 합니다.
인간은 어떤 존재인가요?
처음 지어질 때를 성경에서 찾아보면 인간은 하나님의 형상으로 지어진 동시에 피조물로 지어졌습니다. 하나님의 형상은 인격체로 지어졌다는 뜻입니다. 존중을 받아야 합니다. 무엇인가를 의미화할 수 있고 결정지을 수 있는 존재입니다. 공동체적으로 존재합니다. 또한, 무엇인가를 다스릴 수 있는 존재입니다.
이것을 교육에 적용하면 어떻게 될까요?
교사는 결정할 수 있으며, 교육과정을 다스리는 존재입니다. 그렇다면 교육과정의 재구성은 필연적입니다. 국가 교육과정에 주어진 대로 수동적으로 가르치고 계신다면 인격성을 회복해야 한다고 봅니다.

학생은 어떤 존재인가요?

학생도 하나님의 형상으로 지어졌음을 인정한다면 주입식 교육만 하시면 안 됩니다. 학생이 지식을 다스리도록, 다른 말로 표현하면 의미를 구성하도록 가르쳐야 합니다. 공동체적으로 배우도록 해야 합니다. 창세기 1장에서 말하는 하나님의 형상은 남자와 여자 곧 공동체로 지어졌음과 밀접하게 연결돼 있기 때문입니다.

사람이 피조물이라는 것은 무슨 뜻입니까?

여러 뜻이 있겠지만 저는 다스림을 받아야 하는 존재라고 생각합니다. 피조물은 하나님의 다스림과 사람의 다스림을 받아야 합니다. 교사들은 하나님과 하나님이 주신 권위 앞에서 순종해야 합니다. 아이들이 수업 시간에 제멋대로 날뛰도록 하면 안 됩니다. 교사의 다스림 가운데 질서와 품위가 있어야 합니다. 사실과 원리가 학생들에게 들어가야 합니다. 학생들이 열매를 맺어야 합니다. 창세기 1장 다스림에 대한 명령은 2장에서 경작함과 지킴으로 구체화하기 때문입니다.

듣다 보면 두 존재가 상반되는 것처럼 느껴지실 수 있습니다. 그러나 성경은 우리를 지으실 때 인격체인 동시에 피조물인 존재로 지으셨다고 이야기합니다. 사실 이것이 어떻게 가능한지를 우리는 이성적으로 설명할 수 없습니다. 그러나 분명한 것은 현대 교육은 두 정체성의 균형감을 잃어버린 채 한 가지 극단으로 치우쳤다는 점입니다.

전통적 교육방식은 인격성을 잃어버릴 만큼 피조물의 측면이 강조되었습니다. 아이들은 다스림을 받아야 합니다. 일제식 수업이 이루어집니다. 창조세계의 질서와 그렇지 않은 것까지도 아이들은 교사에게 의존해야 하며 수동적으로 받아들여야 합니다.

현대 구성주의 교육방식은 어떤가요?

학생들이 피조성이 배제될 만큼 인격성이 강조되었습니다. 학생들은 지식을 다스리는 존재입니다. 지식을 구성해가도록 교사는 학생들을 돕는 존재입니다. 학생들은 온전히 존중받아야 하며 그들의 자율성은 보장돼야 합니다. 물론 현대 교육에는 가장 중요한 부분이 타락해 있습니다. 하나님 존재에 대한 부정입니다. 현대 교육을 주도해 가는 이들은 의도적으로 교육의 영역에서 하나님을 제외하려고 애를 씁니다.

제가 기독교 학교에 오게 된 계기 중 하나가 그런 부분이 있었다고 앞서 설명해 드렸습니다. 그러나 그렇다고 해서 하나님이 지으신 사람의 존재가 변하는 것은 아닙니다. 저는 하나님과 하나님의 말씀에 다스림을 잊어버린, 다른 말로 표현하면 주님과의 동행을 잃어버림으로 인하여 우리의 교육이 양극단으로 치우쳐져 버렸다는 생각이 계속 듭니다.

그 극단은 아담과 하와가 하나님처럼 되기 위하여 범죄 한 이래로 자신이 하나님인 줄 알거나(피조성을 잃어버리거나), 주님을 피해 숨어 자신을 지나치게 부끄러워하고 숨기는 형태(인격성의 훼손)로 나타납니다. 타락의 결과 또한 '교만'과 '가치 없음'이라는 이중적 형태로 나타나게 되는 것입니다.

그럼 어떻게 해야 할까요?

저는 성경에서 말하는 피조물인 동시에 인격체라는 이 균형을 기독교사들이 주님의 뜻을 물으며 회복해야 한다고 생각합니다. 놀라운 것은 많은 기독교사들이 자신은 인격체로 여기고 학생들은 피조물로 여긴다는 것입니다. 반대로 자신은 피조물로 여기고 아이들은 인격체로 여기기도 합니다.

저는 처음 두레학교가 두 번째 노선을 따랐다고 봅니다. 우리는 자신이 높아져 있을 때 주님의 다스림을 받기 싫어한다는 사실을 깨달아야 합니다. 나는 종입니다. 이런 고백을 한 번 자신에게 해 보시기 바랍니다. 저는 마음에 많이 걸리는 것을 발견했습니다. 그런 반응이 생기는 저의 마음을 살펴보면 '나는 하나님 자녀인데 왜 나보고 종이래!'라고 말하는 것이 느껴집니다. 그런데 그런 저의 마음에 하나님의 다스림을 온전히 받기 싫은 자기 사랑이 숨어 있음을 발견하게 됩니다. 반대로 "나는 '하나님의 형상'입니다"라고 자신에게 고백했을 때 '내가 뭐라고 부끄러워서 견딜 수가 없네!'라는 '수치심' 비슷한 마음이 올라온다면 또한 주님께 우리의 자아상을 변화시켜 달라고 기도해야 합니다.

이것은 교실 상황에서도 같습니다. 아이들을 수동적인 존재 곧 피조물로 대하고 있다면 그들이 인격체임을 기억하고 존중해야 합니다. 아이들에게 지식을 넣어주고만 있다면 그들이 직접 지식을 다스릴 기회를 주셔야 합니다. 아이들을 인격적으로 대해야 합니다. 반대로 교사는 자신의 역할을 잃어버리고 아이들이 주도적으로 모든 배움의 과정을 이끌어가고 있다면 그들을 격려해 주되 규칙과 질서 가운데 할 수 있도록 피조성을 상기시켜 주어야 합니다.

이야기를 마무리 지어보고자 합니다.

이 책의 주된 독자가 누구일까?

생각해 보면 기독교 학교 교사들일 것 같다는 생각을 해 봅니다. 기독교 학교는 이상을 향해 달리는 곳입니다. 기본적으로 헌신을 무장한 교사들이 포진하고 있어서 신규 선생님들은 굉장한 허덕임을 느끼실 겁니다. 선배들이 정말 훌륭해 보이지만 자신은 할 수 없어서 낮은 자존감을 경험하실 것입니다.

연차가 6~7년 되신 분들도 쉽지는 않으실 겁니다. 무엇인가 조금은 알 것 같으면서도 교육 현장에서의 복잡한 여러 문제를 해결하기는 쉽지가 않을 뿐 아니라 선배들만큼은 못하겠고, 후배들을 잘 이끌어주지도 못하겠다는 어려움을 경험하실 겁니다. 10년 차 이상이 되신 분들 또한 과도한 책임감에 눌려 하루하루 버티고 계신 분들이 많을 겁니다. 기독교 학교를 그만두고 싶을 때가 참 많습니다.

저는 그런 경험을 참 많이도 했던 것 같습니다. 얼마 전에도 그랬습니다. 그때 저의 마음을 치는 구절 하나가 들어왔습니다.

"신자 됨의 핵심은 연약한 타자의 고통에 응답하는 데 있다."

하나님을 사랑함으로 인하여 기독교 학교교육에 동참한 동역자들이 매일매일 주님의 다스림에 응답하여 선한 청지기의 역할을 잘 감당할 수 있으면 좋겠습니다. 자기 사랑에서 벗어나 무너진 교육으로 신음하는 이들의 고통에 응답하며 주님의 기쁨에 동참하면 좋겠습니다. 울며 씨를 뿌리는 우리는 기쁨으로 단을 거둘 것입니다.

계속, 교육을 함께 세워가다

조희국
―――
샘물학교

1. 교사의 길을 만나다

나는 학교 가기를 매우 싫어하던 아이였습니다. 겁 많고 병도 많이 앓아 선생님에 대한 막연한 두려움이 있었습니다. 유치원 때는 학교 문 앞까지 갔지만, 교실에 들어가지 않고 학교 게시판 뒤에 숨어 수업 마칠 때까지 기다렸던 일도 있었습니다. 때마침 준비물로 가져갔던 도화지에 그림이 그려지지 않은 것을 어머니가 발견하고 혼을 냈습니다.

이후로도 매일 아침이 전쟁이었습니다. 학교 가기 싫다고, 선생님이 무섭다고….

그러던 중 초등학교 1학년 담임선생님이 등교 첫날 매를 드셨습니다. 선생님이 무서워 학교에 다니기 시작했습니다. 혹시나 더 맞지는 않을까 염려가 되어 학교에 갈 수밖에 없었습니다. 학교 적응기가 지나고 익숙해지자 학교에서는 늘 반장, 임원을 하였고, 선생님과 관계는 좋았습니다. 착하고 순진한 학생이었기에 선생님 말씀을 정확하게 지켰습니다.

당시에 나의 막연한 꿈은 목사였습니다. 집안 분위기가 가장 좋은 직업은 목사라는 인식을 받았습니다. 말 잘하고 사람을 바꿀 수 있는 직업이 목사인 줄 알았습니다. 그러던 중 6학년 때 참교육을 꿈꾸는 선생님이 담임이 되었습니다. 그 선생님은 3년차밖에 되지 않은 새내기 교사였는데 학생들에게 수업보다는 삶을 가르치기 위해 노력하였습니다. 그의 영향력에 흠뻑 젖어 선생님 말씀을 하나하나 귀담아들으며 나의 삶에 대한 고민에 빠지곤 했습니다. 초등학교 6학년 학생이 교육에 대한 철학을 잡게 된 것입니다. 결국, 장래희망조차 목사에서 선생님으로 바뀌게 됩니다. 6학년 담임선생님을 보며 교사의 삶이 나와 더 맞을지 모른다는 생각이 들었습니다.

학교를 그토록 무서워하던 아이가 학교에서 학생을 가르치는 꿈을 꾼 순간이었습니다. 선생님이라는 직업이 주는 영향력이 대단함을 엿볼 수 있습니다.

2. 샘물학교를 만나다

많은 사람이 묻습니다.
"샘물학교에 어떻게 오게 되었어요?"
나는 한참을 고민하다가 "어렸을 때부터 교사가 꿈이었어요."라고 대답합니다. '시골에 작은 학교 아이들과 함께 하는 교사가 되고 싶다.'라는 막연한 생각을 했었습니다. 작은 학교에서 아이들을 모아 놓고 성경공부도 하고 밥도 같이 먹고, 산도 타고 물고기도 잡고 싶었습니다.

  그렇게 꿈꾸던 교사를 실현하기 위해 고신대 기독교교육과에 들어갔습니다. 기독교교육과 학생으로 교사가 되기는 쉽지 않았습니다. 미션스쿨의 종교교사, 다른 사범대로의 편입, 교대로의 편입이 교사가 되는 길이었습니다. 내가 택한 길은 교대로 편입하는 것이었습니다. 하지만 교대편입(2005년)의 문이 좁아지면서 그것마저 쉽지 않았습니다. 그러던 중 몇몇 교회에서 기독대안학교를 설립한다는 소식이 기사로 났습니다.

  광성드림, 두레, 샘물, 세 학교를 놓고 고민하던 중, 내가 다닌 교회와 같은 교단인 샘물교회에서 설립하는 샘물학교에 교사로 지원했습니다. 지원 과정이 쉽지는 않았지만 막연한 교사의 꿈이 현실이 될 것만 같았습니다.

  샘물학교에서 '제1회 기독교사 아카데미'가 열렸습니다. 강의를 듣기 위해 두 달 동안 주말마다 거창과 서울을 대중교통으로 오가며 수료했습니다. 기독교교육과에서 듣지 못한 새로운 이야기가 쏟아졌습니다. 25살 청년에게 굉장한 이야기가 강의를 통해 전달되었습니다.

  당시 들었던 새로운 이야기가 기독교 학교, 기독교교육에 눈을 뜨게 하는 전환점이 되었습니다. 가슴 깊은 곳에 '이곳에서 기독교교육을 실현할 수 있겠다'라는 생각이 자리 잡았습니다. 이후 다양한 곳에서 교사가 되어 달라는 부름이 있었지만 샘물학교 말고는 눈에 들어오지 않았습니다. 결국, 2006년에 샘물학교 교사가 되었습니다. 벌써 10여 년이 흘렀습니다.

3. 샘물학교가 시작되다

처음 출근한 내 책상 위로 영어책이 잔뜩 쌓여 있습니다. 그 책을 가지고 과목별 세계관 정리와 교재 개발을 함께 해야 합니다. 머리가 복잡합니다. 한글로 된 교재라도 있었으면 좋겠는데….

내가 기억하는 샘물학교의 첫 모습입니다. 한국에서 기독교 학교를 시작하는 것이 얼마나 막막하고 어려웠는지를 보여줍니다. 한국에서 모델 삼을 기독대안학교는 없었습니다. 대부분 사립학교였고 국가교육과정으로 운영하고 있었습니다. 샘물학교는 차별화된 기독교 학교를 꿈꾸었습니다. 그러다 보니 한국학교는 모델이 없어 영국의 샬롯 메이슨의 철학을 기초로 한 Charlotte Mason School의 교육과정을 모델로 삼았습니다. 또한, 캐나다와 미국의 기독교 학교를 방문하여 많은 아이디어를 얻었습니다.

설립 전에는 애틀랜타 지역의 Perimeter Christian School을 방문하여 학교 설립에 참고하였고, 설립 후, 여름방학에는 고전주의 교육을 바탕으로 교육과정을 구성하고 있는 아이다호주에 있는 Logos School의 'Classical approach 컨퍼런스'에 주기적으로 참석하였습니다. 겨울방학에는 미국 아이오와주에 있는 Pella Christian School에 교사 연수를 다녀왔습니다.

이 연수를 계기로 훗날 Pella Christian School에서 은퇴교사를 샘물학교 교사로 모셔 수업과 교사교육을 10년간 진행하였습니다. 수업 교재는 한국 교재보다 미국 교재를 많이 살펴봤고, 독자적인 교재 개발에도 힘을 쏟았습니다. 사회 초년생, 초임 교사에게는 너무나 막막한 일이었습니다. 많은 이야기를 들었지만 잘 이해되지 않았습니다. 기독교교육과 학부에서 스쳐 지나가듯 들었던 이야기를 여기에서 구체적으로 들을 수 있었습니다.

현장을 처음 경험하는 나는 막막한데 다른 선생님들은 목적을 향해 잘 가고 있는 것만 같았습니다.

'문득 기독교 학교는 나에게 맞지 않는 길인가?'

이런 질문이 떠오르곤 했습니다. 내가 생각했던 교사의 길과는 전혀 다른 길이었습니다. 내가 꿈꿨던 교사의 삶은 정시에 출근해서 학생을 기쁜 마음으로 맞이하고, 주어진 교재를 통해 학생들을 기독교적으로 가르치며 수업방법에 대한 다양한 기술을 익혀 학생들을 유익하게 하고, 퇴근 후에는 취미활동과 개인 시간을 가지는 여유로운 삶을 사는 것이었습니다. 학교가 개교도 안 했는데 두려움과 막막함이 밀려왔습니다.

'나는 어디로 가야 하는가?'

샘물학교가 개교하여 학생을 맞았습니다. 주어진 학생들을 나름 열심히 가르쳤습니다. 하지만 늘 부족했고, 수업 방향을 잡지 못했으며 가르치는 것에 두려움이 있었습니다. 우왕좌왕하면서 힘들었지만, 그냥 버텼습니다. 그렇게 1학기가 지나갔습니다.

학교는 나를 위해 많은 것을 제공했습니다. 단지 내가 준비되어 있지 않았습니다. 경험도 없고 지식도 부족했으며, 교육과정 흐름을 읽지 못했습니다. 한마디로 역량 부족이었습니다. 그렇게 길을 잃고 헤매던 나를 우물에서 끌어 내준 곳이 제5회 기독교사대회(좋은교사운동 주최)였습니다. 그곳에 가니 교직 생활이 막막하던 나와 비슷한 교사가 있었고, 먼저 기독교사의 길을 묵묵히 걸어가는 선배 교사도 있었습니다. 그리고 그 교사를 향한 메시지가 있었습니다.

> 사흘 전에 잃은 네 암나귀들을 염려하지 말라. 찾았느니라 (삼상 9:20).

나에게 암나귀는 뭐였을까?

나의 부족함을 인정하지 않고 스스로 위안하며 1학기를 보냈습니다. 잘 해야만 했습니다. 양질의 교육으로 보답해야 했습니다. 하지만 역량이 부족한데 부담만 잔뜩 안고 있었습니다. 그 부담이 나에게 암나귀였습니다.

2학기가 되어 나는 나의 부족함을 인정하고 천천히 가기로 했습니다. 매일 주어진 소임에 최선을 다하기로 했습니다. 실수하더라도 훗날 성장할 것을 기대하기로 했습니다. 그 변화가 오늘날까지 나를 샘물학교에서 10여 년을 있게 했습니다. 지금 와서 돌아보면 모두가 처음인 것을 나만 처음이라는 생각에 사로잡혀 어려움에서 헤어나오지 못했습니다.

4. 샘물학교를 돌아보다

신생 기독교 학교에서 중견 기독교 학교로 10여 년의 시간을 보내 보니 참 많은 일이 있었습니다. 좋은 일도 있었고 힘든 일도 있었습니다. 공교롭게도 모든 시간을 샘물학교와 함께 했네요.

샘물학교는 처음부터 갖춰진 학교가 아니라 지금도 하나님이 기뻐하시는 학교가 되기위해 준비하고 만들어져 가고 있습니다. 그러나 변하지 않는 한 가지가 있습니다. 바로 철학입니다. 샘물학교는 설립 때 만든 학교 목표 '섬기는 제자'를 바탕으로 2017년에 샘물어린이 상을 제정하여 샘물학교에서 교육하여 길러내고자 하는 학생 상을 만들었습니다.

<샘물 어린이 상>

배움을 실천하는 샘물어린이는
하나님 영광을 위해 살고 섬기는 제자로 살며
무슨 직업을 갖든 어떤 지위에 있든
부요하든 가난하든 내게 주어진 몫으로
하나님을 사랑하고 이웃을 사랑하며
함께 살아갑니다.

이런 철학으로 인해 학교는 계속 성장하고 변하고 있지만 정체성이 유지되고 있습니다. 단, 신앙생활을 한 교회, 자라온 환경이 다른 다양한 사람들이 모여 하나의 철학으로 학교를 운영해야 한다는 어려움도 있습니다.

샘물학교는 교육과정 핵심이 교사라고 생각합니다. 매주 수요일 교사교육을 진행하고, 방학 중에는 2주간 교사 연수 기간을 통해 교육철학 및 교육과정에 관한 연구를 합니다. 교육철학이 교육과정에 적용될 수 있도록 고민하고 정리합니다. 수업을 준비할 때 기독교철학을 담아 수업을 구성하는 것은 힘이 듭니다. 시중 자료들이 기독교 철학을 담아 기술되어 있지 않기 때문입니다. 수업을 진행하는 교사의 능력에 따라 해석의 정도가 달라 기독교적 수업의 진행 여부도 확인하기 어렵습니다. 그러므로 정기적인 교사교육이 중요합니다. 교사 채용은 자격증, 경력, 학력보다도 샘물학교에 필요한 교사인지를 먼저 봅니다.

교육과정은 국공립 성취기준을 바탕으로 샘물학교 교육과정을 37주 계획에서 교사들이 각 과정에 맞게 활동을 계획하고 구성합니다. 10여 년의 역사가 흐르다 보니 37주 계획에 맞는 활동 계획 및 구성은 되어 있지만, 국가교육과정의 변화에 따라 시대적 성취기준에 맞게 수정, 보완하는 작업은 계속됩니다.

초창기에는 주제 중심 교육과정과 살아있는 책(Whole book)을 가지고 수업을 진행했습니다. 백과사전, 관련 전문서적, 주제 중심 이야기책이 교과서였고, 국정교과서는 참고자료였습니다. 최근에는 국정교과서를 수업에 활용하고 국가성취기준에 준한 샘물학교 교육과정도 연구하고 있습니다. 여전히 다양한 서적과 교재를 활용한 수업은 지속되고 있습니다.

현재 국어는 국정교과서를 전혀 사용하지 않고 통권 동화책(한 권 온전하게)을 가지고 말하기, 듣기, 쓰기, 읽기 수업을 합니다. 또한, 일반 학교에서는 다루지 않는 세계사, 성품, 성경, 세계관, 미디어 등의 수업을 추가하여 실시합니다.

신입교사들은 교육과정과 수업이 새롭다 보니 수업을 이해하는 것에 어려움을 겪습니다. 또한, 휴직이나 이직 등으로 기존 교사의 결손이 있는 경우 기존 연구가 전수되지 않아 어려움이 있습니다. 그래서 교과, 학년별 자료 축적을 위해 노력하고 있습니다. 최근에는 시중 자료에도 주제 중심 교육과정 자료들이 많아져서 충분한 자료를 찾고 참고하고 있습니다. 양질의 책을 찾아 교재로 사용하고 참고하는 것이 샘물학교에는 매우 중요한 작업입니다.

샘물학교 학생은 배움의 목적, 살아가는 목적, 하나님 나라의 소망을 가슴에 새기며 배움이 일어나길 소망합니다. 행복한 학교생활을 통해 하나님을 알아가는 즐거움, 배우는 즐거움, 등교하는 즐거움, 관계 맺는 즐거움 등을 누렸으면 좋겠습니다. 그래서 대학진학이 목표가 아니라 하나님이 주신 삶에 최선을 다해 사는 것이 인생의 목표가 되길 바랍니다. 또한, 인성과 학습능력은 각 학생에 따라 다르겠지만 뛰어남보다는 방향을 잡아 스스로 개척해 가는 졸업생이 되길 기대합니다.

5. 기독교적인 수업을 말하다

샘물학교가 설립되면서 다양한 기독교교육과정 모델을 배우고 적용하고 실습하였습니다. 대표적인 기독교교육과정 개발모델로 그린, 반 브루멜른, 오버만과 존슨, 헤이 등의 모형이 있습니다. 위 교육자들은 대부분 개혁주의 신앙에 바탕을 둔 교육자들입니다.

개혁주의 신앙에 바탕을 둔 교육자들의 경우 '기독교 철학에 대한 고민을 교육에서 어떻게 풀어낼 것인가?'에 대한 질문을 바탕으로 수업모형을 고안했습니다. 이들은 '샬롬'의 관점에서 회복과 변혁을 위한 신앙과 일치하는 삶에 집중한 수업모형을 제시합니다. 다시 말해 이 땅의 그리스도인으로서 하나님이 기뻐하시는 세상으로 만들어 가는 삶을 목적으로 하는 수업모형입니다.

그린(Green)의 수업모형은 기독교교육과 관련한 기독교철학의 중요한 요소로 교육과 세계관, 창조와 하나님의 말씀, 인식론, 인간론, 가치론을 생각하고 그 의미들을 밝히며 기독교적 가르침의 기초로 삼고 있습니다. 그린은 인간이 경험하는 측면들은 창조세계를 돌보라는 하나님의 명령을 잘 수행하는 것이며 그것의 구체적인 표현들이 학교교육을 통해 나타날 수 있다고 믿었습니다.

반 브루멜른의 수업모형은 기독교 세계관이 교육과정 개발을 형성하는 요소들을 통합하는 모델입니다. 그는 교사가 교육과정 결정에 가장 중요한 역할을 한다고 봅니다. 교육과정을 계획하는 데 있어서 교사들이 합의점에 도달하기 위해서 삶과 교육의 공통된 비전 또는 신념의 필요성을 강조합니다.

오버만과 존슨의 경우 기독교 세계관을 통한 성경적 통합수업을 강조합니다. 이들은 개혁주의 신앙을 바탕에 둔 것은 아니지만 세계관 운동가여서 삶의 모든 부분이 기독교 세계관에 통합된다고 여기며 교육을 통한 세계관 접목에 신경 썼습니다. 즉 기독교 세계관 또는 성경적 진리가 교육과정의 학습 내용에 연결되도록 교육과정을 개발하는 모델입니다. 이 모델은 학생들이 교과과정을 통해 배우는 지식을 기독교 세계관과 연결하여 이해하도록 돕습니다.

헤이는 기독교 세계관의 관점에서 교육내용의 주요개념을 해석하고 그것이 학습 과정에서 학습자의 삶에 적용될 수 있도록 하는 모델입니다. 이 모델의 목적은 교육과정을 통해 학생들이 하나님을 경외하고, 하나님과 이웃과 세상과 바른 관계를 형성하며, 마침내 그리스도의 성품을 형성하고 하나님 나라의 역군으로 자라도록 돕는 것입니다.

이런 모델 중에서 가장 기독교적인 수업모형을 찾으라 한다면 쉽지 않습니다. 위의 모형 중에서 기독교적이지 않은 모델은 없습니다. 그렇다고 완전한 기독교적인 모델도 없습니다. 그리고 수업모형은 모형일 뿐입니다. 수업모형보다 수업을 풀어내는 교사가 중요합니다. 모형이 아무리 화려하고 좋다 하더라도 교사가 그 모형을 이해하지 못하고 활용하지 못한다면 수업은 기독교적이지 않습니다. 또한, 수업모형에 따라 기독교적인 수업계획을 잘 세웠다 하더라도 풀어내는 교사가 기독교적인 가치대로 풀어내지 못다면 그 역시 기독교적이지 않을 수 있습니다.

한국의 많은 기독교 학교는 기독교적인 교재, 기독교적인 수업모형, 기독교적인 수업방법을 찾습니다. 그리고 교재, 모형, 방법이 제시되었다고 하면 너도나도 할 것 없이 찾아가서 연수를 듣고 교재를 구매하고 배우려 합니다. 하지만 많은 교사가 시도하다 지쳐서 포기하거나, 실패하는 것을 자주 목격합니다. 나 역시 기독교교육을 전공하고, 기독교 학교에 있으면서 좋은 모델이 있다면 가서 배우고 접목하려 했습니다. 하지만 내 능력이 부족하다보니 기독교적으로 풀어내기가 쉽지 않았습니다.

결론은 수업모형은 필요와 목적에 따라 적절히 사용하되 수업을 위해 필요한 요소를 담아 기독교적으로 수업하는 것이 중요합니다. 그러므로 가장 올바른 기독교적인 수업모형은 없으며, 기독교적이지 않은 수업모형도 없습니다. 목적이 중요합니다. 그리고 그 목적에 부합하도록 가르치는 것이 기독교적 수업입니다. 즉 하나님께서 주신 다양한 관계 속에서 우리 주변에 어려운 사람들을 도우며 더불어 살고, 더 나아가 자신과 자연환경에 이르기까지 평안(Shalom)을 누릴 수 있도록 세상을 변화시키는 것이 기독교교육이라 생각합니다.

6. 이런 수업방법을 선호한다

샘물학교는 학교 설립 초기부터 홈스쿨을 기반으로 하는 학교로서, 샬롯 메이슨 교육법을 공부하면서 교과서 없이 수업하기, 살아있는 책으로 교육하기(통권 수업), 이야기하기 등 다양한 방법들을 도입하였습니다. 이러한 배경은 나의 교육방법에 지대한 영향을 주었고 그러한 방법을 선호하게 되었습니다.

샬롯 메이슨의 교육방법을 조금 살펴보면 교육은 관계 중심적으로 일어납니다. 그래서 하나님과 관계, 사람들과 관계, 창조물과 관계, 나 자신과의 관계를 통한 교육이 일어나며, 그 관계 가운데 이야기하기는 매우 중요합니다. 나의 수업에서 이야기하기(나레이션 기법)로 수업을 진행하게 되면 아이들이 자기 생각을 끌어내게 되고 자기 스스로 수업을 주도합니다. 학교에서 배운 내용을 자기의 언어로 부모님, 친구, 선생님에게 이야기함으로써 다시 인식, 반복 학습, 재차 생각이 이루어지는 것입니다.

우리 교실에서 진행되는 수업은 이야기하기를 통해 친구와 자신, 선생님과 자신, 대중과 자신의 생각을 정리하는 시간을 갖습니다. 이러한 방법을 초등학교 학생들에게 적용하기가 쉽지 않습니다. 아이들의 생각을 끌어내는 것부터 어려움에 봉착합니다.

학생들에게 1차적 질문(단순한 질문: 오늘 수업 어땠어?)으로 답변을 얻기보다는, 2차(되묻는 질문: 왜 그렇게 생각해), 3차 질문(발전적 질문: 너라면 어떻게 했을 것 같아?)을 통해 자기 생각이 무엇인지 드러내는 과정을 반복합니다. 아이들의 입으로 '왜냐하면'이라는 2차적 답변이 자연스러워질 때까지 반복합니다. 보통 한학기 정도 소요됩니다.

이러한 과정을 겪게 되면 아이들은 묻는 말에 단순히 대답하기보다 스스로 생각하고 말을 하게 되며, 모둠 활동에서 구체적인 의견을 나누고 친구들과 함께 생각을 모으기도 합니다. 몇몇 아이들은 학급 단위 학생들 앞에서 생각 발표하기, 말하기를 어려워합니다. 그래서 짝과 얘기를 나누고, 모둠 단위 학생들에게 생각을 나누고, 학급 단위 학생들에게 발표할 수 있도록 단계적으로 '이야기하기' 방법을 진행합니다.

그 과정을 거치고 나면 아이들은 자연스럽게 자신감을 얻고 생각을 정리하면서 학급 단위 대중 앞에서 충분히 자기 생각을 드러냅니다. 그리고 자신의 다양한 감정도 표현하며 친구들의 생각을 충분히 듣습니다. 또한, 토론수업과 서로서로 가르치기, 보고서 작성까지 자연스럽게 발전합니다. 브루멜른 교수는 기독교교육의 최종목표를 책임 있는 그리스도인으로 성장하는 것이라고 말했습니다. 이야기하기 교육방법은 사고하는 과정을 통해 생각하는 그리스도인으로 자라나도록 돕습니다.

반면 싫어하는 수업방법은 주입식 교육법입니다. 한국에서 교육을 12년 동안 받아오면서 대부분 받았던 수업방법이 주입식 교육법입니다. 교사가 가르치는 내용을 일방적으로 받았습니다. 내가 궁금하거나 생각하는 내용이 있어도 존중받지 못하고, 옆 친구의 생각을 들어보지도 못했습니다.

교사가 선택하고 정리한 내용을 정답으로 받아들이고 공책에 받아 쓰며 외우기에 급급했습니다. 또한, 40~50분간 정해져 있는 시간 내에 수업을 이해하거나, 고민하는 것조차 사치일 만큼 많은 양을 받았고 그것을 소화하지 못하여 멈칫하는 순간 배운 내용은 사라지고 맙니다. 무엇보다 가장 안타까운 것은 그 당시에 배운 내용이 나의 삶에 큰 도움이 되지 않으며 기억도 잘 나지 않는다는 것입니다. 그나마 기억에 남는 것은 초등학교 시절 자유로운 분위기 속에서 선생님이 고민하도록 이끌어주었던 인생 가르침들입니다.

이 세상에서 다루고 있는 모든 학문은 신념, 사상, 세계관에 기반을 두어 만들었기에 일방적인 학문은 없습니다. 다시 말해 교육은 중립적일 수 없습니다. 하지만 학교교육이 중립적인 것처럼 수업은 주입식으로 진행되었습니다. 기독교 학교조차 입시를 위해 주입식으로 가르치는 경향이 있어 안타갑습니다. 짧은 시간에 많은 양의 지식을 가르치기 위해, 그 지식을 기억하기 위해, 수능시험을 잘 보기 위해서 말입니다.

"우리는 교육을 '왜' 하고 있을까요?"

생각(고민) 없는 배움이 있을 수 없습니다. 생각을 가로막는 교육법은 지양되어야 합니다. 다양한 과목의 살아있는 교육방법에 대한 고민이 필요합니다. 나의 수업이 학생들의 생각을 깨우는지, 잠재우는지, 삶을 위한 교육인지, 입시를 위한 교육인지 점검하며 교육방법을 생각해야겠습니다.

요컨대, 내가 선호하는 교육방법은 참여하는 교육법, 사고하는 교육법, 관계하는 교육법입니다. 그래서 학생들이 많이 참여하고 고민하며 교사와 학생, 학생과 학생 간의 관계를 통해 모두가 수업 참여자가 되는 이야기하기(나래이션) 교육법이 좋습니다. 학습자가 소외되는 교육법, 고민, 고뇌, 사고가 사라진 교육법, 관계없이 지식만 남아버린 교육법은 기독교 학교에 적합하지 않습니다.

7. 기독교교육을 꿈꾸다

하나님은 세상 모든 만물을 말씀으로 창조하셨습니다. 그 말씀으로 하나님은 사람들을 부르시고 명령(창 1장)하셨습니다. 그 명령은 사람을 향한 하나님의 가르침이셨고 그 가르침에 사람은 배우고 살아가는 방법을 알게 되었습니다(창 1:28).

'배우고 가르치는 활동' 즉 교육에 대해 하나님이 정하신 뜻이 있습니다. 하나님과 인간, 인간과 인간, 인간과 자연, 자신과 자신의 관계가 적절하게 상호 작용이 될 때 사회는 하나님 나라에 가까워집니다. 하나님은 우리를 통해 바른 관계가 이루어지길 원하십니다. 그 삶이 바로 샬롬입니다. 샬롬은 인간이 하나님으로부터 권능을 받고 자연환경은 윤택해지는 상황 가운데 하나님을 주로 받아들여 감사하며 살아가는 전일적 삶을 뜻합니다.

기독교교육은 죄로 깨어진 관계를 회복시켜 풍성하게 누리며 살아가는 방법을 가르치고 배우는 것입니다. 우리 안에 샬롬의 교육이 이뤄져야 합니다. 기독교교육을 함으로써 하나님과 인간의 관계는 인간의 타락으로 인해 철저하게 깨어져 있음을 인식하고 그 관계를 바르게 맺기 위하여 하나님 말씀을 바르게 교육하여야 합니다. 교육의 열매는 학생들의 삶의 변화, 즉 행동의 변화, 삶의 방향을 통해 보게 됩니다.

샘물학교에서 가르치면서 하나님이 허락하신 관계를 회복하는 교육이 얼마나 어려운지 여러 번 느낍니다. 교육은 예상한 대로 진행되지 않습니다. 항상 변수가 따릅니다. 매년 가르치는 학생이 다르고, 부모님의 기대도 다릅니다. 교사마다 이해하는 기독교교육도 다릅니다. 운영진이 바뀌면 학교의 방향성도 바뀝니다. 기독교교육에 대해 구성원들이 이야기할 때면 기독교교육에 대한 생각이 다르지 않다고 말하지만, 전혀 다른 방향으로 기독교교육을 논할 때가 있습니다. 사회적 흐름도 하루가 다르게 변합니다.

샘물학교 설립 초기에 시설과 장비는 공립학교보다 낫다는 평이 있었습니다. 최근에는 혁신학교와 각종학교가 출현하면서 시설과 장비, 학생당 제공되는 교육 환경은 공립학교가 샘물학교보다 훨씬 낫습니다. 이런 상황에서 기독교교육의 본질, 핵심가치를 지키며 학급을 이끌고, 학교를 운영하는 것은 매우 어렵습니다. 자칫 잘못하면 기독교 학교가 공립학교 뒤에 따라가기 바쁠 수 있습니다.

결국, 우리가 지켜야 할 가치는 죄로 깨어진 관계를 교육을 통해 회복함에 있습니다. 더불어 이 땅을 살아가는 그리스도인으로서 하나님을 사랑하고 이웃을 사랑하도록 교육하여야 합니다. 그 가치를 위해 학교, 교회, 가정이 연합하여 우리의 자녀를 교육하기에 힘써야 합니다.

요컨대 기독교교육이란 책임 있는 그리스도인으로 길러내는 것입니다. 하나님께서 주신 사명을 감당하는 책임 있는 그리스도인으로 길러내는 것이 기독교적 가르침입니다.

'세상에서 우리에게 주어진 책임이 무엇일까?'

이를 고민하는 '생각하는 어린이'로 자랄 수 있도록 도와야 하며 교사는 삶으로, 하나님 앞에서 책임 있는 삶을 살아가는 모습을 보여야 합니다.

8. 졸업생을 만나다

한 학교에 오래 있으니 좋은 점은 졸업생의 변화를 꾸준히 살펴볼 수 있고, 졸업생을 만나 함께 이야기 나눌 수 있는 것입니다. 이제는 성인으로서 동등한 위치에서 삶을 나눕니다. 나의 기도제목을 이야기하고 학생의 기도제목도 듣습니다. 혹 삶의 조언이 필요하면 인생 선배로서 조언합니다.

졸업생을 만나면 꼭 질문합니다.

"기독교 학교 다닌 것이 삶에 영향을 주었니?"

난처한 질문일 수 있습니다. 놀랍게도 학생들은 아무렇지 않게 대답합니다. 많은 사람에게 이런 질문을 받았다고 합니다. 대다수 학생은 기독교 학교에 다닌 것을 만족하고 있었습니다. 어렸을 때부터 질문하고 답하는 과정을 통해 생각하는 힘을 길렀다고 합니다. 미래(진로)에 대한 분명한 생각을 하고 있으니 진학에 대한 길을 스스로 엽니다. 자율적인 학습 분위기가 자신감과 분명한 생각을 심어주어 다양한 공동체에서 주도적인 역할을 하고 있습니다.

한 학생은 샘물학교에 다니면서 '다른 사람을 돕겠다.'란 막연한 꿈을 가졌다고 합니다. 대학을 진학할 때 찾아와서 어느 학과에 가야 할지 조언을 구했습니다. 정말 하고 싶은 것이 뭐냐고 한 번 더 물었습니다. 세계 여러 나라에 가서 다양한 사람들을 돕고 싶다고 했습니다. 고민하던 학과의 특성을 자세하게 설명해 주었습니다. 대학과 학과를 스스로 결정하고 지금 대학에 다니고 있습니다. 그 학생은 현재 대학 선교단체에서 리더로 섬기며, 매해 겨울, 동아리에서 해외 봉사를 가고 있습니다.

또 다른 학생은 샘물학교에 다니면서 각 과목에서 하나님을 알아가는 방법을 배웠다고 합니다. 샘물학교 벽면에 쓰여진 과목별 세계관 진술을 보며, 선생님의 수업을 통해 하나님을 배웠다고 합니다. 그 학생은 음악으로 재능을 드러내고 하나님을 알아가는 기쁨을 누리고 있습니다.

특정 대학에 가는 것이 수업의 목표가 아닙니다.

'내가 가르친 학생들이 어떻게 살아가는가?'

이에 관심을 가져야 합니다. 교사를 꿈꾸던 대학시절 과제로 미래 학급 운영계획서를 세운 적이 있습니다. 당시 운영계획서의 교사상에 "AS를 하는 교사"라고 제일 마지막에 적었습니다. 잠깐 가르쳤던 학생이라도 그 학생의 진로와 미래, 삶을 위해 기도하며 돕는 교사가 되고 싶었나 봅니다.

그 생각 때문인지 졸업생이 만나자 하면 시간을 아끼지 않습니다. 여전히 학생들에게 관심이 많습니다. 졸업생들에게 기독교교육과 기독교 학교가 좋은 기억으로 남길 바랍니다.

9. 함께 고민하는 교사가 필요하다

샘물학교 개교부터 지금까지 많은 동료를 만났습니다. 초기에는 배우는 자세로 선임 교사의 가르침에 집중하며 나를 성장시켰고, 발전기에는 동료 교사들과 함께 생각을 나누며 한국형 기독교 학교를 만들었습니다. 지금은 선배 교사가 되어 후배 교사에게 기독교교육과 학급경영을 함께 나눕니다.

지금 생각해 보니 기독교 학교에 잘 적응한 교사도 있지만, 기독교 학교가 맞지 않아 떠난 교사도 있습니다. 샘물학교가 좋아서 남은 교사가 있는가하면 샘물학교가 힘들어 떠난 교사도 있습니다.

이러한 상황 가운데 '어떤 교사가 기독교 학교에 필요한가?'

이에 대해 많은 고민을 했습니다. 결국은 함께 고민하는 교사가 필요합니다.

최근 코로나19로 인해 온라인 개학으로 한국 교육계가 떠들썩합니다. 교육부와 교육지청은 나름대로, 학교는 학교대로, 부모는 부모대로, 학생은 학생대로 모두 혼란스럽습니다. 혼란스러울 수밖에 없는 이유는 모두가 코로나19가 들이닥친 세상을 처음 겪기 때문입니다. 우리가 원해서가 아니라 처한 상황이 어쩔 수 없어서 선택한 결과가 온라인 수업입니다.

이런 상황에서 기독교 학교는 어떻게 상황을 해결할까요?

다른 기독교 학교의 교사들과 소통해 보니, 사스와 메르스 사태 이후 온라인 수업을 준비한 학교는 이 상황을 능숙하게 대응하고 있습니다. 심지어 공립학교와 다른 기독교 학교에 도움을 주며 선한 영향력을 끼칩니다. 일부 기독교 학교는 교육부의 발표에 따라 공립학교와 동일한 해결 방식을 택했습니다. 어떤 학교는 코로나19 사태를 장기적으로 보고 학교와 교사와 학부모가 협의체를 구성하여 어려움을 극복합니다.

각 학교는 형편에 따라 맞는 것을 선택할 뿐입니다. 모두가 처음 겪는 일입니다. 이러한 상황은 기독교 학교의 성장 과정과 별반 다르지 않습니다.

한국에 기독교적 수업을 하는 기독교 학교가 설립된 지는 20년 안팎입니다. 기존의 기독교 학교를 모델로 시작한 학교가 있지만, 기독교교육의 열망만 가지고 준비 없이 시작한 학교도 있습니다. 이렇듯 학교의 모습과 운영 과정은 제각기 다릅니다. 심지어 운영의 주체가 모여서 의논을 하면 기독교교육, 기독교 학교, 신앙에 대한 생각도 다양합니다. 대부분 책이나 강의로만 들었지 실제 기독교교육과 기독교 학교를 경험한 사람은 많지 않습니다. 그래서 많은 기독교 학교들이 서로 연대하다가 포기하는 경우도 있었습니다.

"연대할 때 각자의 노하우는 공유하지만 각 학교의 철학은 존중해 줍시다."

이런 말이 나올 정도입니다. 또한, 기독교 학교를 경험한 교사가 다른 기독교 학교로 이직을 하면 다른학교에 부적응한 경우도 있습니다. 옮긴 학교의 신앙, 수업의 방식, 학교 운영, 방향성, 학생관, 진학지도의 방향이 전혀 다르기 때문입니다. 차라리 기독교 학교를 경험하지 않은 교사가 기독교 학교에 더 잘 적응하기도 합니다. 참 쉽지 않습니다. 이런 상황에 기독교 학교는 든든한 신앙의 반석 위에 학교를 세워간다고 생각하며 천천히 나가야 합니다. 그래서 함께 고민하는 교사가 필요합니다.

샘물학교는 온전히 갖춰진 학교가 아닙니다. 10여 년간 여러 번 어려움과 갈등 가운데 우리의 것을 찾고 씨름하며 지금까지 왔습니다. 교사들은 철학을 공유하고, 함께 방법을 찾고, 주어진 상황에 우리의 길을 열고, 우리 학교에 맞는 교육을 실현해 갑니다. 코로나19 사태에서도 함께 고민하며 최고는 아닐지라도, 최선의 교육을 위해 머리를 맞댑니다. 그러면서 소속감도 높아지고, 학교에 대한 이해도 생깁니다.

이런 다양한 경험과 생각이 공유되지 않은 교사와 연대하는 것은 어렵습니다. 컨퍼런스에서 4-5일 함께 하면 결국 좋은 방법만 습득하고 돌아옵니다. 다른 사람이 고민한 방법을 습득해서 기분이 좋습니다. 하지만 그 방법으로 수업하는 것은 오래가지 않습니다. 내 것이 아니기 때문입니다. 함께 고민하고 생각하며 만들어낸 결과는 잘 변하지 않습니다. 우리의 것이기 때문입니다.

샘물학교가 미국 기독교 학교에 방문해서 컨퍼런스를 참석한 적이 있습니다. 짧게는 50년, 길게는 100년이나 된 학교를 방문했습니다. 그런 학교에서 한 달간 숙식하며 그 학교의 철학과 운영, 수업에 대해 상세히 참관하고 학교에 대해 질의합니다. 샘물학교 교사들은 그 학교에 깊숙이 들어갈 수 있습니다. 그리고 구성원이 되어 학교가 고민하는 과정을 경험합니다. 그 경험이 샘물학교를 만들어 가는 데 큰 도움이 되었습니다.

이제는 한국에서도 이런 학교들이 나와야 합니다. 짧은 역사지만 학교의 틀을 잡고 20여 년 운영 했고, 재학생과 졸업생이 나왔으며,

운영에 대한 노하우가 생겼다면 컨퍼런스를 열어 함께 고민하는 교사를 초대해야 합니다. 그리고 연대해야 합니다. 이런 과정을 통해 학교의 철학과 방향성이 비슷한 학교가 MOU를 맺고 협력하며, 합동교사 연수를 진행한다면 더 많은 생각을 모을 수 있을 것입니다.

기독교교육을 접하며 만났던 기독교교육의 스승(앨버트 그린, 존 반다이크, 반 브루멜른, 리차드 애들린)들은 하나같이 기독교교육의 핵심은 교사라고 말합니다. 교사의 가르침에 학생은 당연히 큰 영향을 받습니다. 그리고 그 교사의 가르침에 가치관이 자리 잡습니다. 한 명의 교사가 중요합니다. 함께 고민하고 연대하는 교사가 많아졌으면 좋겠습니다.

10. 기독교 학교의 미래는?

기독교 학교가 2010년 이후로 급격하게 늘었습니다. 비인가 대안학교임에도 불구하고 많은 교회와 선교단체, 교단에서 기독교 학교 설립이 가속화되었습니다. 초창기 기독교 학교 모델이 성공을 이루면서 다음 세대를 키우기 위한 대안으로 기독교 학교가 주목을 받았습니다. 근거리에서 관망하는 자세로 이 상황을 보는데 20여 년 전 한국교회를 휩쓸었던 선교원 바람이 생각납니다.

이 교회, 저 교회 공간만 있으면 선교원을 세웠었죠. 그리고 성도의 자녀들을 선교원에서 키웠습니다. 찬양도 부르고 기도도 열심히 가르쳤죠. 30년이 지나 선교원은 대부분 없어졌습니다. 그런데 최근에는 그 선교원의 자리에 기독교 학교가 차지합니다.

중소 도시 목사님이 기독교 학교 설립을 고민하셔서 상담한 적이 있습니다. 나는 샘물학교 설립 과정을 이야기하고 있는데 그분이 받아들이는 상황은 20여 년 전 선교원 설립 과정에서 벗어나지 않았습니다. 공간 활용, 교사 채용에 대해서 상당히 어려움이 많아 보였습니다. 그 목사님은 결국 학교를 설립하지 않았습니다. 아직도 많은 교회에서 기독교 학교를 설립하고, 그중 많은 학교가 운영에 어려움을 겪습니다. 설립할 때에 생각했던 운영진의 기대보다 학생 모집이 힘들고, 교사 수급에도 어려움을 겪고, 겨우 학교만 유지하는 경우도 있습니다. 심지어 설립한 지 얼마 되지 않아 폐교한 학교도 생겨났습니다.

한국사회에서 기독교 인구가 급격하게 줄고 있습니다. 학령기 인구도 줄고 있습니다. 그리고 공립학교는 수업의 변화와 기자재의 확충으로 급격하게 좋아지고 있습니다. 이제는 기독교 학교도 소수 학생을 놓고 공립학교와 기독교 학교 간에 경쟁해야 하는 상황입니다. 이런 상황에서 기독교 학교의 설립은 재고되어야 합니다. 단, 교회가 믿음의 자녀를 위해 장기적인 지원을 약속하면 적자가 나더라도 운영은 가능합니다. 하지만 그런 교회는 많지 않습니다.

결국, 기독교 학교는 공립학교와 경쟁에서 학교 방향성과 교사처우에서 이겨내야 하고, 이웃 기독교 학교와는 교육 콘텐츠를 놓고 경쟁해야 합니다. 이런 말을 하는 내가 너무 초라하게 느껴집니다. 하지만 현실이 그렇습니다. 그 현실에서 많은 기독교 학교가 이겨내고 함께 동역하길 원합니다.

11. 글을 끝맺습니다

원고를 쓰면서 기독교 학교의 과거를 돌아보고, 지금을 점검하며, 미래를 예측하는 일이 나를 힘들게 합니다. 기독교교육과 기독교 학교에 애증이 있어서 가슴 깊은 곳이 아려오기도 하고, 나를 성장시켰던 일들을 생각하니 며칠 동안 복잡한 감정에서 헤어 나오지 못했습니다. 그래서 펜을 몇 번이나 내려놓았습니다.

앞으로도 우리는 개척자 정신으로 이 길을 가야 하기에 과거, 현재, 미래를 생각하는 모든 일이 나를 힘들게 했습니다. 거기에다 코로나 19로 인한 지금의 상황이 기독교 학교에 가져다준 어려움은 이 글마저 무색하게 만듭니다. 모두 다 처음 겪는 사태로 인해 기독교 학교 현장에서 견뎌내야 하는 선생님과 학부모, 학생들이 안쓰럽고 힘들어 보입니다.

나조차 매일 영상을 만들고 업로드하고, 학생 상담하고 부모들의 질문에 답하기에 정신없습니다. 그럼에도 불구하고 하나님을 의지하고, 교사들이 함께 생각을 모으고, 부모와 학생이 협력해서 이 일들을 헤쳐 나가고 있습니다. 다시금 기독교 학교의 힘을 느끼는 순간입니다.

기독교 학교는 어려움을 이렇게 극복해 왔습니다. 순탄하다가도 어려움이 생기면 모든 구성원이 이 어려움을 위해 기도하고 힘을 모았습니다. 그렇게 기독교 학교는 성장하여 현장에서 버텨왔습니다. 오래된 교사, 오래된 학교로서 맡은 소임이 있습니다. 어느 누가 말하지 않아도 우리는 그 임무를 수행해야 합니다. 하나님이 우리에게 주신 사명입니다.

벌써 기독교 학교 현장에 있은 지 10여 년입니다. 처음 기독교 학교에 들어와서는 화려한 미래가 눈앞에 펼쳐지는 것만 같았습니다.

그러나 교사가 된 지 15일 만에 현실을 깨달았습니다. 매우 어두웠고 힘들었습니다. 아무것도 없는 백지 같았습니다.

내가 그림을 그려서 채워야 했습니다. 스케치하는 것이 두려웠고, 색칠하는 것은 막막했습니다. 각자 주어진 업무 수행하기에 바빠서 서로 돌보지 못했습니다. 그런 가운데 상처받고 찢긴 영혼도 있을 겁니다. 시간이 지나 주위를 둘러보니 함께 그림을 그려가는 동료 교사가 있습니다. 그리고 조금 더 돌아보니 함께 고민하며 위로하고 격려하는 이웃 교사가 있습니다.

10여 년이 지난 지금 기독교 학교가 이렇게 자리 잡을 줄 몰랐습니다. 그리고 공립학교가 이렇게 변할 줄 몰랐습니다. 단지, 내게 주어진 상황에서 하나님께 뜻을 물으며 한 걸음씩 걸어왔습니다. 때로는 힘들고 지칠 때도 있습니다. 기독교교육과 기독교 학교를 떠나고 싶을 때도 있었습니다.

그때마다 하나님은 학생들과 부모들을 붙여 주셨고, 가르치는 것만으로도 행복하고 감사했습니다. 기독교 학교 현장이 녹록하지 않습니다. 그리고 앞으로도 어려움은 계속 반복될 겁니다. 하지만 하나님이 나에게 주신 자리가 '여기'라 확신하고 오늘도 나는 수업을 준비합니다. 내가 지나간 길이 헛되지 않기를 간절히 기도하면서 오늘도 나는 이 길을 갑니다.

최근 어린 신입 교사를 만났습니다. 내가 초임 때 고민했던 그 고민을 그대로 하고 있습니다. 그 교사는 나와 같은 어려움을 겪지 않길 바라며 좋은 동료 교사가 되어야 겠습니다. 이제는 많은 동료 교사와 이웃 교사가 생겼습니다. 그리고 그들과 함께 연대합니다. 이번 온라인 수업도 동료 교사가 없었다면 한참 헤맸을 겁니다. 말하지 않아도 서로 돕습니다.

'이런 자세가 기독교사의 자세가 아닐까요?'

전국 각지 기독교 학교에서 일하는 선생님들을 응원해 봅니다.

"선생님은 하나님 나라의 희망입니다. 이 순간에도 기독교교육을 위해 매 순간 노력하는 선생님을 응원합니다. 저 또한 힘겹게 이 일을 감당하지만, 하나님의 자녀들이 있기에 이 순간도 최선을 다하렵니다. 선생님은 혼자가 아닙니다."

작은 교회에서 시작한 행복한 학교

주순희

릭스쿨

1. 용감한 부모들을 힘입어

인생에 걸쳐서 학교는 제게 비교적 편안하고 안전한 곳이었습니다. 그건 아마도 시험 쳐서 고등학교에 진학하는 마지막 학년으로서 제가 원하는 고등학교와 대학교에 무사히 입학한 덕일 수도 있습니다. 초등학교 3학년 때 담임선생님이 혼을 내느라고 남자아이를 앞에 세우고 엉덩이를 까 보인 충격적인 기억, 중학교 수학 선생님이 기강을 잡으려고 수업 전에 책을 펴놓지 않는 애들을 교사용 나무 콤파스나 출석부로 소리가 나도록 머리를 때리던 일 같은 어수선한 기억들은 아름다운 캠퍼스를 가진 기독교적 분위기의 이화여자고등학교에서의 행복한 추억 아래 자연스레 묻혔습니다.

어쩌면 제가 직접 당한 일이 아니어서 그럴 수도 있겠죠. 고등학교 2학년이 되는 봄방학 때 갑자기 아버지가 돌아가시는 엄청난 일을 겪으면서 수년간 깊은 허무에 빠졌는데, 밝고 따뜻한 이화여고의 캠퍼스와 선생님들과 친구들은 제 허무를 해결해 줄 수는 없었지만, 저를 지켜 주고 품어주기엔 충분했던 것 같습니다.

이 글을 쓰면서 새삼 깨닫게 된 사실은 제가 신앙이 없는 가운데서도 언제나 기독교 학교를 선택하여 진학했다는 것입니다. 믿음이 없는 가운데서도 미션스쿨에서 느껴지는 '밝고 따뜻하고 인격적인 분위기'에 마음이 끌렸던 거겠죠. 물론 채플 시간에 기도할 때는 눈을 뜨고, 설교할 때는 늘 자곤 하면서 주님을 인격적으로 만나지는 못했지만, 하나님 세계의 밝고 따뜻한 기운은 충분히 느꼈다고 말할 수 있겠습니다.

문제는 대학 1학년 때 믿음을 갖게 된 이후부터 '우등' 인증을 받았다고 여겼던 제 삶이 기형적이고 열등하며, 모순이 가득하게 느껴지기 시작한 것입니다. 교육은 분명 세계관과 맞닿아 있죠. 믿지 않는 집에서 빚어진 저는 주님을 만난 후 충돌되는 세계관 사이에서 총체적인 혼란에 빠졌습니다.

당시 독문학을 공부하고 있던 초신자인 제겐 예수님과 직접적인 연결을 찾을 수 없는 공부, 예술, 가족, 친구, 미래의 직업 등은 제게 더 이상 그냥 즐길 수는 없는, 마음을 복잡하게 하는 대상들이 되어 버렸습니다. 가족과 친구들에게는 늘 절박한 심정으로 복음을 전해 거리감을 느끼게 하기도 하고, 믿지 않는 우리 가족을 절망의 눈으로 바라보면서 교회 형제들을 향하여 마음이 뜨거워져서 가족들을 오랫동안 서운하게 하기도 했습니다.

지금 생각하면 하나부터 열까지 재정립이 필요했던 것입니다. 8년 정도의 제법 긴 세월 동안 나름 진지하게 믿음 생활을 하고 마침내 소망하던 믿음의 가정을 이루었습니다.

그런데 제게는 긍정적 경험이었던 학교생활이 남편과 세 자녀에게는 그렇지 않아 보였습니다. 한국 현실에서 학교생활이 즐거우려면 앉아서 하는 공부가 체질에 맞아 공부를 잘해야 하는데 감성적이고 관계 중심적인 아이, 감각이 발달하고 활동성이 많은 아이라면 얘기가 달라집니다. 게다가 교실은 갈수록 거칠고 험해지는 듯했습니다. 선택의 여지가 없이 배당되어 가게 된 중고등학교에서 선생님과의 관계에서, 같은 반 아이들 사이에서 벌어지는 거친 일들을 듣고 있자면, 행복하기만 했던 학교생활의 기억을 가진 저로서는 이해하기도 어렵고 드라마에서 벌어지는 일처럼 비현실적으로 여겨질 때가 많았습니다.

저의 세 자녀의 초, 중, 고등학교의 다양한 학교 경험을 거치면서 훌륭한 학교와 교사, 그렇지 못한 학교와 교사의 대비는 점점 선명해지는 듯했습니다. 특히 이대부속초등학교와 캐나다의 애보츠포드 크리스찬스쿨을 경험한 막내를 통한 기독교 학교의 경험은 제가 대안학교에 헌신하게 된 밑거름이 되었습니다. 저는 두 학교에서 분명 희망을 보았습니다.

교회 식구 세 가정이 2002년부터 홈스쿨을 함께 시작했고, 4년째 이어가고 있었습니다. 그런 결단이 용감하다고 느껴졌고, 시대적 요청으로 여겨지기도 했습니다. 홈스쿨은 그 당시만 해도 5, 6년 전부터 외국에서 유학하고 돌아온 크리스찬 교수 가정들을 중심으로 시작되고 있었고, 공교육에 맡기지 않고 부모 중심의 기독교교육을 하려는 가정들이 점점 더 많아지는 것 같았습니다.

한편, 오랫동안 주일 중심의 신앙생활의 한계를 느껴온 라이브교회 목사인 남편은 공동체의 시작을 구상하고 있었고, '통일의 준비'와 더불어 강조했던 '다음 세대 세우기'의 맥락에서 공동체 내의 학교 설립을 추진하게 되었습니다. 홈스쿨을 해온 가정들의 학교의 필요와 동력을 중심으로 교회 아이들을 믿음으로 키우기 위한 논의가 시작되었고, 저는 세 자녀와 해온 저의 오랜 교육적 씨름을 바탕으로 학교의 중심 역할을 맡는 두려운 발걸음을 내딛게 되었습니다.

2. "삶을 즐거워하고 주님을 실질적으로 따르는 제자"로

기독교 학교를 꿈꾸면서 교회의 부모들과 함께 떠올린 문구들은 '인격적인 관계,' '행복하고 두려움 없는 학교,' '개성이 존중되고 잠재력을 키워주는 교육,' '흥미진진한 배움' 등이었습니다. 이러한 요소들은 실제로 셋째가 다닌 기독교 학교인 이대부속초등학교와 애보츠포드 크리스챤 스쿨이 가진 공통적인 면모이기도 합니다.

엄마들의 이러한 바램의 이면에는 학교에 대한 부정적 경험과 인식이 깔려있었습니다.

'학교는 우리 아이를 안심하고 보낼 만큼 안전할까?'

왕따, 욕, 학교폭력 등 갈수록 거칠어지는 학교문화에 아이를 보내기가 두려운 것입니다. 교사 개인의 인격과 열정에도 불구하고 구조적 한계로 인하여 학교는 이러한 위험의 요소들로부터 내 아이를 지켜 줄 수 있을까 하는 의문이 드는거지요. 아니, 심지어 교사로 인한 고통도 현실이니까. 특히 저의 세 자녀를 통해 듣는 중고등학교는 그야말로 '무질서한 거친 황무지'처럼 느껴졌습니다.

지금 생각하면 그런 문제 상황을 전해 들으면서도 다른 대안에 대한 진지한 고민도, 변화를 위해 뭔가를 시도할 용기도 내지 못하고 속수무책으로 바라만 보고 있었던 제가 참으로 어이없습니다. 저의 배움이 힘을 발휘하지 못함을 여지없이 드러내는 지점이기도 합니다.

문제를 심각하게 느끼면서도 아무것도 할 생각을 하지 못하는 무기력한 상태. 무려 십팔 년간의 나의 긴 배움은 내게 어떤 능력을 부여한 것일까?

내가 받은 교육은 나를 치장해 주는 기능 이외에 무엇을 위한, 어떤 의미를 지니는 배움이었을까?

지금 돌아보면 그때까지만 해도 아이들의 학교생활의 심각한 내막도, 그것이 아이들의 삶에 얼마나 많은 영향을 주었는지도 충분히 이해하지 못한 상황이라고 할 수 있습니다. 하지만 지금도 부끄러운 것은 학교가 아이들에게 고통스러운 곳임을 느끼면서도, 그저 문제를 일으키지 않고 잘 지내주기를, 학업에 진보를 보여 주기만을 바랐던 제 모습입니다. 이 얼마나 반기독교적인 시선과 마음인지요.

내가 생명처럼 소중하게 여긴 하나님에 대한 믿음이 '진짜'라면 나는 자녀 교육에서 어떤 실천을 해야 하는 것이었을까?

'안심하고 보낼 수 있는 행복한 학교'와 같은 아이 중심의 갈망과 함께 우리의 분명한 신앙적 명제는 로마서 12장 2절의 말씀이 선포하는 '세상과 구별된,' '하나님이 기뻐하시는' 학교였습니다. 릭스쿨이 이해한 '하나님이 기뻐하시는 학교'는 믿음을 가진 부모가 교육의 주체로서 공동체를 이루어 말씀대로 자녀를 양육하는 학교입니다. 이런 맥락에서 릭스쿨의 정체성은 '교회에 기반을 둔, 부모 중심의 학교'라 하겠습니다.

사실 우리 중 누구도 제대로 된 기독교교육을 받아보지 못한 형편이어서 우리가 꿈꾸는 학교는 '하나님의 말씀대로 가르치는 학교,' '개성과 달란트를 따라 자기답게 클 수 있는 학교,' '더불어 행복한 학교,' '실천으로 이어지는 배움' 등의 원론적이고, 이상적인 구호의 나열인 셈이었습니다.

이런 다양한 가치를 담아 학교의 교훈은 '주 안에서, 나답게, 함께, 새롭게'로 정하였습니다. 그 이후 학교의 철학을 담아 정리한 릭스쿨이 추구하는 인간상은 "삶을 즐거워하고 주님을 실질적으로 따르는 제자"로 정리하였습니다. '삶을 즐거워하는 마음'은 낙천적인 성격의 소유자여서가 아니라 좋으신 하나님이 실질적으로 세상을 다스린다고 믿는 자만이 가질 수 있는 마음입니다.

이러한 분명한 믿음을 지닌 교사와 부모는 삶을 즐겁게 맞이할 수 있습니다. 어려운 가운데서도 믿음으로 인한 평안을 잃지 않는 어른들을 통해 아이들은 '항상 기뻐하는' 믿음의 삶을 익혀가게 됩니다. 그리고 삶을 허락하시고 동행하시는 하나님을 즐거워하는 사람은 부르심에 따라 하나님의 나라를 세울 힘을 지니게 됩니다.

여호와로 인하여 기뻐하는 것이 너희의 힘이니라(느 8:10).

릭스쿨(LICS, Live International Christian School)이 추구하는 인간상의 또 다른 측면은 '실질적으로 주님을 따르는 제자'입니다. 주님을 인격적으로 만나 죄 사함을 받고, 기독교 진리 안에서 성숙하여, '말과 혀'로가 아닌, 실천적인 삶으로 주님을 따르는 제자로 키우는 것을 소망했습니다. 십팔 년간 학교에 다니며 배웠고, 그것도 남들이 알아주는 '좋은' 학교를 나왔어도, 의미 있는, 선한 일을 위해 발 벗고 나서지 못하는 내가 보인 '머리만'의 공부가 아닌, 행동하는 제자로 자라기를 꿈꿨습니다.

3. 분명한 열매 그리고 씨름의 제목들

1) 믿음대로 배우고 살기로 한 학교

릭스쿨이 맺은 가장 명확한 열매는 '망설임 없이 믿음을 선포하고, 성경을 학교의 목적과 운영의 최고의 기준으로 삼은 학교'로 합의하고 공식적으로 알린 것입니다. 믿음을 드러낼 수 없는 일반 학교의 현실에서 말씀과 찬양으로 한 주를 열고, 매주 성경을 배우고, 교사모임에서, 그리고 학부모 회의에서 함께 기도할 수 있는 학교로 정체성을 드러낸 것입니다. 배움의 목적, 교육과정, 배움과 평가의 방식, 학교 내의 모든 관계, 학교 운영 전반의 논의는 중요한 이슈가 나올 때마다 말씀의 기준에 따라 깊은 토의와 기도를 거쳐 최대한 모두의 합의에 이를 때까지 충분한 검토를 합니다.

성급히 결정하지 않고 최대한 작은 소리라도 놓치지 않으려고 애쓰는 동안 우리는 더욱 온전한 하나님의 뜻을 알아가게 되었습니다. 이런 과정은 매번 영생을 맛보는 짜릿한 경험입니다. 학교 운영에서 진정 아이들을 위한 대안을 찾아 고민할 때에 늘 아주 새로운 방식의 지혜를 주실 때면 학교를 위한 많은 수고를 한순간에 잊게 하는 그런 행복한 경험을 하곤 합니다. 흔히 학교에서 많이 활용하는 상장 수여 방식에 '우등상'과 더불어 '친절상,' '정리상,' '봉사상' 등을 정하고, 수상자의 선정에 학생들이 참여하는 방식을 도입하여 각 아이의 은사를 칭찬하고 축하하는 방식도 행복한 경험에 속합니다. 경쟁 대신 공동체성을 키우기 위해 개인 독서 마라톤 대신 함께 많이 읽어 목표를 달성하면 함께 놀이동산에 가기도 했습니다.

사실 요즘에는 그나마 하던 시상도 거의 하지 않고, 시상을 기대하는 인식 자체도 흐려졌고, 선생님들이 그때그때 해 주시는 칭찬과 즉석 상품, 반에서 하는 생일 축하만으로도 만족하는 분위기가 되었습니다. 일박 캠프 같은 공동체 활동은 많은 수업보다 아이들을 더욱 건강하고 사랑스럽게 자라게 하는 것을 느낍니다. 동생들과 팀을 이뤄 요리 대회를 하거나 과제를 해내는 과정에서 아이들은 배려를 배우기도 하고 동생들의 잠재력에 놀라기도 합니다.

거듭난 교사들로 이루어진 교사회의는 학교의 모든 문제 상황을 기도로 하나님께 아뢰고, 그 응답을 함께 맛보는 체험의 공동체가 됩니다. 작은 학교의 장점은 학부모도, 교사도, 학생도 자세히 볼 수 있다는 점입니다. 큰 학교라면 적당히 숨길 수 있는 나의 많은 면이 작은 공동체에서는 훤하게 드러나게 됩니다. 함께 1, 2년을 지내다 보면 어른의 경우 그 사람이 거듭난 신앙인인지 아닌지를 알 수 있습니다. 물론 100% 단정은 할 수 없겠지만요.

공동체는 분명 구성원 한 사람, 한 사람의 비중이 막대합니다. 그 점이 구성원을 어렵지 않게 대체할 수 있는 조직과는 차이가 있습니다. 그래서 릭스쿨처럼 작은, 그것도 공동체성이 강한 학교는 누구를 구성원으로 받을 것인가를 신중하게 결정해야 합니다. 7명의 라이브교회 자녀들을 첫 학생들로 하여, 부모들이 교사가 되어 학교를 꾸려오다가 개교 8년째에 두 분의 전임교사를 두고, 개교 10년 만에 학교를 외부에 열고 학생 모집을 하였습니다.

공립학교의 여러 부정적 이야기를 접하고 대안을 찾던, 그리 많지 않은 가정들이 관심을 보였습니다. 자연과 아름다운 학교 건물과 안심할 수 있는 환경에 호감을 느끼지만, 셔틀버스가 없어 등하교를 직접 시켜야 하고, 식사와 수업의 일부분도 부모가 나눠서 한다는 대목에 이르러서는 입학을 포기하곤 합니다. 활기찬 배움의 학교가 되기 위해 학교를 키울 필요도 있었고, 동시에 학교의 정체성도 지켜야 했습니다. 등하교와 식사와 가르침의 부담을 줄여서 학생을 더 받자는 의견이 전임교사들 중심으로 반복적으로 나왔습니다.

그러나 릭스쿨을 향한 하나님의 인도하심은 '부모 중심의 학교'라는 정체성이었습니다. 언젠가 셔틀을 운행할 수도 있고, 부모들이 결정하여 식사나 수업을 담당할 사람을 세울 수도 있겠지만, 그런 모든 결정은 학교를 세운 라이브교회와 부모 공동체가 합의하여 결정할 때 실행될 수 있는 일임을 오랜 씨름 끝에 확인했습니다.

현재 릭스쿨에는 1~9학년에 스물네 명의 학생이 창의적으로 반을 편성하여 활기차게 배우고 있습니다. 이제까지 다섯 번의 입학설명회를 거쳐 학생을 맞아보면서 배운 바가 많이 있습니다. 릭스쿨에 맞는, 릭스쿨을 필요로 하는 가정은 따로 있다는 것이 첫 번째 깨달음입니다.

입학을 권하려는 마음에 학교가 부모의 책임을 줄여서 말하거나, 신앙적 확인이 소홀했을 때는 그만한 값을 지불해야 했습니다. 재밌게도 무조건 따르겠다고, 입학을 조르는 가정은 경험적으로 우리 학교에 맞지 않거나, 벅찬 상황의 자녀이었습니다.

첫 입학설명회 때의 입학 자격은 '학교의 기독교적 교육과정에 동의하는 가정'이었습니다. '믿는 가정'이라고 규정하기엔 왠지 너무 폐쇄적인 느낌이 들어서였습니다. 그런데 믿지 않는 가정의 자녀와 지내다 보니 그 가정의 가치관을 존중하면서 동시에 믿음을 전제로 교육하는 것이 학교로서도 그 가정에도 부담이었습니다.

그런 와중에 믿음이 없던 가정의 엄마에게 영적 은혜가 임해서 주님을 영접하고 뜨겁게 신앙생활을 하는 계기가 생겼습니다. 그런 축복은 담임선생님과 이웃 엄마의 기도와 관심이 열매를 맺은 것이

기도하구요. 참 놀라운 일이었습니다. 그 이후 입학 자격은 '부모 중 한 분은 출석교회가 명확한 기독교 가정'으로 바뀌었습니다.

이런 기준이 폐쇄적으로 보일 수도 있겠지만, 릭스쿨의 일차적 부르심은 '전도'가 아니라 '믿음의 교육'이라고 믿기에 '거듭난 믿음'은 우리 교육의 출발점임을 다시 확인하게 된 셈입니다. 이런 갈등은 작은 학교라서 더욱 빨리, 분명하게 드러난 것 같습니다.

매년 새로 입학하는 학생들은 분명 학교에 활력을 불어 넣어주는 특별한 존재들입니다. 학생이 더 왔으면 좋겠다고 바라던 2018년에 전담 선생님 중의 한 분이 일반 학교에 다니던 세 자녀를 우리 학교에 전학시켰고, 또 기존의 우리 학교 학생의 친척 가정이 멀리 전남 광양에서 세 자녀를 데리고 전학을 오면서 우리 학교는 활기찬 학교로서의 구성원을 채우게 되었습니다. 이 경험을 통해 우리는 다시 하나님에 대해 배우게 되었습니다.

하나님을 믿고 묵묵히 걸어가면 하나님은 놀라운 방법으로 그의 나라를 확장하시고 우리에게 큰 기쁨을 주신다는 것을. 이제 우리는 우리 학교를 통해 자라갈, 믿음의 가정의 자녀를 초조함 없이 기다리며 맞을 준비가 되었다고 말할 수 있습니다.

2) 공동체적 샬롬의 학교

또 다른 열매는 '공동체적 샬롬의 학교'입니다. '왕따'나 '욕'은 위력을 발휘하지 못합니다. 특별히 착한 학생들이 모여서가 아니라 모두가 소중히 여김을 받아서 굳이 남을 괴롭힐 이유가 없는 것입니다. 1~9학년까지 전교생이 스물네 명이어서 작은 한 학생의 목소리도 묻히거나 무시되지 않습니다. 전학 온 학생으로 인해 욕이나 스마트폰이 문제가 될 때는 진지하게 다루어 문화적 오염을 막으려고 노력합니다.

아이들은 좋은 문화의 맛을 알고, 학교의 건전함을 자랑스러워합니다. 가끔 벌어지는 아이들 간의 다툼은 학폭위가 아니라 교사나 목사님의 중재로 마무리됩니다. '돌이킴'과 '화해'의 은혜가 있는 학교입니다. 큰 학교에서 은밀히 행해지곤 하는 잘못이나 죄는 작은 학교에서는 쉽게 드러나고, 그 죄를 인격적으로 다루는 과정을 통해 아이들은 이해의 폭이 넓어지고, 잘못을 인정하면서 돌이킴과 용서의 은혜를 맛보고, 마침내 '죄를 극복하는' 경험을 합니다.

학습에 어려움이 있는 연약한 학생도 최대한 함께 배우는 가운데, 배움에 밀리지 않도록 최선의 길을 찾아봅니다. 능력의 차이가 있는 학생들이 함께 배우는 과정은 지도하는 입장에서 분명 애로사항이 많습니다. 우수한 학생들은 우수한 대로, 찬찬히 배우는 학생들은 그 학생의 속도대로 지도해 주고 싶은 것이 교사의 마음입니다. 제한된 교사와 시간의 한계 가운데 아쉬움을 견디며 마음을 담아 지도하는 가운데 학생들은 그런 교사의 마음에 화답이라도 하듯이 의젓한 태도로 서로 품어주고 도와가며 잘 배우는 배움의 공동체가 되어갑니다.

'학업의 수월성'은 우리 학교의 최우선 가치는 아닙니다. '수월성'은 학교가 강조하는 '기독성'과 '공동체성'보다 앞세우지 않으려는 가치라고 말할 수 있습니다. 모든 인생의 행복과 성공은 믿음 안에서, 공동체적으로 자라갈 때 가장 풍성하게 꽃 핀다고 믿기 때문입니다. 그리고 긴 시간을 두고 보니, 아이들의 지적 우수함은 학교의 정책과 관계없이 하나님의 인도하심 속에서 우수함을 드러내는 것을 졸업생들의 행보에서도 확인할 수 있었습니다.

믿음 안에서 긴 세월을 맞다 보면 수월성을 추구할 때의 문제점이 명확하게 보이지만, 재능을 보이는 자녀를 둔 젊은 부모의 기대는 크고, 우리 학교의 방향과 현실은 그 기대에 미치지 못할 때가 있습니다. 자녀의 학습능력을 극대화해 주기를 바라는 부모의 기대를 채워주기는 어렵습니다. 그 부분에서는 학교는 더 나은 방법을 모색하는 노력을, 부모는 직접 참여하거나, 학교와 선생님들을 신뢰하며 협력하려고 노력하여야 합니다.

학업의 수월성이나 개별지도에 대한 부분적 요구가 있긴 하지만 학교가 모든 아이를 위한 배려와 선택을 하고자 한다는 것을 이제는 모두가 알고, 그런 방향에 대해 이해가 생겼다고 생각합니다.

3) 머리와 몸이 동시에 배우는 학교

'전인적 생활교육의 실천'도 또 다른 소중한 열매입니다. 배움은 앉아서 하는 머릿속의 공부에 그치지 않고, 온몸으로 하는 생활적 기술과 섬김으로 이어져야 합니다. 주님을 '실질적으로' 따르는 제자가 되려면 실질적으로 훈련되어야 합니다. 한 학기 동안 각자 맡은 영역의 청소와 식탁 정리, 노작과 마을 청소 등을 통해 노동의 기술과 보람을 배웁니다.

학기마다 진행되는 캠프에서 아이들은 오락준비나 청소, 식사 준비와 설거지등 자기 몫의 일을 해를 거듭할수록 잘 해냅니다. 서로 호흡을 맞춰가며 해내는 모습은 참으로 멋집니다. 내가 이런 배움을 거쳤다면 학교는 멀쩡하게 잘 나왔지만, 삶의 현장에서는 제대로 할 수 있는 것이 거의 없는 무능한 모습을 보이지는 않았겠다는 생각을 자주 합니다.

4) 믿음과 배움과 삶이 연결된 학교

각 교과를 통해 하나님과 그의 세계를 배워가는 기독교적 통합은 모든 부모와 교사에게 낯설고 어려운 과정이지만, 릭스쿨을 포함한 모든 기독교대안학교가 일반 학교와 가장 구별되는 대목일 것입니다. 각 교과는 무한한 하나님의 세계를 보여 주는 창문들로서 아이들은 믿음의 안목으로 교과를 재해석하려고 애쓰신 교과 선생님들의 안내를 받아 흥미진진하게 하나님의 세계를 탐색해 갑니다.

초등학생부터 대학원 학생으로까지 십팔 년을 학생으로 학교에 다니긴 했지만, 교생실습을 나간 한 달과 대학교에서 조교로 있었던 2년을 빼면 교사 경력이 없는 제가 교장이 되어 아무도 경험해 보지 않은 '대안학교'를 이끈다는 것은 지금 생각하면 참으로 '대책 없는' '무모한' 발걸음이었지만 하나님의 이끄심이었음을 부인할 수는 없습니다. 학교의 시작을 준비하며 초기 준비팀은 캐나다의 몇몇 홈스쿨 가정과 교회 중심의 기독교 학교들을 탐방하였습니다. 홈스쿨 가정들을 중심으로 시작하는 우리 학교의 적절한 행보였습니다.

이후에 저는 교장으로서의 필요를 느껴 캐나다의 트리니티 웨스턴대학에서 진행하는 기독교사를 위한 여름방학 연수 프로그램에 두 차례 참여하였습니다. 그 대학은 양승훈 교수님이 시작하신 밴쿠버 기독교 세계관 대학원이 속해있는 학교이기도 합니다. 유일한 외국인, 그것도 최고령 학생으로 참여하면서 저는 교육의 신세계를 경험하였습니다.

'이렇게 따뜻하고 인격적이고 성경 말씀에 뿌리를 둔 교육이 가능하다니!' 하고 깊이 감탄하였습니다. 이런 감탄은 사실 저의 막내가 캐나다 애보츠포드 크리스찬스쿨에서 1년간 8학년 생활을 하는 것을 지켜보면서 간접적으로 경험한 감탄과 같은 맥락의 것이었습니다. 감탄과 희망이 가득했지만 제가 배우고 적용해야 할 많은 내용은 여전히 큰 숙제로 남아있었습니다.

그러다가 아세아연합신학대학교 교육대학원에 관한 이야기를 듣고 교사 출신 엄마를 포함한 두 엄마 선생님들을 권하여 셋이서 차례로 등록을 하였습니다. 놀라운 것은 제가 캐나다 교사 연수에서 느낀 그 따뜻함과 통쾌함이 '우리 말'로 진행되는 대학원 수업에도 동일하게 느껴졌다는 사실입니다. '생명력 있는 기독교교육은 이런 거구나!'라고 깨달았습니다. 그 공통점은 따뜻한 환대와 진리로 인한 자유함과 통쾌함이었습니다. 그렇게 셋이서 아세아연합신학대학교 대학원을 5년, 10학기에 걸쳐 과정을 함께 이수하고 대학원 졸업을 하였습니다. 지금 생각하면 가정을 가진 부인들로서 벅찬 대학원 과정을 동시에 마쳤다는 것은 기적과 같은 일입니다. 공동체로 함께 살면서 함께 자녀를 키우는 하나님의 학교에 헌신하는 마음을 우리에게 주셔서 가능했던 것 같습니다.

방학마다 대학원 수업을 마치면 우리는 저녁에 기숙사에 모여 오늘 배운 바를 나누고, 어떻게 우리 학교에 적용할 것인가를 논의하고 실행하였습니다. 우리 학교의 교육철학도 정리해 보고, 교과 재구성도 해 보고, 평가 방식에 대해 고민도 하였습니다. 세 사람의 아세아연합신학대학교에서의 배움은 지금도 우리 학교의 뼈대가 되어주고 있습니다.

매달 진행되는 교사 연수에서는 수업 재구성안을 제출하고 수업 나눔을 통해 기독교 세계관과 교과의 통합을 꾸준히 시도하고 있습니다. 처음 교과를 맡아 가르치게 되는 엄마(아빠) 선생님들은 참으로 막막해하는 과정이고, 시행착오를 거치지만 세월과 함께 조금씩

'감'을 잡고, 자기답게 수업을 재구성하여 의욕적으로 가르치는 즐거움을 조금씩 알아가는 모습을 지켜보는 것은 흐뭇한 일입니다.

제가 맡은 초등 고학년 국어 시간에는 학기마다 3, 4주에 걸쳐 기독교 서적이나 일반 명작을 함께 읽는데, 아이들은 작품 속에서 풍부한 어휘, 다양한 인물과 가치를 만나고, 요약이나 감상으로 자기 생각을 정리하는 시간을 가지면서 국어를 통합적으로 배웁니다.

이번 학기에는 코로나19로 5월에나 등교를 할 수 있었고, 그것도 마스크를 쓴 채로 수업을 해야 했지만, '오즈의 마법사'라는 명작의 위력으로 4학년 아이들은 충분한 의욕을 느껴서 기꺼이 각자 맡은 부분을 요약하여 녹음하고, 배경을 그리고, 등장인물을 아이클레이로 만들어 열 장면의 동영상을 성공적으로 찍었습니다.

자신들의 작품을 전교생이 몰두하며 감상하는 것을 보면서 아이들은 남다른 뿌듯함을 경험했을 것입니다. 방역을 위해 마스크를 낀 채, 거리를 유지해야 하는 불편 속에서도 아이들은 국어적 작업과 함께 자기 몫의 역할을 성실하게 해내고, 협력하여 멋진 작품을 만들어내는 행복한 경험을 한 것입니다. 놀라운 것은 이 과정에서 교사인 저도 아이들과 같은 정도의 흥분과 뿌듯함을 누린다는 점입니다. 특히 국어 교과는 많은 이야기를 다루면서 자연스럽게 아이들 안의 많은 의문과 어려움을 나눌 수 있는 것이 국어를 가르치는 남다른 맛이기도 합니다.

부모 외의 신뢰할 수 있는 어른과 자유롭게 마음과 생각을 나눌 수 있는 분위기는 온갖 잡다한 가치가 뒤범벅된 요즘의 세상에서 어린이에게 주어진 특별한 축복이라고 생각합니다. 자연에 둘러싸인 학교 상황은 식물 관찰 등의 과학수업에, 시의 소재 찾기의 국어 수업에, 자연물을 이용한 미술 작업 등 다양하게 수업에 생기를 제공합니다. 믿음의 근거인 성경적 세계관과 배움의 통합, 삶의 현장과 배움의 통합은 참으로 배움에 생명력을 주고, 그 생명력은 그대로 행복으로 느껴집니다.

　기독교적 수업 재구성의 능력은 분명 이론적 배움과 많은 시도를 통해 조금씩 갖춰집니다. 학교 초창기에 세 사람이 5년간의 방학 동안 대학원 30학점을 이수하며 읽고 배운 내용은 참으로 깊고 방대하다 할 수 있겠습니다. 그런 배움을 생각하면 새로 세워지는 부모 선생님들을 새롭게 구비시키는 과정과 방법은 늘 대두되는 과제입니다.

　더 정교한 연수 준비도 하여야 하겠지만, 경험적으로는 홈스쿨 부모의 마음으로 가르치는 엄마(아빠) 선생님들의 심정이 귀하고, 필요가 찼을 때의 간절한 배움과 기도가 수업에 생명력을 주고 있다고 여기면서 과도한 부담을 주지 않으려고 하고 있습니다.

5) 학교와 가정의 긴밀한 연계

　가정과 학교의 긴밀한 연계도 우리 학교가 맺고 있는 의미 있는 열매입니다. 홈스쿨로 출발한 학교답게 부모가 수업과 식사로 학교에 참여하면서, 모든 가정은 다양한 배경과 문화를 갖고 있지만 같은 믿음 안에서 서로를 존중하며 학교와 긴밀하게 협력합니다.

　코로나19로 인한 온라인 수업, 초등 저학년의 긴급 돌봄교실의 운영 여부를 결정하기에 앞서 열여덟 가정이 참여한 화상회의에서 합의를 찾아가던 일은 이러한 열매를 확인시켜주는 멋진 순간이었습니다. 물론 각 가정의 입장과 의견은 여전히 조금씩 차이가 있음을 확인하면서도, 함께 갈 수 있는 지점을 정하고, 그 결정에 따르겠다는 마음의 태도야말로 소중한 공동체적 태도라고 생각합니다.

　수업과 식사 준비를 통해 부모는 내 자녀를 넘어 다른 아이도 품게 되고, 이해와 포용의 품을 넓히게 됩니다. 보통의 엄마로 출발하여 다른 자녀를 위해 식사를 준비하고, 교과를 가르치고, 담임을 맡아가면서 자기 아이 밖에 안 보이던 '전형적인 한국의 엄마'는 어느새 다른 자녀에 대해서도 주님의 마음으로 바라보게 되는 '거듭남'을 경험하고, 동시에 내 자녀를 쥐고 있던 손을 내려놓고 하나님과 동료 선생님께 의탁할 수 있게 됩니다. 그렇게 9년을 보낸 소중한 열매는 매해 감동의 졸업식에서, 아버지들의 감사 고백 속에서 빛을 발합니다.

매년 바뀌는, 셀 수 없이 많은 아이가 아니고, 8, 9년을 함께 커가는 30명 내외의 아이들이라서 가능한, 특별한 은혜라고 할 수 있겠습니다. 릭스쿨은 열 가정이 모여 사는 공동체 옆의 학교라 물리적으로도 학교는 가정들 옆에 있고, 아이들은 소음과 축구공과 아이들의 온갖 흔적을 감당해 주는 공동체 식구들의 사랑을 받으며 구김 없이 자라갑니다. '한 아이가 자라려면 온 마을이 필요하다'는 말은 바로 우리 학교에 맞는 격언입니다.

6) 작은 대안학교의 교장으로서

동일한 '대안'이라는 용어를 사용하지만 '대안'의 내용은 참으로 다양한 모습일 것입니다. '대안'이라는 용어는 '독특한' 또는 '창의적인'과 같은 뜻일지도 모르겠습니다. 어떤 기독교대안학교이든 독특한 부르심과 이야기가 있을 테니까요. 릭스쿨은 '작은 교회'에서 시작한 '홈스쿨 가정들을 출발점'으로 '생활공동체' 곁에 세워진 '작은 학교'라는 특징이 있습니다. 이러한 특징을 저는 우리를 향한 부르심으로 이해합니다. 교육전문가들이나 믿는 교사들이 뜻을 모아 세운 학교와는 분명히 부르심이 다르겠지요. 그래서 우리는 이 부르심에 충실히 응답하고자 합니다.

　모두가 다녔던 공교육에 익숙한 한국 사람들은 늘 정답에 집착하고, 창의적인 다양성에는 어색해하는 것 같습니다. 하지만 인도하심에 따라 본성에는 거스르지만, 개척적인 발걸음을 내딛다 보니, 믿음의 선조들도 이런 생소하지만 인도하심을 따라 발을 내디뎠겠구나 하는 내면의 확신을 갖게 됩니다.

　물론 처음 걸어가는 길이기에 앞이 막막하게 느껴질 때도 많았지만요. 목사인 남편의 지도를 받으면서 학교를 운영하다 보니 학교의 중요한 결정을 앞두고 어느 순간 학교가 교회로부터 독립되어야 할 필요를 느꼈습니다. 교육전문가도 아니고, 신앙의 연륜도 짧은 저로서는 남편과 생각과 입장이 다를 때 한동안 어려움이 있었습니다. 시야가 넓고, 경험이 많은 남편의 의견이 대체로 일리가 있겠지만, 학교는 교회와는 다른, 학교만의 상황과 맥락이 있으니 답답하기도 했습니다.

　지금 돌아보니 긴 시간 동안 제가 목사인 남편의 생각을 따르려고 애쓰길 잘 한 것 같습니다. 학교가 어느 정도 자라니 학교 자체에 권위가 실리고, 학교의 기여가 객관적으로도 드러나면서 교회와 학교는 자연스럽게 독립적인, 그러면서도 상호의존적인 관계로 자리매김이 되었습니다. 그렇게 학교 옆의 생활공동체는 학교를 품어주는 따뜻한 관계가 된 것입니다.

　개교 후 처음 한두 해에는 학교의 존립 자체가 확신이 없기도 했습니다. 앞날을 예측할 수 없는 마음에서요. 그런데 어느새 14년이 되어 김포시에서는 가장 오랜 연륜의 대안학교가 되었습니다. 모두 연약하여 서로를 꼭 붙들고 와서 가능했던 것 같습니다. 그렇게 생각하면 제가 유능한 전문가가 아닌 게 다행일지도 모르겠습니다. 늘 안정적인 길만 걷기를 좋아하던 저는 학교를 14년간 꾸려오는 동안 개척적인 발걸음을 즐기는 체질의 사람으로 변한 느낌입니다. 학교를 통해 경험한 은혜가 너무 많고 분명해서겠지요.

우리 학교는 이제 다음 리더십을 맞을 때가 되었습니다. 대안학교 교장의 자리는 탐내는 사람이 별로 없을 것입니다.

탐내기는커녕 부담스러운 자리겠지요?

심지어 저는 지금껏 급여 없이 역할을 하였고, 14년이 된 올해 처음으로 활동비 정도의 급여를 받았으니 저를 이어 교장 역할을 해 줄 사람은 더욱 찾기 어렵겠지요?

그래서 중요한 기도제목인데 하나님께서 또 어떻게 새롭게 전개해 가실지 궁금합니다. 대안학교답게 창의적으로 바통을 잇게 하실 것이라 기대하고 있습니다.

4. "주 안에서" "나답게" "함께" "새롭게"

기독교대안학교의 대표적인 핵심가치는 하나님을 모르는 세상 가운데 하나님의 기뻐하시는 뜻을 맘껏 실천할 수 있는 학교라는 점일 것입니다. 그 가치들을 릭스쿨 교훈의 틀에서 말해 보려고 합니다.

1) 주 안에서

엄청난 정부의 지원을 포기하는 대신, 릭스쿨은 배움과 삶이 있는 학교 현장에서 주님의 뜻에 따라 가르치고, 학교를 운영하기로 결단했습니다. 같은 선택을 한 믿음의 부모들과 함께 주님의 뜻을 찾을 것입니다. 아이들을 주님의 사랑으로 사랑하고, 주님의 진리로 교육하여 마침내는 모든 아이가 각자의 부르심에 따라 믿음의 발걸음을 내디딜 수 있도록 도울 것입니다.

2) 나답게

다수를 대상으로 한 공교육에서는 외칠 수 없는 가치입니다. 공교육에서는 아이의 개성과 특성은 환영받기 어려울 뿐 아니라 드러내지 않는 게 교사를 돕는 일이고, 편안한 학교생활에 도움이 됩니다. 그러나 하나님은 우리 모두를 독특하게 만드셨고, 그분의 비밀스러운 계획 가운데 우리 각자를 독특하게 부르셨습니다. 그분에게 개인적으로 반응하는 제자로 키우려면 아이는 자기를 표현할 수 있는 용납의 분위기가 필요합니다.

작은 학교는 각 아이의 자기다움을 받아줄 수 있는 마음의 여력이 있을 뿐 아니라, 그 개성의 터 위에 교육이 이루어진다고 이해한다면 아이의 개성과 종합적 특성은 교육의 출발점이 되기도 합니다.

3) 함께

대부분의 한국 부모들이 공유하는 '공부해서 남 주냐?' 정신. 이겨야 하고, 경쟁에서 살아남아야 한다고 굳게 믿는 한국의 부모들에게 '더불어' '함께'는 본성을 거스르는 낯선 가치임이 틀림없습니다. 그러나 나의 행복을 위해서라도 너와 우리는 함께 행복해야 합니다. 이 가치는 우리를 가족과 교회, 그리고 국가 공동체로 부르신 하나님의 거룩한 뜻이기도 합니다.

'더불어' '함께'의 가치는 빈번히 반대 의견에 부딪히게 되고, 체질적으로도, 성장 과정에서도 '혼자' '빨리' 달려가기를 좋아하는 저 자신부터도 '효율 중심' 운영의 유혹을 매번 극복해야 하는 실정입니다. 14년간의 경험을 돌아볼 때, 평생 익숙한 효율 중심의 운영을 잠시 내려놓고 '작은 한 사람'을 위한 충분한 고민을 하는 동안 우리는 모두 '본성을 거스르는' 배려와 '이웃을 위해 손해를 감수하는' 사랑을 조금씩 몸에 익히게 됐다고 생각합니다.

'혼자 가면 빨리 가고, 함께 가면 멀리 간다'는 협동조합의 구호처럼 배려하느라 앞으로 나아가지 못하는 것처럼 보였으나, 누구도 소외되지 않는 가운데 작은 공동체는 신기하게도 '행복한 공동체'로 자라가고 있습니다. 우리, 특히 한국 사람들에게는 무엇보다도 절실하게 '행복한 공동체의 경험'이 필요하지 않나 싶습니다.

4) 새롭게

창조주 하나님을 닮은 존재로서 창조성의 여지는 늘 활력을 줍니다. 회전하는 그림자도 없다고 하시는 '동일한' 하나님은 지금도 '늘 새롭게' 하나님의 나라를 펼쳐 가십니다. '새롭게'는 변함없는 성경의 진리를 드러내는 생동감 있는 가시화입니다. 최고의 캐나다 로키산맥도 계절과 시간대, 날씨의 변화에 따라 전혀 다른, 새로운 아름다움을 드러내듯 하나님의 임재 안에 있는 학교와 구성원들은 그분의 임재를 새로운 방식으로 드러내고 기념할 필요가 있습니다.

하나님의 진리는 박물관의 유물이 아니라 매일 새롭게 태어나는 생명력을 지닙니다. 오히려 '진부하다'고 느껴진다면 생명에 해당하는 본질 대신 형태에 집착하는 것은 아닌가 하고 의심해야 할 것입니다.

성경적 원리에 근거하여 변화가 필요한 영역이라면 인사, 학사일정, 공간의 변화, 회의의 방식 등 모든 것에 변화를 시도할 수 있습니다. 오랜 교육계의 전통과 수많은 이해관계로 인해 혁신이 어려운 공교육과 달리 대안학교는 하나님이 기뻐하시는 더 나은 대안을 위해 언제든 '새롭게' 나아갈 수 있습니다. 이번 코로나19의 위기를 맞아 학교는 학부모들의 의견수렴을 위해 열여덟 가정이 '줌 화상회의'를 처음으로 시도하여 오히려 오프라인 회의에서 맛보지 못한 '서로에 대한 이해'를 경험했습니다.

각 가정의 경제적 어려움을 생각하여 두 달간 교사 급여와 수업료를 동시에 30% 삭감, 또는 인하하는 새로운 결정도 하였습니다. 변화와 개혁은 늘 에너지가 많이 들고, 감수해야 할 부분이 있지만, 필요한 변화와 개혁은 늘 새로운 생명과 성장을 안겨주기에 기꺼이 그 낯선 발걸음을 기대와 함께 내디딜 수 있습니다.

5. 릭스쿨의 교육을 지켜 준 것들

1) 흔들리지 않는 신앙의 기초

라이브교회는 학교 설립의 주체였고, 다수의 교사와 학생 가정의 모 교회로서의 몫을 해 주고 있습니다. 담임목사님은 지금도 체육과 성경 교사로 학생들과 함께 시간을 갖습니다. 교회는 전 교인의 동의를 얻어 학교 교사를 지어주었을 뿐 아니라 여전히 중요한 후원기관으로, 그리고 학교의 축을 이루는 공동체로 함께 살면서 학교를 감싸 주고 있습니다.

2) 사랑과 존중이 느껴지는 물리적 공간과 시설들

교회 헌금으로 지어진 릭스쿨은 아름다운 목조건물입니다. 아름다운 건물에서 아이들은 존중받는 느낌을 받고, 각 교실의 넓은 창밖으로는 주변의 평화로운 시골 풍경이 그림처럼 펼쳐집니다. 작은 운동장과 트램플린, 넓은 텃밭과 40여 마리의 닭과 이웃집 토끼가 있는 닭장, 시원한 정자와 공동체 가정들의 꽃밭과 데크는 자연스럽게 아이들의 배움과 놀이공간이 됩니다. 계절마다 등장하는 다양한 새와 곤충들, 꽃과 열매들은 계절의 변화와 함께 하나님 세계의 흥미진진함을 느끼게 해 주는 피조물들입니다.

3) 교사로 부름을 받은, 거듭난 그리스도인으로 이루어진 교사공동체

세상과 구별되는 하나님의 교육을 하려면 기독교적 교육에 동의하는 것만으로는 부족합니다. 교회는 출석하지만 회심하고 주님을 영접하지 않은 교사는 세상과 구별되어야 하는 교육의 의미와 가치를 공유할 수 없습니다. 각 교과 수업은 철저하게 담당교사의 권한이므로 세계관에 있어서나, 신앙 인격 면에서나 거듭나지 않은 교사에게는 하나님의 것을 기대할 수 없습니다.

3년간 중등 과학을 가르쳤던 서울대 출신 강사 선생님이 계셨습니다. 성실하고 과학에 열정이 있으시고, 정규적으로 교회에 출석하는 분이었습니다. 그분이 학생들에게 강조한 내용은 명확했습니다. '좋은 대학에 가려면 이렇게 공부해야 한다'며 원서 과학 책을 통째로 번역하라는 과제를 내기도 하고, 과제를 못해올 때는 텃밭의 돌을 백 개,

이백 개, 다음에는 천 개, 이천 개를 골라 담는 과제를 내셨습니다.

당시 그분은 유기농 농사를 과학수업의 일환으로 진행하고 있었습니다. 그분은 늘 '현실적으로 도저히 해낼 수 없는 과제'를 내주셨는데, 숙제하면서 느끼는 '쫓기는 심정'이 발전의 원동력이라고 확신하는 듯했습니다. 물론 3년의 기간 동안 아이들은 벅차게 공부를 해 보기도 하고, 과학적 안목을 넓히기도 했습니다. 하지만 그런 공부의 기술과 훈련이 학교의 방향성에도 맞지 않고, 학생들과 어려움도 생기면서 학교를 그만두게 되었습니다.

그 후로 '거듭난 신앙인'이라는 기준은 교사 채용의 중요한 기준이 되었고, 지금 학교 운영 실무진의 원칙이기도 합니다. 교장인 저와 졸업생 부모인 선임 교사는 교회를 대표하면서 교과도 담당하고 지원팀 역할을 하고 있습니다. 교장인 저는 초등 고학년 국어를, 선임 교사는 과학을 맡아 가르침과 동시에 일반 학교의 교장, 교감이 담당하는 업무를 합니다.

우리의 업무 분담은 직위를 따른 것이라기보다는 은사를 따른 분담의 성격이 크다고 생각합니다. 교장인 저는 '대외적 대표자,' 학교의 주요 논의에 대한 '최종 책임자,' 학생들을 지도하는 '선생님들의 대표자'의 역할을 맡습니다. 이런 맥락에서 제 몫이라고 여겨지는 영역은 월요일 아침에 전체 학생이 모이는 시간에서의 '메시지,' '실무회의에서의 최종 결정,' 담임 차원에서 해결되지 않는 학부모나 학생들 간의 문제 해결 등입니다.

선임 교사는 은사를 따라 외부기관과의 실질적인 소통 업무, 실질적인 살림과 전반적인 관리와 사람들의 형편 살피기를 맡아주고 있습니다. 은사를 따른 업무 분담이라고도 말할 수 있고, 학교가 필요로 하는 일은 본인의 기호와 관계없이 맡아주는 섬김의 자세이기도 합니다. 교장인 저와 선임 교사가 학교 전반을 맡고 있다면 두 분의 전담 담임교사와 또 다른 두 분의 부모 담임교사는 네 그룹으로 나눠진 반(1학년, 2, 3학년, 4, 5학년, 6~9학년)의 담임으로 학생들을 돌봅니다. 그리고 교장인 저와 선임 교사, 그리고 네 분의 담임으로 구성된 실무 교사팀이 있습니다. 저를 뺀 다섯 선생님은 '요일 선생님'이라는 이름으로 월요일부터 금요일까지 하루를 맡아 학교 전반의 살림을 맡아줍니다.

4) 학교의 철학과 방향에 동의하는 부모와 학생

모두가 갈 수 있는 공교육에 익숙한 우리로서는 '입학조건'이 있는 학교는 생소하고, 덜 개방적으로 여겨집니다. 하지만 교육의 주체인 부모로서의 교육 결정권을 생각하면, 부모의 판단에 의해 선택된 교육기관은 곧 부모의 결정인 것입니다. 넓은 의미의 '기독교 학교'에서 나아가 릭스쿨의 독특한 운영 방침에 대한 동의와 확신이 있어야 같은 마음으로 수고와 은혜를 함께 나눌 수 있습니다.

5) 기독교 세계관에 기초한 교육과정

교육과정은 가르침의 핵심에 해당하는 것으로 기독교 학교교육의 심장이라고 하겠습니다. 릭스쿨은 4년간 홈스쿨을 해온 부모들과 교회 학부모들을 중심으로 한 공부를 출발로 하여, 2회에 걸친 저의 캐나다 기독교사 여름 연수 참여와 저를 포함한 세 분 교사가 5년(2010~2014년), 10학기에 걸쳐 ACTS 교육대학원을 통한 배움을 통해 릭스쿨 교육과정의 뼈대를 세웠고, 지금도 교사 연수의 근간이 되고 있습니다.

5년간 우리는 기독교교육을 위한 많은 책을 읽으며 과제를 준비하였고, 여름방학마다 기숙사에 함께 머물면서, 낮에는 다른 기독교사들과 함께 협력하며 배우고, 밤에는 배운 바를 우리 학교에 접목하는 작업을 진지하게 했습니다. 이후 새롭게 부모 교사들을 세우는 과정에서도 핵심 원리의 지도와 연수, 수업공개와 재구성 안 제출 등을 통해 배움을 이어오고 있습니다.

　교과별, 학년별 소그룹 모임을 통해 학생에 대한 충분한 이해를 바탕으로 효과적인 수업을 함께 논의하기도 합니다. 격년마다 3박 4일 동안 2000명이 넘는 믿음의 교사들과 함께 하는 기독교사대회는 부모 선생님들에게 쉼과 배움과 영적 회복을 선사했습니다. 학교 초기에 기독교교육의 기초를 닦는 데 집중적인 5년을 할애했던 것을 생각하면, 교사교육은 늘 부족하다 느껴지는, 최우선의 과제입니다.

　하지만 부모 교사들이 늘 부족하다 느끼고, 배움에 쫓기는 심정으로 수업에 임하는 것도 바람직하지 않다고 여겨집니다. 지속적인 배움의 길을 모색함과 동시에 서로를 응원하고 지원하는 교사 공동체를 키워가는 노력도 중요해 보입니다. 그래서 교사들끼리 즐거운 학교, 그 즐거운 기운이 아이들에게까지 전달되는 학교를 꿈꾸면서 교사 연수시간에 '즐거운 시간'을 잊지 않고 넣으려고 합니다. 맛있는 걸 먹든지, 재미난 시간을 갖든지, 수업의 고민을 나누며 함께 기도하든지 하면서 말입니다.

6) 행정 및 재정지원 시스템

　릭스쿨을 포함한 대부분의 대안학교는 공립학교 학생 한 명 당 연간 약 600만 원에 해당하는 정부 지원금을 받지 못하고 있습니다. 대안학교 연합에서는 대안 학교법의 입안을 위해 애쓰고 있지만 지금까지의 실정은 그러합니다. 세상과 구별된 하나님의 뜻을 따른 교육을 하기 위해 교회와 학교와 학부모가 지불하는 값은 적지 않습니다.

릭스쿨은 부모의 신앙적 선택에 수업료가 걸림이 되지 않도록 최소한의 학비를 받고 있지만, 그 최소한의 수업료도 무상의 공교육과 비교하면 벅찬 지출이 될 수 있습니다. 오랜 논의와 기도를 거쳐 릭스쿨은 현재로서는 가장 효율적인 재정과 행정시스템을 갖추게 되었습니다. 우리가 선택한 시스템은 교사와 부모가 최대한 참여하고, 행정은 간소화하며, 효율적이고 우리에게 맞는 행정 프로그램을 도입함으로써 행정인력의 필요를 줄이자는 방향입니다.

재정의 공개와 학부모 회의를 통한 소통과 합의를 거치면서 자리 잡게 된 지금의 시스템은 부모의 많은 수고를 의미하지만, 성경적이고 교육적 효과가 분명하고, 정부 지원금을 포기하는 이상의 가치와 의미를 확신하기에 오히려 릭스쿨의 학교 문화로 자리 잡혀가고 있습니다.

7) 우리의 한계를 인정함

릭스쿨은 중학교 과정까지만 운영하기로 하였습니다. 학교 주변의 라이브교회 생활 공동체는 학교를 물리적으로도 이웃하고 있지만, 내막적으로도 학교를 품고 있습니다. 학교 건물을 공동체 식사 공간으로 이용하기도 하고 기도회나 모임 장소로 활용하기도 합니다. 학교와 공동체가 적절하게 학교를 공유하는 방식은 비용의 분담이나 관리 등의 유익도 있고, 사귐에서도 피차를 풍성하게 해 줍니다.

공동체의 존재는 학교에 적지 않은 온기와 안정감을 줍니다. 우리는 공동체가 담아낼 수 있는 학생의 수를 50명 정도로 보고 있습니다.

그래서 학년 당 5명을 기본 정원으로 삼고 약간의 여지를 두고 있습니다. 고등학교의 운영은 우리의 역량을 벗어나는 일임을 자연스럽게 합의하였고, 그런 합의가 학교 관계자들의 마음을 평화롭게 합니다. 교육하다가 마는 게 아니냐고 말할 수 있겠지만 우리의 분량대로 맡는 것이 믿음과 겸손의 자세라고 생각합니다. 그리고 기본적인 인성은 중학생 때까지 형성되고 고등학교 시기는 이제껏 형성된 내면이 펼쳐지는 시기로 보입니다. 릭스쿨을 졸업하고 일반 고등학교, 또는 대안학교로 진학한 학생들을 보면서 그런 확신이 더욱 들었습니다.

6. 삼십 년이 지나면?

기독교대안교육의 미래는 결론적으로 긍정적이라고 봅니다. 마치 하나님의 나라가 어려움을 겪으면서도 생명력을 발휘하듯이. 길지 않은 우리나라 기독교 역사에서 복음의 생명력은 교회를 넘어 사회로, 직장으로, 교육계로 전해져 가고 있습니다. 하나님은 결코 교회에 갇혀 계실 수 없고, 복음으로 생명을 얻은 자들은 그 생명력을 삶의 현장에서 선포할 수밖에 없습니다.

물론 무한 긍정은 아닙니다. 신앙만을 강조하며 학교의 본질에 소홀하거나, 성숙한 대안을 제시하지 못하여 하나님의 이름을 부끄럽게 하는 사례도 나올 것입니다. 우리 학교도 그런 위험에서 벗어날 수 없겠죠. 하지만 인간의 성장에 중요한 역할을 하는 학교를 하나님이 포기하지 않으시리라 믿습니다.

우리나라에 기독교가 들어온 지는 150년도 채 되지 않았습니다. 짧은 역사라고 말할 수 있겠습니다. 신앙적으로 특별한 은혜를 받은 우리나라이지만 복음의 신앙이 개인의 구원을 넘어 가정과 사회의 각 영역에 생명력을 불어넣기까지는 많은 배움과 씨름이 필요했습니다. 생각해 보면 우리 학교도 우리나라의 믿음의 선배들이 삶의 중심을 바쳐가며 뼈대와 터를 닦아주셔서 태어난 거고요.

학교의 초창기인 2008년에 저는 캐나다 랭리에 있는 트리니티웨스턴대학에서 열리는 '기독교사를 위한 연수'에 참여한 적이 있습니다. 그때 주 강사였던 여자 신학 교수는 기독교 학교를 시작하는 제게 많은 응원을 보내주었고, 제가 필요로 하는 자료들을 성의껏 찾아주셨습니다. 제가 가장 부러웠던 대목은 캐나다에 기독교 세계관에 근거한 공인 교과서가 있다는 점이었습니다.

이 교과서는 기독교사들이 십여 년간 쌓아온 연구결과인 것 같았습니다. 그뿐만 아니라 캐나다 교육부는 기독교 학교도 공교육과 같은 재정지원을 한다는 것입니다. 공인된 기독교 교과서와 정부의 재정지원을 부러워하는 저를 향해 그분은 이렇게 되기까지 30년이 걸렸다고 말씀하시더군요. 우리나라와는 비교할 수 없이 긴 기독교 역사를 지닌 유럽, 그곳에 뿌리를 둔 캐나다에서도 공인된 기독교 교과서를 발간하고, 정부로부터 공교육과 같은 지원을 받게 되기까지 30년이 걸렸다면 우리도 그만큼은 기다려야 하지 않겠나 생각합니다. 아니 그보다는 빨리 열매를 보게 되지 않을까 생각하기도 합니다.

믿음의 특별한 축복을 받은 우리나라이지 않습니까?

교육을 중시하는 우리나라의 믿는 자들을 통해 하나님의 온전한 교육이 아름답게 꽃피기를 꿈꾸며 글을 마칩니다.

복음의 능력에 대한 믿음으로 나아가는 교육

이해리
두레학교

　기독교대안학교에 부름을 받은 16년 동안 기독교교육이 무엇인지, 내가 하는 교육이 정말 기독교적인지를 고민하지 않은 순간이 없었던 것 같습니다. 첫해는 학부모로서, 다음 해부터는 교사로서, 2011년 이후로는 교감 교장으로서 그 고민은 계속 깊어져 갔습니다. 건강에 다소 어려움이 생겨 6개월이라는 안식 학기를 가진 작년은 경주마처럼 달려가던 교육의 길을 잠시 멈추고 더 깊은 성찰로 들어가는 소중한 시간이었습니다.

　간디는 자신의 생애를 통해 자기 신념과 이상을 실현하려는 실험을 끊임없이 시도하고 끊임없이 성찰했다고 합니다. 계속해서 변하는 자신의 가치관에 대해 혼란스러워하는 사람들에게 죽기 전의 생각이 진짜 자기의 생각이라고 이야기했다고 하지요. 저 또한 기독교교육이 무엇이며 기독교대안교육이 지켜가야 할 핵심가치가 무엇인지를 계속 고민하고 시도하며 반성하고 수정하는 중입니다.

　리차드 에들린의 "기독교 학교교육이 잘 이루어져 의도하는 바에 '도달'했다고 생각하는 행정가나 교육자가 있다면 다시 한번 생각해 보아야 한다"는 말에 힘을 얻어 끊임없이 고민하는 기독교대안교육에 대해 지금 저의 생각이 머물러 있는 지점을 진솔하게 나누고자 합니다.

1. '닫힘'에 귀 기울이며 '열린' 기독교대안교육의 길

파커 파머는 당신이 인생에서 무엇을 이루고자 하기 전에, 인생이 당신을 통해 무엇을 이루고자 하는지에 귀 기울이라고 이야기합니다. 가고자 하는 길의 문이 닫힐 때 닫힌 문을 계속 두드리며 걱정하는 것이 아니라, 불가능을 인정하고 그것이 주는 가르침을 발견하라고 합니다.

'열림'이 우리의 능력을 보여 준다면 '닫힘'은 우리의 한계를 보여 주어, 결국 '열림'을 통해서 만이 아니라 '닫힘'을 통해서도 하나님은 주의 일에 우리를 동역자로 초청해 주시기 때문입니다. 저에게 기독교대안교육의 길은 기독교사로서의 소명이나 비전을 품고 적극적으로 찾아 나선 길이기보다는 가고자 하던 길이 '닫힘'으로써 이끌림을 받은 자리입니다.

어려서부터 동네 어른들이 한글 못 뗀 아이들을 저에게 보내실 정도로 아이들 가르치는 것을 좋아했기에 자연스럽게 교사의 꿈을 꾸게 되었고 그 꿈은 1995년 공립초등학교 발령으로 이루어졌습니다.

서울 근교에 있는 작은 분교에서 시작한 초임교사의 삶은 그야말로 이상적인 교육의 현장을 맛보는 귀한 시간이었습니다. 전교생 41명에 한 학년 당 7명의 아이들, 뒷산 계곡에서 가재도 잡고 밭에서 메뚜기도 잡으며 자연 속에서 즐겁게 배우는 살아있는 교육의 현장이었지요.

하지만 8년 만에 사직하게 되었습니다. 교직이 싫어서도 아니고 공립학교의 가르침이 기독교 세계관과 부딪쳐서도 아닙니다. 당시에 저는 신앙과 삶이 철저하게 분리되어 있었던 사람이라 진화론을 배울 때도 전혀 이상하다고 생각하지 못할 정도였습니다. 교직이 단순한 직업이라기보다 삶의 원동력이라 느낄 만큼 아이들과 함께 하는 배움의 현장은 저에게 생기를 불어 넣어주었습니다. 교사로서 학교 안에서의 역할만을 요구했다면 아마도 지금까지 공교육 현장에 잘 적응하고 있었을지 모릅니다.

저에게는 첫 발령 때부터 학교 퇴근 후에 시작되는 또 다른 교사의 삶이 있었습니다. 그 당시에는 '새끼 장학사'라는 이름으로 불리기도 했는데요. 학교에서의 일을 마치면 교육청으로 출근해서 장학사의 일을 돕는 역할을 해야 했습니다. 아이들을 위한 수업을 준비할 수 있는 시간을 거의 낼 수 없을 정도로 퇴근 후의 교육청 일들이 벅찼던 것으로 기억합니다. 저 외에도 경력이 높은 다른 학교 선생님들이 함께 일했는데, 승진을 위해 애쓰시는 그분들의 모습 또한 본받고 싶은 모습은 아니었습니다.

25년이 지난 지금의 교육현장은 물론 많이 달라졌을 거로 생각합니다. 장학사님이 승진해서 다른 곳으로 가면 그런 삶이 끝날 줄 알았는데 그 후에도 두 분의 장학사를 더 모시게 되면서 교직에 대한 회의감으로 결국 사직을 하게 되었습니다. 지금 생각해 보면 하나님께서는 저를 살리기 위해 공교육의 길을 닫으시고 기독교대안교육으로 이끄신 것 같습니다. 신앙과 삶이 철저히 분리된 저를 잘 아시고 믿는 것과 사는 것이 일치하지 않으면 안 되는 곳으로요.

2. '기독학부모'에서 '기독교사,' '기독행정가'로

1) 기독학부모로

두레학교 16년 차 학부모, 15년 차 교사이자 7년 차 교장으로서 감사한 것은 학부모의 입장, 평교사의 입장을 좀 더 이해할 수 있는 교장으로 준비시켜주셨다는 것입니다. 사람의 성품에 따라 하나님의 뜻에 대한 해석이 달라지기 쉽듯이 우리는 각자가 처해진 입장에 따라서도 하나님의 뜻을 왜곡하기 쉽습니다.

그래서 하나님의 일을 하며 늘 기도하는 것이 '내가 주 안에 거하고 주가 내 안에 거하여, 주의 생각이 내 생각이 되고 내 생각이 주의 생각이 되는 것'입니다. 다윗의 고백처럼 내 입의 모든 말과 마음의 묵상까지도 주님 앞에 열납 되기를 간절히 소망하지요.

그런데 하나님의 뜻을 공동체와 함께 이해하고 행하기 위해서는 학생, 학부모, 교사들의 입장과 마음을 헤아리는 것도 참 중요한 것 같습니다. 완전하신 하나님의 뜻을 불완전한 인간 공동체가 함께 이루어 가기 위해서는 우리의 연약함도 헤아려야 하지요. 옳다고 생각하면 다른 사람도 동의해 주리라 믿고 앞으로 돌진하는 저의 연약함을 아시고 학부모에서 평교사까지 다양한 입장을 겪어보게 하신 것 같습니다. 각각의 입장을 거치며 깨달아졌던 것들을 나눠봅니다.

2005년 두레학교가 개교할 때에는 교사가 아닌 학부모로서 인연을 맺었습니다. 유난히 내성적이고 낯선 환경에 대한 긴장감이 큰 첫째 아이가 좀 더 행복하게 학교생활을 할 수 있으면 좋겠다는 마음 하나로 교실조차 준비되지 않은 두레학교에 입학시켰습니다. 그 당시 학부모로서 이해한 기독교교육은 '하나님을 신실하게 믿는 교사가 가르치는 교육'이었습니다.

　공립학교를 사직하고 오실 정도의 열정이 있는 분들이니 교육의 질은 담보하고 있을 것으로 생각했고, 하나님을 믿는 분들이니 믿고 맡길 수 있겠다는 마음이었습니다. 기독교교육이 영혼을 다루는 것이며 궁극적으로 '영의 성장'을 목표로 한다는 것을 그 당시에는 전혀 이해하지 못했습니다. 단지 좋은 교육을 받으면서 신앙도 '부수적'으로 길러지면 좋겠다는 생각이었던 거지요.

　두레학교는 '기독교적 인재양성'을 목표로 하고 있는데, 기독교적 인재가 무엇을 의미하는지 깊이 생각해 보지 못한 부모들은 엘리트 교육으로 착각할 수도 있습니다. 저 또한 그랬습니다. 제가 원하는 대로 해석했던 것이지요. 공립학교보다 뛰어난 교육을 받으면서 기왕이면 신앙도 자라면 좋겠다는 '기왕이면' 교육을 생각했던 것 같습니다. 학부모님들이 기독교교육을 제대로 이해하지 못하고 이러저러한 요구들을 해올 때 답답해했는데, 15년 전 학부모로서의 제 모습을 돌아보니 좀 더 넉넉한 마음을 갖게 되네요.

　부모들이 기독교대안학교를 선택했다고 해서 기독교교육을 깊이 있게 이해하고 온 것은 아님을 말씀드리고 싶습니다. 부모들의 엉뚱한 요구에 너무 마음 상해하지 마세요. 두 아이의 고3 수험생 시기를 지나면서 아직도 제 마음속 깊이 자리 잡은 출세주의, 학벌주의를 보며 소스라치게 놀란 적이 있습니다.

　인간의 탐욕이 가장 득실대는 자리가, 끝까지 주님 앞에 내어드리지 못하는 자리가 자녀 교육인 것 같습니다. 결국, 부모는 기독교대안교육의 현장 속에서 자녀를 주님 앞에 내어드리는 훈련을 통과하며, "먼저 그의 나라와 그의 의를 구하라. 그리하면 이 모든 것을 너희에게 더하시리라"는 믿음이 우리에게 정말 있었는가를 직면하게 되기도 합니다. 기독교대안학교는 학생도 교사도 부모도 함께 배우고 성장해 나가는 곳인 것 같습니다.

2) 기독교사로

학부모로 시작한 2005년, 첫째 아이의 담임선생님으로부터 두레학교 교사로 지원해 보라는 권유를 듣게 되었고 여러 우여곡절 끝에 두레학교 교사로서의 삶이 시작되었습니다. 기독교교육이 무엇인지 몰랐기에 공교육에서의 경험만으로 너무 쉽게 시작했던 것 같습니다. 결국, 3개월 만에 '이 자리는 내가 감당할 수 없는 자리구나!'라는 생각에 포기하고 싶어졌지요.

모든 대안학교가 그렇듯이 아무리 오랜 준비 기간을 가져도 학교를 개교한 이후에는 많은 에너지가 필요합니다. 좌충우돌하며 정신없이 달려갑니다. 두레학교도 초창기에 서로의 철학을 맞춰가며 끝이 나지 않는 토론을 하다 보면 새벽녘 포장마차에서 잔치국수를 먹으며 퇴근하는 날도 많았습니다.

비전을 꿈꾸는 열정과 무에서 유를 창조하는 야성이 주된 에너지원이기에 친절하거나 따스한 공동체를 느끼기도 쉽지 않았습니다. 세상의 의미와 좀 다르지만, 또 다른 '각자도생'의 모습으로 비치기도 하지요. 하지만 이런 힘듦이 기독교사의 길을 포기하고 싶게 만든 것은 아닙니다. 열심과 열정만으로 되지 않는 두 가지 영역이 있었습니다.

첫째, 제 안에 철학이 명확하지 않음에서 오는 어려움이었습니다. 아니 기독교교육이 무엇인지를 이해하지 못함에서 오는 어려움이었다는 말이 좀 더 맞는 것 같습니다. 그 당시 많은 대안학교가 열린 교육의 사상에 바탕을 두고 있었으며, 인간의 자유와 자율성을 강조하는 진보주의 철학에 근거해 있었습니다. 두레학교도 학교의 행사나 문화를 볼 때 아동 중심적인 모습이 참 많았습니다. 아마도 공교육에서의 교직 경험으로 인해 제 안에 권위주의적이며 획일주의적인 부분이 컸기 때문에 그 모습을 이해하기가 더 어려웠던 것 같습니다. 비판적 시각이 생기다 보니 마음에 갈등이 커지게 되었습니다. 서로의 생각을 맞춰가기 위해 계속 논의하기는 했지만 결국 자기주장이 강하거나 영향력이 큰 사람의 의견을 따라가게 되었습니다. 우리 안에 무엇을 기준으로 삼아야 하는지 잘 몰랐던 것이지요.

공교육의 문제에 대안이 되기 위해 대안학교가 세워졌지만, 기독교대안학교는 그 대안이 '기독교적'인지 꼭 살펴보아야 합니다. 기독교에서는 인간을 어떻게 바라보는가를 알아야 바른 학생관과 교사관을 세울 수 있습니다. 기독교는 인간이 하나님의 형상을 닮은 인격적인 존재이며 자유의지를 지닌 존재임을 인정합니다. 하지만 인간의 죄성으로 인해 타락하여 다스림이 필요한 존재이기도 하지요. 그 당시에는 이러한 성경적 기준을 찾아보려는 노력이 개인적으로나 공동체적으로 부족했던 것 같습니다.

둘째, 일반 학교에서의 수업과 기독교 학교에서의 제 수업에 큰 차이가 없음이 아이들 앞에 그리고 주님 앞에 서는 것을 부끄럽게 했습니다.

결국, 이 고민 또한 기독교교육이 무엇인지 모름에서 온 것이었습니다. 두레학교 초창기에 밤늦게까지 회의를 하며 정신없이 교육과정을 세워갔지만, 기독교적인 수업이 무엇인지에 대한 연수나 수업 연구 동아리는 없었던 것으로 기억합니다. 바쁘게 돌아가는 학교

일정에서 기독교대안학교 또한 일반 학교와 같이 교실이 교사 자신만의 '성'이자 '섬'의 모습이 되기 쉽습니다. 다른 사람은 침범할 수 없는 공간으로요.

이러한 답답함을 해결하기 위해 개인적으로 기독교교육에 관한 책을 읽어보기도 하고 여러 가지 나름의 시도도 해 보았습니다. 수업을 시작하기 전에 교과 기도문을 만들어서 함께 읽기도 하고, 성경구절을 연결해 보기도 하고, 간간이 수업 중간에 간증을 하기도 했습니다. 지금도 가장 황당한 시도 중의 하나는 수학을 기독교적으로 가르쳐보겠다고 구구단에 노아의 방주 이야기를 넣어 2단을 가르쳤던 것이었지요. 이렇게 좌충우돌하며 정신없이 기독교사로서의 초임 시절을 보내게 됩니다.

결국, 두레학교 교사 5년 만에 또다시 사직해야 하나 하는 고민에 빠지게 되었습니다. 기독교사로서의 정체성을 찾지 못하고 자존감이 점점 낮아지는 것을 느끼며 도망칠 길을 찾게 된 것이지요. 그러다가 2010년 같은 고민을 하고 있던 동료 교사로부터 ACTS 교육대학원을 추천받게 되었습니다. '기독교 학교 교육과정 이론'이라는 수업을 시작으로 그동안 궁금하고 답답했던 길들이 하나씩 환하게 밝혀짐을 경험하기 시작했습니다.

3) 기독행정가로

지금의 두레학교 지도력인 교감, 교무 선생님들이 초창기 ACTS 멤버이다 보니 배운 것을 바로 교사 연수로 진행하고 학교에 적용하며 기독교적인 평가, 교육방법론, 교육철학, 학교문화, 기독교적 행정 등을 하나씩 세워갔습니다. ACTS가 두레학교의 교육연구소 역할을 해 준 셈입니다.

지금은 두레학교 교사 절반이 ACTS와 한동대학교에서 기독교교육을 배우고 있습니다. 두레학교 교사 공동체가 건강한 학습공동체로 자리매김하게 된 것도 이렇게 함께 배우고 연구한 것을 현장에 바로 적용하는 과정을 통해 철학을 공유하고 실제 현장에 구체화할 수 있었기 때문입니다.

그래서인지 두레학교에는 학구적인 교사가 많습니다. 초중고 교사 전체가 함께하는 연수 프로그램(교육철학, 방법론, 기독교 세계관, 기독교 교육과정, 미래형 교육과정 등), 자율적인 연구 동아리(교과, 성품교육, 영성교육, 가치교육, 학생문화 등), 3년 주기의 신입 교사 연수(신입 교사와 3년 동안 함께 연구하는 연수), 1+2 수업 나눔(내가 한 가지 수업 공개하고 두 개의 다른 수업 참관하기), 외부 세미나(기학연 연수, 기독교사대회 등) 함께 가기 등 철학을 공유하고 연구하는 분위기가 학교 내에 형성되어 있습니다.

열심히 연구하는 교사 공동체를 주신 것이 교장으로서 가장 감사하고 있는 부분입니다. 하지만 늘 조심해야 할 부분이 있습니다.

첫째, 학문적인 연구에 머무르지 않아야 한다는 것입니다.

물론 기독교대안학교 교사는 끊임없이 자신의 분야에 탁월한 교사가 되기 위해 연구해야 합니다. 교과목에 대한 이해는 물론이고 기독교적으로 그 교과를 이해할 수 있어야 합니다. 하지만 그렇게 깨달은 지성이 머리로만 끝나면 안 됩니다. 반드시 손과 발을 통해 삶으로 이어져야 하며 그래야 교사의 삶으로 가르친 실천적 지성이 학생들의 삶으로도 흐르게 됩니다. 삶으로 가르친 것은 힘이 있습니다. 삶으로 배운 아이들이 세상의 각 영역을 하나님 나라의 가치와 원리로 회복할 수 있습니다.

둘째, 성경을 학문적 자료로 여겨서는 안 됩니다.

신앙과 학문이 분리되지 않은 기독교적 지성을 추구해야 하지만 이보다 먼저 되어야 할 것이 있습니다. 무엇보다 교사가 먼저 말씀의 세계로 깊이 들어가야 합니다. 가르치기 위해 말씀을 읽거나 피상적으로 말씀을 이해하는 것이 아니라 '기독교사' 자신의 영적 각성과 성장을 위해 영의 양식인 말씀을 먹고 자라야 합니다.

기독교교육의 궁극 목적이 영으로 성장하는 것에 있기에 교사가 먼저 그리스도 안에서 영으로 성장해야 합니다. 기독교 세계관으로 교과의 기독교적 원리를 연구하고 가르치기 이전에 말씀의 능력을 체험하고 믿고 선포해야 합니다.

셋째, 기독교사로서 공통된 부르심이 있지만, 각자의 은사에 따라 공동체 안에서의 부르심의 역할이 다를 수 있음을 기억해야 합니다.

이 부분은 특히 교장으로서 주의하려고 애쓰는 부분입니다. 앞에서도 이야기했듯이 두레학교 교사 공동체는 학구적입니다. 그러다 보니 연구의 깊이가 다소 깊지 않은 교사, 열정적이기보다는 다소 여유 있고 풍류를 즐길 줄 아는 교사, 학문적 이론이 뒷받침되지 않은 것을 주장하며 우선 도전부터 하는 교사를 보면 어딘가 불안하고 신뢰하기 어렵게 느껴질 때가 있었습니다. 그때 제 안에 이런 물음이 올라왔습니다.

주님은 이 선생님을 두레학교에 왜 보내셨을까?
이 선생님이 우리 공동체에 없었다면 어떤 분위기였을까?
두레학교 공동체에 다 나와 비슷한 성향의 교사만 있다면 어떠했을까?

이런 질문을 하다 보니 주님이 이렇게 다양한 모습의 교사를 보내주신 것에 대한 감사가 올라왔습니다. 저와 같이 일 중심에, 풍류를 즐길 줄 아는 여유가 없는 사람만으로 꽉 찬 두레학교를 상상하니 숨이 막힐 것 같더군요. A 교사의 여유가, B 교사의 유머가, C 교사의 야성에 바탕을 둔 도전이 두레학교를 더욱 풍성하고 다채롭게 함을 알았습니다.

로마서 12장 4, 5절 말씀을 통해 분명하게 알려주셨습니다.

> 우리가 한 몸에 많은 지체를 가졌으나 모든 지체가 같은 기능을 가진 것이 아니니 이처럼 우리 많은 사람이 그리스도 안에서 한 몸이 되어 서로 지체가 되었느니라(롬 12:4-5).

학교 공동체는 다양한 기능을 가진 많은 지체로 이루어진 '한 몸'입니다. 따라서 각각의 지체를 제대로 이해하고 협력하기 위해서는 교사 스스로에 대한 명확한 자기 이해가 먼저 있어야 하고, 이를 바탕으로 각 사람의 믿음의 분량과 은사가 다름을 이해해야 합니다. 교사 각자의 은사에 집중하면서도 서로 다른 사람의 은사를 인정하고 격려하고 협력할 때 다양성 안에서 하나 됨이 나타날 수 있습니다. 얼마 전 신입 교사 연수 때, 올해 두레학교에 부임한 신임 선생님이 두레학교 교사 공동체에 대해 느낀 점을 한 문장으로 표현해 주셨습니다.

"모두 같은 철학을 이야기하고 교육에 대해 한마음이신데, 한 분 한 분 자세히 살펴보면 정말 독특하세요!"

많은 기독교사가 교회로부터 '이상적인 모습'을 강요받아왔습니다. 또한, 기독교대안학교에서의 기대치에 부응해야 한다는 부담으로 인해 하나님과 타인들에게 '진정한 자아'를 숨기고 '거짓된 자아,'

'이상적 자아'를 제시하게 됩니다. 하지만 우리는 하나님과 타인과의 관계에서 '진정한 자아'를 솔직하게 드러낼 때 하나님이 만드신 원래의 모습으로 회복될 수 있습니다.

자아에 대한 지식 없이는 하나님에 관한 지식도 온전하지 못하며, 우리 자신의 무지와 허무함과 빈궁함과 연약함 그리고 부패와 오염을 마음으로 느낄 때만, 하나님의 은혜, 십자가의 능력을 온 영으로 고백할 수 있습니다. 이를 위해 교사의 진정한 자아를 찾아가고 서로의 연약함이 용납되는 공동체를 만드는 것이 필요합니다. 또한, 이러한 공동체 속에서의 조명과 수용이 각자의 편협한 생각의 틀을 내려놓을 수 있게 돕기도 합니다.

3. 기독교대안학교 교사로 성장하기

기독교대안학교 현장에 계신 분들에게 여쭤보면 기독교대안학교에서 가장 중요한 것이 '기독교사'라고 이야기합니다. 더 나아가서는 '교사'가 '교육과정'이라고까지 말하기도 합니다. 학생들이 어떤 교사를 만나느냐에 따라 그들의 삶이 달라지기 때문이기도 하지만 하나님의 진리는 삶으로 실천할 때 비로소 전달될 수 있기 때문인 것 같습니다. 누가복음 6장 39, 40절에 보면 교사에게 참 큰 부담이 되는 말씀이 있습니다.

> 또 비유로 말씀하시되 맹인이 맹인을 인도할 수 있느냐 둘이 다 구덩이에 빠지지 아니하겠느냐 제자가 그 선생보다 높지 못하나 무릇 온전하게 된 자는 그 선생과 같으리라(눅 6:39-40).

가르친 제자가 온전하게 자라야 제 수준이라니요. 저는 두레학교에서 5년을 근무한 상태에서도 기독교교육이 무엇인지 이해하지 못했을 뿐 아니라 주님께 제 삶을 온전히 드리지 못하는 신앙 상태였습니다. 어디서 온 생각인지는 모르지만, 주님 가시는 그 길을 함께 가면 왠지 고생할 것 같아서 늘 이 땅에서 복받을 정도의 열심을 냈습니다. 남들이 볼 땐, 주일성수는 물론이고 새벽기도도 봉사도 성경공부도 정말 열정적으로 했기에 신앙이 좋은 사람이라고 생각했을지도 모릅니다. 하지만 그 동기가 다른 곳에 있었던 거였습니다.

저의 마음 중심이 주께 있는 것이 아니라 세상을 향해 있었음을 고백합니다. 그런 제가 기독교사 세미나에서 저 말씀을 들었으니, 체한 듯 그 말씀을 삼키지도 못하고 토하지도 못하고 그저 도망가고만 싶었습니다. 아마 그 당시 강사님께서는 그만큼 기독교사의 자리가 중요하다는 걸 일깨워 주시기 위해 지나가듯 인용하신 성경 구절이었던 것 같은데 저는 그 말씀에 눌려버린 것입니다

하지만 도망가지 않고 기독교사로서 10년의 세월을 더 살아낸 후에 그 말씀을 다시 묵상하니 이해가 좀 다릅니다. 여기서 맹인은 그 당시 바리새인을 일컬었는데 예수님 앞에 자신이 죄인 됨을 모르고 끝까지 자신의 힘으로 구원에 이르려는 사람을 이야기합니다. 그리고 선생은 우리의 온전한 스승이신 예수님이시지요. 결국, 기독교사는 자신이 스승이기 이전에 아이들을 온전한 스승이신 예수님께 이끄는 통로입니다.

따라서 먼저 교사 자신이 죄인임을 알고 전적으로 주를 의지하며, 아이들을 예수님께로 이끄는 눈 뜬 자가 되어야 합니다. 그렇게 인도된 아이들이 온전해지면 그의 선생과 같은 사람, 즉 예수님을 닮은 사람이 된다는 것입니다. 여기서 온전해진다는 것은 헬라어로 '카테

르티스메노스' 즉 회복되고 수리된다는 뜻입니다. 결국, 기독교사는 우리가 지금 온전한 모습인가 보다 우리가 예수님 앞에 죄인 됨을 아는가에서 시작해야 합니다.

기독교대안학교 교사로서의 소명을 생각할 때 흔히 '내가 이 학교 공동체를 위해 무엇을 해야 하나'를 먼저 생각합니다. 그러나 그것보다 먼저 기억해야 할 것은 **하나님은 나를 살리기 위해 기독교사로 택하셨다**는 사실입니다.

여호수아 2장의 말씀을 살펴보면 두 명의 정탐꾼을 돕는 라합의 이야기가 나옵니다. 그러나 다른 관점에서 보면 하나님이 라합을 살리기 위해 두 정탐꾼을 보내고 그들을 숨겨주는 작은 희생을 요구하여 라합의 생명을 구해 주신 것입니다. 기독교사는 학교 공동체를 위해 무언가를 해야 하는 사명자로 부름을 받기 이전에 자신의 생명을 살리시기 위해 이 공동체에 부르셨음을 기억할 때 하나님의 작은 요구에 지치거나 시험에 들지 않으며 하나님의 은혜와 사랑을 체험할 수 있습니다.

기독교대안학교는 아이들이 성장하기 이전에 교사가 변화하고 성장하는 자리입니다. 하나님이 나를 살리기 위해 택하셨음을 알 때, '기독교사'가 하나의 직업이 아니라 하나님의 부르심(calling)이며 삶의 수단이 아닌 나의 삶을 온전히 하나님께 드리는 것이라는 소명자로서의 정체성이 온전히 섭니다. 또한, 하나님 앞에서 바로 서 있고, 친밀하게 교제하며 동행하는 계속된 성화의 과정을 통해 그리스도의 인격으로 변해가야 합니다.

학생들은 교사의 '말'로 배우는 것이 아니라 그의 '삶'과 '인격'을 통해 배우기 때문이지요. 이것은 기독교사에게 굉장한 부담감으로 다가올 수 있습니다. 하지만 평생을 통해 그리스도의 인격과 그의 거룩하심을 닮아가는 것은 기독교사만이 아닌 모든 그리스도인에게 명령하신 것임을 기억해야 합니다.

선생님들은 기독교사로서의 부르심에 어떻게 응답하고 계시는가요?

저처럼 기독교교육이 무엇인지 헤매다가 도망갈 길을 찾고 계신 분이 있나요?

'교사의 영성'도, 교사로서의 '전문성'도, 신앙과 학문을 하나 되게 가르치는 '기독교적 교수 방법'도 무엇 하나 쉬운 것이 없지요. 이 모든 것이 제대로 준비되지 못했더라도 두려워하지 않기를 바랍니다. 이 모든 것이 성령님의 도움 없이는 불가능하니까요. 얼마 전 사석에서 학교 지도자들과 이런 이야기를 나눈 적이 있습니다.

"하나님은 어떤 사람을 두레학교 교사로 쓰시는 걸까?"

물론 다양한 대답이 나왔습니다. 열정이 있는 교사, 하나님을 사랑하는 교사, 탐구하는 교사 등등. 그중에 7, 8년 이상 근무한 리더들이 크게 공감하는 두 가지가 있었습니다.

첫째, '마음 밭이 말랑말랑한 사람'입니다.

자기가 지금까지 맞다고 생각했던 것들이 틀릴 수 있음을 인정하고 받아들일 수 있는 마음이 있는 사람을 쓰셨다는 말에 동의가 되었습니다. 신앙적으로도 말씀이 심기어져 열매를 맺기 위해 마음 밭을 기경 해야 하듯, 교육적인 부분에서도 기존에 들어와 있던 것들을 말씀에 비추어 솎아내는 작업이 필요합니다.

로마서 12장 2절 말씀처럼 "하나님의 선하시고 기뻐하시고 온전하신 뜻이 무엇인지 분별하기" 위해서는 "마음을 새롭게 함으로 변화를 받는 것"이 우선되어야 하지요. 이 모든 것이 성령의 도움 없이는 불가능합니다. 그래서 기독교사는 날마다 말씀의 세계로 들어가고, 성령님의 도우심을 구하며, 모든 삶과 가르침에 하나님과의 동행이 필요합니다.

둘째, '충성스러운 사람'입니다.

맡은 자들에게 구할 것은 충성이라고 했습니다. 사명자로 살면서 빠지기 쉬운 것이 맡겨진 사명을 '하나님의 일'이 아닌 '나의 일'로 착각하는 것입니다. '나의 일'로 생각할 때 그 일의 결과까지도 내가 책임지려합니다. '책임감'과 '충성'은 좀 다릅니다. '나의 일'을 주가 도와주셔서 좋은 결과를 맺기를 원하면 책임감에 눌리지만, '주의 일'에 내가 동역자로 함께 할 때는 주님이 주인 되시기에 그 결과에 자유롭습니다.

주의 짐이 아닌 나의 짐을 지고 무거운 몸으로 우리의 달려갈 길을 마치는 것은 정말 어려운 일입니다. 하나님은 우리에게 아이들의 영적 성장을 책임지라 하신 것이 아닙니다. 완벽한 결실을 요구하신 것도 아닙니다. 다만 '하나님의 일'에 우리를 '동역자'로 초대하셔서 '충성'하기를 원하십니다.

노아는 하나님이 명령하신 방주의 설계 과정을 하나도 빼거나 더하지 않고 그대로 순종하여 맡겨진 일에 충성했습니다. 120년이라는 기나긴 기간을 성실하게 최선을 다하여 만들었지만 다 완성된 방주의 소유권을 주장하지는 않았습니다.

몸이 아파 안식 학기를 지내면서 가장 크게 얻은 깨달음이 '책임감'을 내려놓고 '충성'을 입은 것입니다. 매일 아르바이트생의 마음으로 학교에 갑니다. 정말 성실하고 충성스러운 아르바이트생으로요. 지금, 나에게 맡겨진 '주의 일'에 '충성'한다면, 전지전능하신 하늘 아버지께서 부족한 모든 것을 완전케 하실 것을 믿습니다.

4. 기독성의 회복

두레학교는 2010년에 두 학교로 분리되었습니다. 교육철학의 차이 등 다양한 이유가 있었지만, 이유가 어떠하든 아이들에게도 학부모에게도 교사에게도 큰 아픔이었습니다. 하지만 10년이 지나서 돌아보니 그 당시에는 이해할 수 없었던 주님의 계획을 조금이나마 이해하며 고난을 통해 부어주신 은혜에 감사합니다. 또한, 하나님의 생각은 우리의 생각보다 높아서 피조물인 우리가 다 이해할 수는 없지만, 더 깊이 신뢰합니다.

분리의 아픔 가운데 주님께서 두레학교를 강하게 이끄신 것은 '기독성의 회복'이었습니다. 교과뿐만 아니라 교내외 모든 활동과 행사, 학교문화, 행정 등 모든 것을 성경을 기준으로 다시 살펴볼 기회를 주셨습니다. 물론 이전에는 기독교적이지 않았다는 것이 아닙니다. 공교육에 대한 대안으로 시작했기에 그 대안이 기독교적인가를 다시 살피는 시간이었습니다.

또한, 기독교교육이 무엇인지 체계적으로 알아가며 철학을 점검하고 교육과정을 다시 세워갔습니다. 특히 기독교적으로 교과를 가르치기 위한 연구와 수업 재구성에 집중했습니다. 기독교교육을 성찰하고 기독교교육의 다양한 활동들을 다시 점검하는 작업은 기독교대안학교가 지속해서 해나가야 하는 과정이라고 생각합니다. 우리의 영이 날마다 새로워지고 성장하듯 기독교교육에 대한 깨달음도 계속 성장하니까요.

기독교대안학교들을 살펴보면 학교마다 처한 지리적 상황, 주님이 보내주신 구성원, 물리적 정서적 조건 등에 따라 조금씩 다른 부르심이 있습니다. 두레학교는 지금도 부족한 부분들에 대한 고민이 많은데 우선 두레학교에 주님이 좀 더 은혜를 주신 '기독교적 교과 연구'의 영역에 관해 이야기하고자 합니다.

알버트 그린은 『기독교 세계관으로 가르치기』에서 "신앙과 학문이 통합되어야 한다"라는 말에 오히려 결함이 있음을 지적합니다. 왜냐하면, 애초에 신앙과 학문은 분리될 수 없기 때문이라는 것입니다. 하나님께서 이 세상을 창조하셨기에 하나님을 떠나 세상을 설명하려는 모든 지식은 다 적합하지 않다는 것이지요(롬 1:19-20).

지식은 가치를 지닌 인격적인 것이기에, 성경의 원리와 통합될 때 참 지식이 됩니다. 믿음은 지식에서 오는 것이 아니지만 믿기로 작정한 후 지성을 만날 때 그 믿음의 깊이는 더욱 깊어지고 힘이 생깁니다. 말씀에 계시하신 하나님의 사랑과 능력을 창조세계를 가르치는 교과 수업을 통해서도 드러내는 것이며, 세상 및 인간의 타락과 죄의 영향, 이를 회복시키기 위한 우리의 역할을 찾아가는 것입니다.

하지만 이는 단순히 교사가 자신의 과목을 성경 말씀과 연결해서 설명하는 것을 의미하지는 않습니다. 이렇게 하면 가르치는 내용을 억지로 성경 말씀과 관련지어 버리기 쉽습니다. 이러한 잘못된 통합에 주의하기 위한 비유로 "No Icing on the Cake"라는 말이 있습니다. 공교육에서의 기독교사는 성경적 원리에 기초한 직접적인 기독교교육이 어려우므로 오히려 이런 실수를 하지 않을 것 같습니다. 세속적인 지식을 성경적 원리와 가치로 가르치되 직접적인 성경적 언어를 쓰지 않고 전달하기 위해 깊이 묵상하고 연구하는 과정이 필요하겠지요.

하지만 기독교대안학교에서는 언제든지 자유롭게 성경의 이야기를 할 수 있다는 것이 오히려 깊은 묵상과 연구로 가는 것을 방해할 수 있습니다. 세속적 지식에 기독성을 덧바르기 쉽기에 교사가 먼저 창조세계 속에 스스로 계시하신 하나님을 만나는 체험과 감동이 있어야 합니다.

또한, 오늘날의 교과가 형성되기까지 시대적인 변화와 그에 따른 요구 때문에 교과의 본질에서 벗어난 부분들이 있음을 찾아내고 그 회복을 위한 연구가 함께 요구됩니다. 신앙과 학문이 통합된 가르침을 위해서는 '신앙과 학문 사이의 거룩한 긴장'이 필요한 것이지요. 교사는 성경을 기반으로 정말 의미 있는 가르침과 배움이 무엇인지를 고민하며 교과의 본질을 회복하여 수업을 재구성해야 합니다.

감사하게도 오늘날 많은 전문 기독교교육자들이 교수 학습에 대한 기독교적 관점, 하나님 중심의 커리큘럼 편성, 기독교 세계관과 인생관의 함양 같은 많은 연구로 복음을 교육에 접목하는 방법을 고찰하고 있습니다. 하지만 이러한 연구들이 기독교사들의 수업 속에서 현장에 맞게 적용되고 스며들 수 있으려면 교사 개개인의 연구가 절실히 요구되고 끊임없이 하나님께 묻는 작업이 필요합니다. 또한, 교사 각자가 나름대로 기독교적 가르침을 위한 기본 원칙을 세워두고 늘 그것을 인지해야만 합니다.

그렇게 하지 않으면 너무나 오랜 시간 노출되어 있던 세속적인 세계관이 우리의 빈틈을 노려 세상의 방법대로 수업을 이끌게 할 수 있기 때문이지요.

그러면 그 기본 원칙은 어떻게 세워갈 수 있을까요?

기독교사로서 기독교 수업을 구성해 보라고 했을 때 보편적으로 적용하는 틀이 있습니다. 기독교 세계관의 틀로서 자리 잡은 '창조-

타락-구속'의 틀입니다. 하지만 내러티브 적인 성경의 이야기를 이 틀로 다 담기 힘들 듯이 세상의 이야기도, 교과의 내용도 '창조-타락-구속'의 틀로 담아내기에는 어려움이 있습니다. 기독교 세계관을 모더니즘과 맞서기 위해 지식화·구조화시키는 과정에서 창조-타락-구속의 구조로 너무 몰고 갔던 것이 오히려 기독교적 가르침을 어렵게 한 것은 아닐까 싶습니다.

하지만 기독교적 가르침을 위해서는 이러한 가시적인 틀에 따라 수업을 재구성하는 노력은 매우 큰 의미가 있다고 봅니다. 저는 기독교적 수업 재구성을 수영을 배우는 단계에 비유해서 설명하곤 합니다. 자유형을 배울 때 처음에는 물의 저항이 심하더라도 팔을 곧게 펴고 헤엄치게 합니다. 그것은 제대로 된 방향성을 잡게 하는 중요한 훈련이지요. 그 후에 '부자연스러운 꺾기'를 배웁니다. '부자연스러운 꺾기'는 물의 저항을 대폭 줄일 수는 있지만 팔을 꺾는 각도에 신경을 쓴 나머지 물을 퍼서 밀어내는 힘은 약해 속도를 내기는 어렵습니다.

마지막으로 '자연스러운 꺾기'를 배웁니다. 팔이 부드러운 곡선을 그리며 물의 저항을 적절히 조절하면서 물을 밀어내기 때문에 속도감도 있으면서 힘이 적게 듭니다. 하지만 이러한 '자연스러운 꺾기'까지 가기 위해 앞의 두 단계를 거치지 않으면 제대로 된 수영 자세를 습득하기 어렵습니다. 비슷하게 흉내를 내지만, 물을 밀어내는 힘도 약하고 속도감도 나지 않아 허우적거리게 되지요.

기독교적인 수업도 마찬가지가 아닐까 싶습니다.

창조-타락-구속의 틀이든 또 다른 수업모형이든 어떠한 틀을 갖고 연습해 볼 때 나중에 의식하지 않아도, 의도하지 않아도 기독교 세계관을 자연스럽게 녹여낸 수업을 할 수 있지 않을까요?

일정한 틀 없이 수업을 재구성하다 보면 우리가 입고 있는 단단한 옷, 지금까지 오래도록 입고 있어서 익숙해져 버린 편한 옷, 즉 세속적인 세계관으로 교과를 가르치는 위험에 빠질 수 있습니다. 많은 기독교대안학교가 10~15년을 넘어가면서 어느 정도 기독교적 교육과정을 세워놓은 상태입니다. 그런 상황에서 부임한 신임 선생님들이 조심해야 하는 부분이 '어정쩡한 수영 배우기' 'No Icing on the Cake'이 아닐까 싶네요. 기독교적 교육과정을 세우기까지 깊이 고민하고 치열하게 숙의하는 과정을 함께 하지 못했기에 내면화하지 못한 것, 확신 안에 거하지 못한 것을 가르칠 수도 있습니다.

교과를 기독교적으로 연구하다 보면 교과의 특성에 따라 신앙과 학문의 통합 방법에 다소 차이가 나타납니다. 지식의 '인격성'이 좀 더 큰 교과가 있고 '가치 중립성'에 좀 더 가까운 교과가 있습니다. 규칙적이고 질서 있게 운행하는 자연을 대상으로 하는 과학이나 수학과 같은 교과는 인간을 대상으로 하는 교과보다 좀 더 가치 중립성에 가깝습니다.

지식은 가치를 지닌 인격적인 것이기에, 성경의 원리와 통합될 때 참 지식이 될 수 있다고 했는데 이런 교과는 어떻게 기독교적으로 가르칠 수 있을까요?

저는 초등교육을 전공한 사람으로서 기독교적 수업에서 가장 어려웠던 교과가 '수학'이었습니다. 수학을 전공한 수학자도 아니고 수학교육을 전공한 수학교사도 아니기에 수학 교과 자체에 대한 이해도 부족했습니다. 수학은 다른 학문에 비해 '객관적'이고 '완전하다'는 생각으로 인해 기독교 학교에서도 활발히 연구되지 못하는 부분이 있습니다. 외국의 기독교 학교 교재를 살펴볼 때도 수학은 계산 문제 위주로 되어 있어서 가끔 적혀있는 성경 구절을 빼면 일반적인 수학책과 별 차이가 없었습니다.

교과를 통해서도 하나님의 능력을 드러내야 하는데 수학 수업 속에서 창조의 주체이신 하나님과 기독교적 가치를 어떻게 나타낼 수 있을까요?

하나님 앞에서 수학은 무엇일까요?

가치가 많이 드러나지 않고 객관적으로 보이는 수학까지도 꼭 기독교적으로 가르쳐야 할까요?

수학을 기독교적으로 가르치기 위해 탐구해갔던 과정을 함께 나눠봅니다.

5. 수학을 기독교적으로 가르친다는 것은?

수학처럼 객관성, 가치 중립성에 가까운 교과는 매시간 지식을 가르치면서 성경적 가치를 이야기하기란 쉽지 않습니다. 또한, 그렇게 가르치는 것이 기독교적인 수학 수업이라 하기도 어렵습니다. 이런 가치 중립성에 가까운 교과에서 교사가 좀 더 집중해야 할 것은 교과의 '전제'를 세우는 일입니다. 어떤 사건이나 상황, 주변 세계에 대한 인식과 판단의 기본이 되는 전제들을 '세계관'이라고 할 때 교과의 전제를 세우는 것은 교과를 보는 '관점'을 세우는 것이라고 이야기할 수 있지요.

수학은 창조세계에 숨겨져 있는 수와 공간에 대한 질서를 탐구하는 것이기에 창조세계의 주인이 하나님이시라는 전제가 진리임을 학생들이 깨달을 수 있도록 가르쳐야 합니다. 그러려면 교사가 먼저 그 감동과 확신이 있어야 하지요. 수업마다 이 모든 질서를 하나님이 만드셨다는 이야기를 기계적이고 추상적으로 반복하는 것이 아니라 학문의 세계로 들어가 그 믿음을 뒷받침할 지식을 이야기할 수 있어야 합니다.

이를 위해서는 교과가 형성되기까지의 역사를 살펴보고 그 특성을 이해하여 수학 교과에 대한 '기독교적 정의'를 내려 보는 것이 필요합니다. 학교에 이미 세워져 있는 정의나 다른 사람이 정의한 것이 아닌 스스로 묵상하고 탐구하여 세워보는 것이 중요하지요. 그 과정에서 성령님의 조명하심으로 수학 교과에 대한 이해가 내면화됩니다.

수학 교과가 하나님 앞에서 어떤 의미가 있는지를 알아보기 위해서는 성경 말씀에 대한 깊은 이해와 통찰도 해야 하지만 이와 함께 하나님의 일반 은총 속에 밝혀진 수학의 속성을 알아보는 것도 중요합니다. 세상의 수학자들이 비록 기독교인이 아니더라도 그들이 연구하는 수와 공간의 세계 자체가 하나님이 창조하신 것이므로 결국 그들은 부지불식간에 '하나님의 창조세계 속에 숨겨진 수와 공간의 특성'을 찾아낸 것이라고 볼 수 있습니다.

우리는 그 연구결과에 담긴 수학 교과의 원리와 특성을 다시 말씀 안에서 재조명하여 수학 교과 속에 숨겨진 기독교적 원리와 특성을 찾을 수 있습니다. 그러한 가운데 어떻게 수학 교과를 통해 하나님의 창조질서와 섭리를 이해하고 하나님의 영광을 드러낼 수 있는지를 깨달을 수 있습니다.

이런 문제를 이해하기 위해서는 현재의 수학 교과가 생기기까지의 역사적 흐름을 살펴보고 수학의 체계를 이루는 근거가 되는 수학자의 관점 즉 '수학 철학'을 조사하여 먼저 수학의 정체성을 명확히 할 필요가 있습니다. 지식을 추구하는 사람의 동기와 관심은 그 지적 추구를 견인하는 힘이며, 이해란 항상 어떤 상황과 전통 그리고 선이해와 관련되어 있기에 수학의 역사와 철학을 연구하는 것은 수학이 무엇인지를 정의하는 데 있어서 매우 중요하기 때문입니다.

또한, 수학교육의 두 축, 계산 능력의 신장과 추상적인 고급 수학을 중시하는 '논리수학'과 구체적 상황의 문제 해결 및 개념적 이해를 강조하는 '체험수학'의 특징을 조사하여 세계적인 수학교육의 흐름을 알아볼 필요가 있습니다. 계속해서 변화하는 수학 교육과정의 방향성이 결국은 이 두 축 사이를 오가는 것이며 두 교육과정이 무엇을 중시하는지 알게 되면 시대의 요구에 따라 흔들리지 않고 교육할 수 있는 확신을 갖게 됩니다. '성령님의 감동'과 '연구를 통한 지성'의 만남이 기독교적으로 수학을 가르칠 수 있는 용기를 주지요.

전혀 어울리지 않는 두 단어 '수학'과 '철학'이 조합된 '수학 철학'이라는 말이 수학을 전공하지 않은 사람들에게는 생소하게 들릴 수 있습니다. 그 어떤 학문보다도 객관적이고 완전해 보이는 '수학'을, 바라보는 관점에 따라 달라질 수 있는 '철학'과 함께 이야기할 수 있다는 것이 어색하지요.

하지만 오늘날과 같은 교과로 분열되기 이전의 '지혜에 대한 사랑'으로서의 철학은 '개별 학문'이 추구하는 현실의 한 영역이나 단면을 문제 삼는 것이 아니라 항상 '전체성'과 '근원'을 문제로 삼았습니다. 또한, 무 전제성에서 출발한다는 근본적 특성이 있었기에 철학의 방법과 대상은 미리 확정된 것이 아니었지요. 플라톤이나 데카르트, 칸트 등 철학자로 알려진 사람들이 동시에 수학자이기도 했던 것도 그런 이유에서입니다.

모든 수학적 체계는 공리와 정의라는 가정에서 출발하여 자연스럽게 그에 따른 정리가 나오며 이러한 단계를 통해 하나의 체계가 만들어집니다. 따라서 우리는 우리가 배우고 있는 상태인 정리의 완전함만을 바라보는 것이 아니라 그 정리를 나오게 한 가정으로서의 공리, 더 나아가 그 공리를 가정한 '수학자들의 생각'이 어떤 것인지에 관심을 가져봐야 합니다. 이것이 바로 수학을 바라보는 관점인 '수학 철학'이며 역사적으로 이 관점의 차이에 따라 수학은 다른 체계를 이루어 가고 있습니다.

학문으로서 가장 오랜 역사를 가진 수학은 기원전 2000년경의 고대 오리엔트에서부터 정수·분수의 계산, 1차·2차 방정식의 해법, 도형의 구적법 등 고도의 수학적 내용이 존재하고 있었습니다. 주로 고대 문명의 발상지들이 큰 강을 끼고 있음을 볼 때 농경문화가 정착된 시점들에서 필요로 한 경험적·실용적 성격의 지식으로 볼 수 있지요.

그 후 고대 그리스인들은 기원전 600년경에 기존의 수학적 지식을 이론적으로 체계화하는 노력을 지속하였으며 기원전 3세기에 들어서 유클리드의 '기하학원론'이 탄생했습니다. 이것은 몇 개의 공리를 설정하고, 이를 근거로 논리적·연역적 방법을 적용하여 정리를 유도함으로써 수학을 학문적으로 체계화했습니다.

이후 18세기까지 유클리드 기하학이 수학의 세계를 가장 정확하게 반영하고 있는 체계라 믿어 왔으나, 19세기 비유클리드 기하학의 출현으로 지금까지의 수학을 지탱해 준 '유클리드 기하학'의 절대적 권위가 무너지는 사건이 있었지요. 결국, 수학 철학의 구체적인 논의는 19세기 말 칸토르가 집합론을 제안한 이후에 시작되었다고 할 수 있는데, 이 논쟁 중 유명한 것은 '논리주의,' '직관주의,' '형식주의'가 있습니다.

이 수학 철학을 일일이 설명하고자 한 것은 아니고 다만 너무나 객관적이고 완전해 보이던 수학도 각 시대의 흐름과 수학을 바라보는 수학자의 관점에 따라 지금까지의 수학적 체계와 완전히 다른 체계를 가질 수 있음을 말씀드리고 싶습니다.

또한, 아직도 각각의 철학은 계속된 연구의 과정을 통해 변화하고 있으며 수학의 정체성과 그 내용에 큰 영향을 주고 있습니다. 특히, 오늘날의 수학은 수학의 절대적 진리와 완전함, 무모순성을 증명하기 위한 형식주의 철학의 영향으로 가치나 참과 거짓은 점점 제거되고 형식화·기호화되어 삶과는 동떨어진 학문으로 인식되고 있습니다. 수학을 가르치는 교사로서 이러한 것에 대한 인식이 없다면 아이들에게도 수학은 완전하다는 신화를 물려주게 되며 비판적으로 사고할 기회조차 허락하지 않을 수 있습니다.

6. 기독교적 관점에서 바라본 수학의 특성

기독교적으로 수학을 정의하자면 '하나님의 창조 질서 중 수와 공간에 대한 영역을 다루는 학문'이라고 할 수 있습니다. '수'와 '공간'을 다루는 학문이라는 것은 수학에 대한 일반적인 정의와 같지만 여기서 말하는 '수'와 '공간'의 개념이 무엇을 의미하는가는 일반적인 의미와 기독교적인 의미가 전혀 다릅니다.

비기독교 수학자들은 우주에는 어떤 독특한 질서와 법칙이 '스스로 존재'하며 그 법칙을 설명하기 위해서는 반드시 수적, 공간적 개념이 필요하다고 봅니다. 또한, 그들에게 있어서는 수학의 수적, 공간적 개념은 인간이 발견한 것이지요.

하지만 기독교 학자들은 우주를 움직이는 독특한 질서와 법칙은 하나님께서 창조하신 것으로 믿으며 따라서 그것의 구체적인 내용인 수적, 공간적 개념도 하나님께서 만드신 개념으로 받아들입니다.

좀 더 이해를 돕기 위해 수학 교과가 하나님 앞에서 어떤 의미가 있는지 기독교적으로 교과의 특성을 살펴보겠습니다.

첫째, 수와 공간이라는 수학적 구조는 창조주 하나님의 고유한 특성입니다.

성경에 나타나 있는 수많은 하나님의 특성 중에서 수와 공간을 가장 중요하고 기본적인 하나님의 특성이라는 말이 잘 이해되지 않지요?

성경의 시작인 창세기를 깊이 묵상해 보면 이 세상을 창조하시는 하나님이 수와 공간을 얼마나 중요한 기초로 삼으셨는지를 느낄 수 있습니다.

> 태초에 하나님이 천지를 창조하셨다. 땅이 혼돈하고(formless) 공허하며(empty), 어둠이 깊음 위에 있고(창 1:1-2).

이 말씀을 보면 하나님은 땅의 형체가 없음(formless)과 비어있는 것(empty)을 보시고 낮과 밤을 정하여 하루라는 시간을 먼저 만드셨습니다. 즉 가장 처음 하신 일이 formless인 땅에 말씀을 통해 form(수학적으로는 형 즉 공간을 의미한다고 볼 수 있음)을 만드시고 첫째 날, 둘째 날 등의 시간을 정하셨습니다.

또한, 계속해서 궁창(창공)을 만드셔서 공간을 나누시고 땅과 바다를 정하시고 그곳에 식물과 해, 달, 별, 동물과 인간까지 '하나하나의 개체'(수학적으로는 수를 의미함)를 만들어 가셨습니다. 결국, 천지와 만물이 다 이루어졌으니(창 2:1) 하나님의 천지창조 기본 구조는 수와 공간이라고 말할 수 있지요.

낮과 밤을 나누어 하루라는 시간을 정하지 않고도 한 번에 모든 것을 창조하실 수 있었을 텐데 그분은 그리하지 않으셨습니다. 공간을 정리하시고 시간을 구획하셔서 질서 있게 세상을 창조해 나가셨지요.

성경을 한 편의 드라마라고 이야기합니다. 하지만 잠시 허구 속에 빠져들어 갔다가 현실로 나오는 드라마가 아니라 과거에도 있었고 지금도 살아서 역사하는 드라마입니다.

드라마가 구성되려면 인물, 사건, 배경이 필요한데 인물은 누구일까요?

하나님과 우리가 그 드라마의 주연이자 조연입니다. 또한, 이 드라마의 사건은 우리를 통해 일하시는 하나님의 여러 가지 계획과 통치이지요.

그렇다면 성경 드라마의 배경은 어디일까요?

그건 지금까지 묵상한 것과 같이 하나님이 창조하신 바로 이 세상 즉 수와 공간의 구조로 만들어진 이 땅입니다. 즉 성경의 드라마를 펼치기 위한 배경을 수와 공간이라는 수학적 구조로 만드신 것이기에 수학 교과와는 하나님의 고유한 특성과 창조의 원리와 기초를 깨닫는 기본 교과이지요.

둘째, 수학은 창조된 우주의 구조를 알려주며 하나님이 창조하신 세계의 정확성과 일관성을 보여줍니다.

> 하늘이 하나님의 영광을 선포하고 궁창이 그의 손으로 하신 일을 나타내는도다(시 19:1).

이 말씀처럼 자연을 살피고 우주를 공부하다 보면 그 구조의 질서를 통해 하나님의 놀라운 능력에 감탄이 절로 나옵니다.

조금만 관심을 갖고 주변을 살펴볼까요?

먼저 우리의 마음을 치유하고 평안하게 해 주는 음악 중 서양 음악의 7음계가 피타고라스의 수학적 원리에 의해 만들어졌습니다. 또한, 매우 혼란스럽고 자유분방한 것처럼 보이는 나뭇가지들이 뻗어 나가는 과정을 살펴보면 놀랍게도 이들은 특정한 규칙, 이름하여 '피보나치수열'을 따릅니다.

사실 피보나치수열은 자연 현상과 우리 생활 주변의 많은 부분에서 발견됩니다. 꽃도 암술과 수술을 잘 감싸서 꽃가루받이 확률을 높이기 위해 피보나치수열로 꽃잎을 맺고, 식물의 잎들도 위쪽 줄기의 잎에 가려지지 않고 가능한 많은 양의 햇빛을 받기 위해 피보나치수열로 배열합니다.

해바라기 열매도 최소 공간에 가장 많은 씨앗을 촘촘하게 배치하는 최적의 수학적 방법으로 피보나치수열을 선택하며, 달팽이나 소라와 같은 복족류의 패각구조, 태풍의 휘몰이, 수많은 별의 바다인 은하(spiral galaxies), 그리고 파르테논 신전과 부석사의 무량수전에도 '황금비'의 형태로 피보나치수열은 숨어 있지요.

알려진 바에 따르면 자연계의 80% 이상이 피보나치수열을 따른다고 합니다. 노벨상 수상자인 유진 와그너의 고백처럼 자연에 법칙이 존재한다는 것은 결코 '자연적'이지 않지요. 수학의 존재는 '종교적'입니다. 자연은 그 모습을 통해 하나님의 일관성과 정확성을 대변해 주고 있는 것이지요.

셋째, 수학을 통하여 하나님이 얼마나 놀라운 능력을 갖추고 계시는

지 깨닫는 것과 동시에 인간이 알아낼 수 없는 부분에 대한 겸손함을 갖게 됩니다.

위에서 살펴본 것만을 통해서도 우리는 자연과 우주 속에 숨겨진 하나님의 전지전능하신 능력에 감탄하지 않을 수 없습니다.

그렇다면 우리가 밝혀낸 창조의 구조와 질서가 하나님의 창조 질서와 섭리 전부일까요?

물론 아닙니다.

무한수와 연속적인 공간의 존재에 대해 잠시 이야기를 나눠보겠습니다. '공간'은 수학적인 용어로 연속성(continuous)과 관련이 있습니다. 독립된 양(discrete quantity)으로 나타나는 성질을 가진 '수'와는 달리 '공간'은 연속성에 의해 이루어진다고 할 수 있지요. 예를 들어 숫자 1과 2 사이의 길이는 1인데 이때의 1은 공간적인 개념입니다. 그런데 길이 1을 계속 반으로 표시해간다면 1/2, 1/4, 1/8 … 아무리 계속해도 멈추어지지 않습니다.

이것은 결국 길이 1이라는 공간적인 개념은 수적인 개념으로는 설명이 될 수 없음을 의미하며 자연수 1과 2 사이에 얼마만큼의 수가 더 들어가는지 알 수 없는 무한의 개념이 발생합니다. 유한과 유한 사이에 무한이 있으며 무한과 무한 사이에 유한이 있다는 것은 무한한 신의 존재를 유한한 인간의 논리로는 설명할 수 없다는 것을 보여주지요.

비기독교인들은 이러한 무한의 존재를 알고 있었으면서도 유한한 인간의 사고에 담는 것이 불가능하다고 생각하고 무한을 수학에서 제외해버렸지만, 기독교 수학자인 칸토르는 무한이 유한과 함께 존재하는 집합론을 끌어냈습니다. 물론 집합론 속에도 많은 문제점이 있으나 그 문제점을 통해 오히려 자신들의 한계성을 인식하고 이로 인해 평안하고 자유롭지요. 기독교인들은 수학 법칙의 완벽성이나 무모순성에 목표를 두는 것이 아니라 그 법칙들을 이용하여 하나님을 영화롭게 하는 데 관심을 두기 때문입니다.

이처럼 수학은 창조세계 속에 존재하고 있는 수와 공간에 대한 개념을 발견하고 연구하는 것이며 이러한 수학적 개념들은 하나님이 창조하신 세계를 유지하고 지탱하는 구조라고 볼 수 있을 것입니다. 그러므로 수학을 배우는 것은 기독교인에게 있어 매우 중요한 의미를 가지며 다른 학문을 배우기 위한 기초적이고 기본적인 틀을 세우는 것이라고 볼 수 있지요.

이러한 연구과정을 거쳐서 두레학교 교사들은 '수학 교과를 보는 관점'을 아래와 같이 세웠습니다.

1. 수학의 전제

(1) 수학은 창조세계의 수적, 공간적 특성에 대해 이해하고 탐구하는 교과이다.
(2) 창조세계에는 질서와 규칙이 담겨 있고, 하나님께서 그의 형상대로 사람을 창조하셨다.
(3) 사람에게 질서와 규칙을 발견할 수 있는 지혜를 주셨고, 자연에 관한 탐구를 통해 수학은 발전했다.
(4) 수학을 통해 인류의 역사가 눈부시게 발전하였으나, 이것이 이성에 대한 과신, 자만으로 이어졌다.
(5) 자연법칙은 인간이 만들어낸 정신적 산물이라고 여기며 수학에서 하나님의 존재를 부정하였다.
(6) 수학의 엄밀화가 진행되며 수학이 전문화, 세분화되었고, 순수수학의 발전으로 이어졌다.
(7) 순수수학의 발전으로 자연, 과학과의 거리가 생겼으며, 학문 간

의 소통이 점점 어려워졌다.
(8) 완전한 수학의 구성은 실패했고 수학을 보편타당하게 정의하고 구성하는 것에 대한 합의도 없다.
(9) 근사적이기는 하지만 실제 세계의 현상과 원리를 기술할 수 있어 수학의 위상은 여전히 높다.
(10) 우리는 청지기의 역할을 책임 있게 감당하기 위해 수학을 성실히 배워야 할 의무가 있다.

2. 교과목적

수학적 개념, 원리, 법칙을 통해 창조세계의 질서와 아름다움을 알아가고, 문명을 발달시키고 미래를 예측하는 유용한 도구로서 수학의 가치를 인식하며, 수학적 능력을 적극적으로 활용할 수 있는 책임 있는 청지기가 된다.

3. 교과목표

수학의 철학적, 문화적, 실용적, 도야적, 심미적 가치를 깨닫고 발전시킨다.

(1) 철학적 가치 : 역사 속에서 수학의 기원, 발전, 한계, 미래를 보고 창조세계에 대한 이해를 넓힌다.
(2) 문화적 가치 : 수학이 문화적, 학문적 유산을 계승하여 발전시키는 데 활용되고 있음을 이해한다.
(3) 실용적 가치 : 산업 현장이나 전문 분야뿐 아니라 일상생활에서도 수학이 활용되고 있음을 안다.
(4) 도야적 가치 : 논리력, 분석력, 창의력, 직관과 추론 능력 등 수학

적 사고력과 인내심을 기른다.
(5) 심미적 가치 : 자연의 조화와 질서를 밝혀내는 수학적 개념과 이론을 통해 아름다움을 볼 수 있었다.

4. 기독교적 수학수업을 위한 원칙

(1) 창조세계의 수와 공간에 대한 탐구 도구로서의 목적을 회복하도록 돕는다.
(2) 수학사와 수리철학을 적극적으로 활용하여 수학의 기원, 발전, 한계, 미래를 볼 수 있게 한다.
(3) 수학이 문화적 가치를 지도하며 지금 우리의 배움도 수학의 발전에 이바지하고 있음을 알려 준다.
(4) 산업 현장이나 전문 분야, 일상생활에 활용되고 있는 수학의 예를 적극적으로 안내한다.
(5) 수학적 개념을 이해하고 탐구하는 절차적 지식 훈련을 통해 사고력을 증진하고 인내심을 기른다.
(6) 직관과 추론의 중요성에 대한 균형을 갖고 어느 한쪽에 치우치지 않도록 활용한다.
(7) 수학적 구조, 자연과의 접점을 찾아 창조세계의 아름다움과 경외감을 느낄 수 있도록 한다.
(8) 다양한 수학적 활동과 적극적인 사고, 실제적인 경험을 통해 수학을 즐겁게 배울 수 있도록 한다.

위에 제시된 '교과에 대한 관점'은 교사들이 오랜 시간 동안 개인적으로 연구할 뿐 아니라 함께 모여 숙의적 과정을 거쳐서 만든 것입니다. 이렇게 기독교적으로 묵상하고 연구한 교사는 수학을 대하는 태도가 달라집니다. 수학을 통해 하나님을 더욱 경외하게 되고 그 벅찬 감동으로 아이들을 초대하게 되지요.

또한, 전제를 세우면 이에 따라 교과의 목적과 목표도 달라지고 수업의 방법도 이에 맞게 변화합니다. 위에 제시된 '교과 목표'와 '기독교적 수학 수업을 위한 원칙'에도 나타나 있듯이 수학이 단순히 문제만 풀어내는 시간이 아닙니다. 교사의 일방적인 개념 설명이 아니라 수학의 역사와 철학적 배경 속에서 학생들이 수학자가 되어 법칙을 발견하는 기쁨을 맛보게 합니다.

합동인 삼각형을 그릴 방법 세 가지를 학생들 스스로 모둠별로 모여 찾아냈을 때의 아이들 얼굴에 나타난 기쁨은 지금도 잊을 수가 없습니다. 또한, 혼자서 그것을 발견하는 것이 아니라 수학적 의사소통을 통해 공동체적으로 원리를 찾아가고 개념을 정립하면서 생동감 있는 수업이 펼쳐집니다. 실생활과의 연결은 학교 밖도 배움의 공간으로 확장하며, 다양한 교과와의 통합은 파편화된 교과를 묶어 주는 기반이 됩니다.

하지만 이러한 교육과정을 재구성하는 과정에 직접 참여해 보지 못한 교사는 이미 만들어진 교과의 관점을 읽는 것만으로는 그 의미가 가슴 깊이 담기지 않을 것입니다. 아울러 교사의 깨달음과 감동이 없다면 학생들에게 가르친 기독교적인 교과 수업도 하나의 정보로서의 지식에 지나지 않겠지요. 교사는 성령님의 도우심을 바라며 끊임없이 연구해야 합니다.

7. 기독교교육의 궁극의 목적 – '영의 성장'

두레학교에 대해 졸업생들이 이야기할 때 '언제든 찾아갈 마음의 고향,' '평생 A/S 하는 학교'라고 표현하곤 합니다. 실제로 많은 학생이 졸업 후에도 계속해서 학교에 찾아오지요. 자신들의 삶의 이야기도 나눠주고 고민을 이야기하며 어떤 선택을 해야 할지 의논하기도 합니다. 선택의 기준을 잘 몰라서라기보다는 자신들의 결정이 옳다고 인정해 주고 응원해 주길 바라기 때문이죠. 학교에서 배운 가치와 다르게 돌아가는 세상 속에서 기독교적으로 살아가려다 보니 손해 보는 느낌이 들기도 하고 버겁기도 한 것 같습니다.

그래도 아이들의 이야기를 들어보면 두레학교교육의 힘이 느껴집니다. 교수님들이나 학교 친구들, 선후배들로부터 "너는 뭔가 다르다"라는 말을 자주 듣는다고 해요. 이 아이들이 있는 곳에서는 자연스럽게 협력이 일어날 뿐 아니라 섬김을 통해 리더의 자리에 서고, 진심을 다해 친구의 이야기를 들어주며, 어떤 일이 일어났을 때 행동하는 가치 기준도 다르다는 이야기를 듣는다고 합니다.

안타깝고 아쉽게 느껴지는 부분들도 있습니다. 이 아이들이 그리스도인으로서 세상을 '어떻게 살아야 하나'는 잘 분별하고, 또한 그렇게 살려고 애쓰고 있었지만 그렇게 살아낼 수 있는 '근거'에 대한 확신이 부족하다는 것입니다.

즉, 하나님의 자녀로 다시 태어난 존재라는 것에 대한 인식이 있어야 '주의 능력'으로 살아낼 수 있는데, 그리스도인으로서의 책임감에만 눌려있다는 생각이 들었습니다. 이 아이들을 자라게 하시는 분은 하나님이심을 알기에 지금의 모습으로 교육의 결과를 평가할 수는 없으나 우리가 기독교교육을 통해 좋은 씨를 뿌리고 있었는지, 제때 물을 주고 있었는지는 살펴볼 필요가 있습니다.

그래서 요즘 두레학교는 영성교육을 다시 성찰하고 있습니다. 기독교교육의 궁극 목적이 '영으로 태어나서 영으로 자라게 하는 것'에 있으니 기독교교육 전반을 다시 성찰하고 있다는 말이 적절하겠네요. 기독교교육은 구원과 구원받은 삶을 살 수 있도록 전인적으로 돕는 것입니다. 학문적으로도 정서적으로도 신체적으로도 영의 성장을 돕는 것입니다.

두레학교는 예배의 존재만으로 일반 학교와 구분되는 미션스쿨의 한계를 넘어서기 위해 학교의 모든 부분의 기독성 회복에 힘썼으며 특히 교과교육을 기독교적으로 가르치기 위해 애써왔습니다. 교회부속 학교로서 교회의 영역을 침범하지 않으면서 학교의 영역에 좀 더 집중하는 면이 있었지요. 두레학교에는 교목이 없습니다.

'평신도 사역'이라는 교회의 비전과 함께 모든 교사가 교역자의 마음으로 아이들을 가르칩니다. 예배의 말씀선포도 교사들이 하고 영성 교과도 교사들이 이끌어갑니다. 결국, 교과 수업만이 아니라 모든 삶에서 성경을 기준으로 교사들이 살아내는 것이 중요하며 그런 면이 두레학교의 힘이기도 했습니다.

그러다 보니 한 가지 아쉬움도 있습니다. 교과나 문화로 기독교적인 가르침이 이루어지다 보니 기독교인의 삶으로서의 윤리적 측면이 주로 강조되었습니다. 케리그마적인 복음의 선포나 기독교의 핵심진리에 대한 가르침이 부족했던 것 같습니다. 만물에 희미하게 드러내신 하나님만이 아니라 성경에 '명확하게' 계시하신, 구원에 이르는 효력이 있는 하나님에 대한 지식을 알려주는 것이 필요합니다.

믿는 가정의 자녀만이 입학하다 보니 이 아이들이 모두 '영으로 다시 태어난 자'라는 것을 전제로, 하나님의 자녀로서 '어떻게 살아야 하나'의 부분을 주로 강조하게 된 것 같습니다.

우선 영으로 다시 태어나야 영으로 성장하여 거룩한 삶을 살아낼 수 있는데, '거듭남'에 대한 확신이나 '회심'의 자리로 이끌어주는 복음의 선포는 부족했습니다. 복음에 초점을 맞추지 않으면 기독교 학교가 아이들을 '구원'과 '성화'가 아닌 기독교적 문화에 익숙한 사람으로 길러낼 수도 있습니다. 모태 신앙인이 갖는 어려움처럼요.

그래서 요즘 두레학교는 '기독교적 가르침에 관한 연구'와 함께 '복음의 능력에 대한 믿음'에 집중하고 있습니다. 말씀을 기반으로 영의 정체성을 알기 위해 교사가 먼저 하나님을 알아보는 눈이 열리기를 간구하며 적극적으로 더듬어서라도 하나님을 찾아가고 있습니다. 그중 한 방법으로 복음의 언어들에 대해 '낯설게 하기'를 시도하고 있습니다. 너무나 익숙해서 우리가 살고 있다고 생각하는 말씀의 영역으로 교사들이 먼저 들어가는 작업입니다.

우리가 정말 영으로 다시 태어났는지, 믿음이 있는지, 마음을 기경한다는 것이 무엇인지, 영성은 무엇인지 하나하나 성경을 통해 다시 정의 내리고, 영적 정체성을 알아가며, 영적 원리를 삶으로 실천해 보고 있습니다. 실천과 실제를 통한 기독교적 어휘 이해를 하고 있는 것이지요.

나이가 드신 저희 친정아버지는 TV로 여행 떠나는 것을 즐기십니다. TV 화질이 좋아져서 세계의 명소를 다 볼 수 있으니 고생하지 않고 여행할 수 있어서 좋다고 하십니다.

우리의 신앙도 혹시 이런 간접경험에 만족하고 있는 건 아닐까요?

여행은 좋은 곳을 보는 것만이 아니라 준비하는 기간의 설렘, 여행하는 동안의 고생, 그 가운데 만난 사람들과의 추억 등 여행 전, 중, 후의 다양한 경험을 통해 배우고 느낍니다. 복음의 언어들도 그런 것 같습니다. 나의 육의 속성을 어렵게 십자가에 못 박아본 죽음의 경험이 있어야 부활의 기쁨도 있습니다. 고난과 훈련의 과정을 거쳐서 어렵게 정상에 올라가 볼 때 느낄 수 있는 복음의 언어들인 것입니다.

얼마 전에 두레학교의 영성교육을 다시 살피면서 '영성'이 과연 무엇인지 교사들과 함께 묵상해 보았습니다. 그렇게 익숙하게 사용한 단어인데 한마디로 정의 내리기 어렵더군요. 교회용어사전에서는 영성을 '하나님을 믿고 **거듭난 모든 자녀에게 주어진 영적인 성품**'이며, '성령의 역사하심으로 예수 그리스도를 통해서 이루어진 하나님의 모든 **은혜와 은총을 경험하는 자에게서 나타나는 자연스럽고** 경건한 성품'이라고 정의하고 있습니다. 또한, 이는 **하나님과 바른 관계**에서 이루어진다고 이야기합니다.

정의를 묵상해 보니 두레학교의 영성교육이 얼마나 훈련적인 측면이 강했는지를 깨닫게 되었습니다. 특히 두레학교 영성교육의 중요한 교육과정 중 하나인 '성품 훈련'에 대해서도 수정이 필요하다는 것에 마음이 모였습니다. 성품은 훈련의 부분도 있지만, 그 이전에 '거듭난' 자녀에게 '주어지는' 것이며 이는 하나님과의 '바른 관계'에서 '자연스럽게' 이루어지는 것이라는 깨달음이 있었습니다.

성품에 대한 머리 훈련, 마음 훈련, 몸 훈련을 하기 전에 하나님을 알고 그 안에서 자신을 알아 바른 정체성을 깨닫고 친밀한 관계를 맺어가도록 도와야 한다는 것이지요. 성품이 거듭난 자녀에게 주어지는 것인데 성품의 근원이 되는 'being'의 부분보다 결과로 주어지는 'doing'의 부분에 집중하고 있었음을 알았습니다. 기독교의 핵심진리를 다시 이해하니 교육과정도 학교 프로그램도 변화하게 됩니다.

우리는 모두 불완전합니다. 완전하신 하나님을 온전히 이해하지 못합니다. 무엇이 가장 기독교적인 교육인지도 잘 모릅니다. 그래서 기독교교육은 계속 변화합니다. 말씀이 변해서가 아니라 우리의 영이 사람에 따라 새롭게 깨달아지는 영역이 있기 때문입니다. 기독교교육은 복음의 선포 그 이상임이 분명합니다. 하지만 복음의 기반이 약하면 삶의 문제를 다룰 때 힘이 없습니다.

기독교교육이 무엇인지?
기독교가 무엇인지?
끊임없이 물어야 합니다.

그러려면 우리가 모름을 인정해야 합니다. 앞에서 이야기했던 것처럼 늘 마음을 새롭게 함으로 변화를 받아야 하나님의 온전하신 뜻을 분별할 수 있습니다. 교사가 '가르치는 능력'이 아닌 '복음의 능력'을 힘입을 때, 아이들도 '가르침 받은 것의 능력'이 아닌 '복음의 능력'으로 힘 있게 살아갈 수 있습니다.

지금 기독교교육을 온전히 이해하지 못했다고 두려워할 필요도 없습니다. 우린 평생 온전히 이해할 수 없습니다. 다만 지금, 이 자리에 '충성'할 수는 있습니다. 우리는 모두 '주의 일'에 초대받은 '동역자'니까요. 현재가 모여 미래가 되고, 비전의 성취가 되리라고 믿습니다. 오늘도 묻습니다.

아버지, 기독교교육이 뭔가요?

기독교적 가르침, 진리 안에서 누리는 배움의 즐거움과 공동체의 회복

이정미
더샘물학교

수학과 과학을 좋아하는 10대 소녀가 있었습니다. 그녀는 자신에게 어떤 재능들이 있는지, 평생 무슨 일을 하면 가치와 행복을 느낄지에 대해 아무도 얘기를 꺼내지 않았기에 생각해 보지 않았습니다. 그저 공부 잘해서 좋은 성적 받고 좋은 대학에 가면 모든 것이 자연스럽게 펼쳐지고, 어떤 직장에서 어떤 일을 하든 삶의 가치와 행복은 뒤따라 오는 줄 알고 있었습니다.

그리고 남들이 말하는 좋은 대학을 졸업하고 좋은 직장에 갔는데, 그때부터 그녀 인생은 물음표투성이였습니다.

'이 학문에서 왜 나는 알아가는 즐거움을 느끼지 못할까?'
'이 직장에서 내가 일하는 의미와 목적은 무엇일까?'
'이 직장에서 하는 일은 내가 평생 하고 싶은 것인가?'

그리고 20대 중반에 그녀는 자신이 추구하는 삶의 가치와 행복을 느낄 수 있는 일이 무엇인지 찾으러 떠났습니다.

1. 기독교교육의 비전, 신학과 교육학을 공부하다

떠남은 기도의 시작이었고 아무런 생각 없이 지냈던 고등학교와 대학 시절을 되돌아봄의 시작이었습니다. 그리고 어느 날 기도 가운데 하나님과 이런 대화를 하였습니다.

"하나님! 왜 저는 대학 갈 때 제가 어떤 학문을 더 알아가기를 원하는지, 앞으로 무슨 일을 하면 좋을지 생각이 없었을까요?"

"누가 너에게 그런 생각을 할 수 있도록 질문하거나 가르쳐 주었니?"

"아니요!"

"그러면 중고등학교 시절 대부분은 어떻게 지냈니?"

"국·영·수·사·과 중요 과목을 열심히 공부해서 좋은 성적을 받는 것이었어요."

"그렇구나…."

"그런데, 그 배움에서 문제가 있는 것 같아요!"

"그게 무엇인데?"

"공부하는 목적이 좋은 대학에 가는 것이었어요. 내가 어떤 사람이 되어서 무슨 일을 하는지에 대해서는 관심이 없고, 공부만 잘하면 다 되는 것 같은 분위기였어요."

기도 가운데 그러한 대화를 하면서 나는 '이 세상의 교육'에 대한 눈이 뜨이는 것 같았습니다. 중고등학교 시절에 사람의 됨됨이와 삶의 의미와 가치를 배우면서 20대를 준비해야 할 시기에, 세상이 소리치고 있는 '공부 잘하면 성공한다'라는 어그러진 명제에 10대라는 중요한 시기가 끌려가고 있는 것 같았습니다. 그래서 많은 10대가 힘들어하고, 그리고 20대가 되어서도 나같이 뒤늦게 힘들어하는 사람도 있고, 어쩌면 평생 자신뿐만 아니라 대를 이어 자녀들에게도 똑같은 삶의 혼란을 줄 수도 있겠다는 생각이 들었습니다. 그리고 또 하나님과의 대화가 이어졌습니다.

"하나님! 이 세상의 교육에 문제가 있는 것 같아요!"

"그게 무엇이라고 생각하니?"

"배움의 목적이 어그러져 있어, 배움의 과정 또한 어그러진 부분들이 있는 것 같아요."

"그렇게 생각하니?"

"네! 그 어그러진 부분을 회복시키는 일을 하고 싶어요!"

"어떻게 회복시킬 수 있지?"

"세상의 가치관으로는 할 수 없을 것 같아요! 기독교적인 시각(기독교 세계관)으로 배움의 목적(교육목적)을 정하고, 그 목적을 성취할 수 있는 배움의 과정(교육과정)이 있어야 할 것 같아요!"

이과계 대학을 나왔기에, 교육에 대해서는 문외한인 내가 왜 그런 생각을 하고 그런 기도를 했는지 논리적인 설명은 힘들 것 같습니다. 왜냐하면, 이전에는 고민했던 부분들도 아니었고, 대학 시절에 읽었던 '기독교 세계관' 책들은 나의 신앙과 삶의 통합에 중점을 두고 읽었기에 그 시각으로 세상의 교육을 바라보고 분별하고 해석하는 지혜는 없었던 것 같습니다.

'기독교교육'을 준비하기 위한 첫걸음으로 신학을 먼저 공부하기 위해 합동신학대학원대학교에 입학했습니다. 신대원에서 내가 무엇을 배웠는지도 중요하지만, 그것보다 더 중요한 것은 '하나님을 알아가는 배움'이 너무나 재미있었다는 것입니다. 하나님을 알아가면 알아갈수록 하나님과 인격적인 관계가 되어가고, 구약과 신약의 구속사를 통해 우리를 향한 하나님의 사랑을 가슴으로 느낄 수 있었습니다. 자신의 성공을 위해서가 아니라 타인을 위해 쓰임 받기 위해 열심히 공부하는 신대원 학생들과 함께 공부하는 것만으로도 행복했던 시간이었습니다.

20대 중후반에 했던 신학 공부는 지금까지도 기독교교육을 하는 나에게 가장 견고한 기초석 역할을 하고 있습니다.

'교육이 어떻게 시작되었는지?'

'교육목적이 무엇인지?'

'가르치는 교사와 배우는 학생의 관계는 어떠해야 하는지?'

'학생이 배운 지식과는 어떤 관계가 되어야 하는지?'

'기독교교육에서 배움의 즐거움이 가지는 의미는 무엇인지?'

기독교 세계관으로 교육을 바라보고 분별하고 해석하고 적용할 수 있는 역량을 가질 수 있게 되었고, 이 역량은 교육학 공부를 한 후에는 기독교 세계관으로 교육과정을 재구성할 수 있는 역량으로 통합되어 성장하였습니다.

경북대학교 대학원에서 교육학을 공부했던 시간은 교육에 대한 전문적 지식을 갖추게 되는 시기였습니다. 교육철학, 교육과정 개발, 교수설계, 발달이론 등을 공부하면서 좋았던 것은 '교육학'이라는 학문이 머리로만 아는 객관적 지식이 아닌, 내가 받았던 교육을 반추하면서 앞으로 내가 하고 싶은 교육을 그려나가는 주관적 지식으로 나와 의미 있는 관계로 형성됐다는 점입니다. 교육학 공부를 한 후, 기독교교육의 비전을 주신 하나님은 분당에 샘물기독학교 설립 준비 시기(2005년)에 기독교사로 불러주셨습니다.

샘물기독학교에서 교사로 제자들을 가르치면서 기독교교육에 관한 공부를 좀 더 하고 싶다는 생각이 들어, ACTS 교육대학원에서 '기독교교육과정' 석사과정을 수료하였습니다. ACTS에서의 기독교교육 공부는 세 가지 면에서 나에게 정말 귀한 시간이었습니다.

첫째, 기독교교육 현장에 있는 교사로서 교실에서 실행했던 교육의 실제들을 기독교 세계관으로 체계적으로 정리할 수 있었다는 점입니다. 이전에 신학을 공부했기에 교육 현장에서 교육의 내용을 기독교 세계관으로 재구성하여 가르쳐 왔지만, 이론적인 면에서 체계적이지 못한 부분들이 많이 있었습니다. 기독교적 교육철학, 기독교적 교육과정, 기독교적 교수설계, 기독교적 교육방법, 기독교적 교육평가, 기독교적 학교운영과 학급운영 등에 관한 내용을 좀 더 체계적으로 정리해서 현장에서 적용하는 기쁨이 있었습니다.

둘째, '기독교교육의 본질과 가치'가 교육의 현장에서 빛이 바래지 않고 제대로 실현되기를 바라는 열망으로 '기독교사'들을 가르치시는 교수님들과의 만남이었습니다. 제자들을 존중하고 사랑하시는 스승들의 성품 또한 나에게 큰 가르침이 되었습니다.

셋째, 하나님이 기뻐하시는 교육을 하기 위해 방학 때마다 '학생'의 신분으로 열심히 공부하는 선생님들과의 만남이었습니다. 학생으로서 우리들의 만남은 공립학교에서 공교육을 하는 선생님들, 대안학교에서 대안교육을 하는 선생님들로 나뉘지 않았습니다.

오히려 공통된 목표는 교육의 현장에서 하는 모든 일을 기독교 세계관으로 재정립하고 어떤 교육의 현장이든 하나님께 기쁨이 되는 '기독교사'로서의 정체성을 가지고 기독교교육을 하겠다는 소망이었습니다. 교육의 지식만 나눈 것이 아니라 서로의 삶을 나눴던 선생님들이 졸업 후에 대한민국 곳곳의 교육현장에서 열정적으로 일하고 계신 소식들을 종종 듣게 됩니다.

2. 기독교교육의 현장에서 가르침의 즐거움에 빠지다
(샘물기독학교, 2005년~2012년)

분당에 있는 샘물기독학교는 2005년 교사들이 함께 교육과정을 준비하고, 2006년 유치과정 5, 6, 7세 반과 초등과정 1, 2, 3, 4학년으로 시작하였습니다. 준비 기간을 합쳐 7년 6개월 동안 샘물기독학교에서의 시간은 기독교적 가르침을 날마다 다양한 과정과 방법으로 더 알아가고 교육 현장에서 적용해나가면서 '기독교사'로서 계속 성장해 나가는 기쁨이 큰 시기였습니다.

2005년 학교의 교육과정을 만들어 갈 때, 개교를 준비하시는 선생님들과 함께 크게 4가지 분야를 함께 연구, 토론하면서 정리하였습니다.

첫째, 기독교 세계관으로 각 교과목의 가치와 가르치는 목적을 정리하였고,

둘째, 샬롯 메이슨 교육과 기독교적 고전교육 자료들을 통해서 샬롯 메이슨 교육의 교육철학과 교육방법들을 알아가고, 기독교적 고전교육의 교육철학과 교육과정들을 이해하면서 샘물의 기독교교육에 적용할 내용을 정리해 나갔습니다. 이때 참고했던 내용을 이후에 DCTY에서 출판된 『샬롯 메이슨과 함께하는 교육』과 『고전적 교육 입문』에서 더 자세하게 볼 수 있어서 두 교육을 이해하고 적용하는 데 큰 도움이 되었던 기억이 있습니다.

셋째, 샘물의 교육과정을 만들기 전에 공교육의 교육과정(7차 교육과정)을 연구, 정리하였습니다.

넷째, 앞에서 언급한 세 과정을 통합하면서 샘물의 각 학년별, 각

교과별 교육과정을 만들고, 2006년 2월에 개교할 때까지 계속 수정 보완해가는 과정을 가졌습니다.

샘물기독학교 교육과정의 특징은 세 가지로 정리될 수 있습니다.

첫째, 교육의 내용을 기독교 세계관으로 재구성하는 것,
둘째, 책과 역사 중심의 교육과정,
셋째, 자연 친화적인 교육과정이었습니다.

기독교교육에서 가장 중요한 본질은 기독교 세계관으로 재구성하여 가르치는 것입니다. 세상은 '교육이 가치 중립적이다'라고 말하지만, 실상은 교육과정을 만드는 과정부터 교육과정이 실행되는 교실에서까지 만든 이와 실행하는 이의 세계관과 가치관이 담기게 됩니다.

그림 '별이 빛나는 밤'을 보면서 우리는 화가 빈센트 반 고흐의 세계관을 생각해 볼 수 있고, '운명교향곡'을 들으면서 우리가 베토벤의 가치관을 느낄 수 있는 것처럼, 교육의 목적, 주제, 내용, 방법이 담긴 교육과정에도 그 교육과정을 만든 이들의 세계관이 담기게 됩니다.

교육의 목적에서부터 교육평가, 교육방법, 학급 운영까지 교육의 모든 부분에서 세상의 세속적인 세계관(인본주의, 물질주의, 다원주의 등)을 하나님 중심의 기독교 세계관으로 분별하고 재구성하여 가르치는 과정은 가르침의 즐거움을 만끽하는 과정이었습니다. 여러 교과목을 통해 창조하신 모든 만물을 가르치면서 그 안에 계시가 된 하나님의 능력과 신성을 알아가는(롬 1:20) 과정은 교사들에게는 가르침의 즐거움을, 제자들에게는 배움의 즐거움을 누리는 시간이었습니다.

책과 역사 중심의 교육과정은 기독교교육을 더욱 풍성하게 펼칠 수 있는 도구의 역할을 합니다. 책 중심의 교육과정에는 샬롯 메이슨의 『온전한 책』(whole book), 『살아있는 책』(living book)과 관련된 교육관의 영향을 받았습니다. 하나의 주제와 관련된 지식을 단편적, 부분적으로 전달하기보다는 그 지식과 의미 있는 관계를 맺고 있는 저자의 생동감 있는 표현이 담겨 있는 책(living book)과 그 지식이 자세하고 풍성하게 담겨 있는 책(whole book)을 통한 가르침은 학생들이 배움의 즐거움을 느끼면서 생생한 지혜와 지식을 가지게 하였습니다.

문학책을 통해서는 저자와 책 속의 인물들을 인격적으로 만나고, 역사 책을 통해서는 역사의 인물들과 사건들을 생동감 있게 느끼고, 과학 책을 통해서는 그 주제에 대해 깊이 있는 지식의 세계로 들어가는 즐거움을 누렸습니다.

역사 중심의 교육과정은 역사를 단순한 사건의 병렬적 전개로 암기하는 것이 아니라 하나님의 창조세계부터 현재까지의 역사를 스토리텔링(이야기하기)으로 이해하면서 역사를 관통하고 있는 하나님의 주권을 이해하는 시각으로 현재를 해석하고 미래를 바라볼 수 있는 가르침이었습니다. 또한, 수학사를 알아가면서 수학의 개념을 이해하고, 미술사를 통해 미술의 표현기법을 이해하면서 그림을 그리고, 음악사를 통해 작곡가와 그 작품들을 감상하는 배움은 교육의 평면적 전달을 입체적인 배움의 즐거움으로 풍성하게 하였습니다.

자연 친화적인 교육과정은 자연을 느끼고, 자연을 즐기고, 자연을 관찰하고, 자연을 표현하는 교육활동으로 펼쳐졌습니다. 흐르는 시냇물, 계절마다 변화하는 나무들, 각양의 특징을 지닌 곤충들을 관찰하면서 세밀화로 표현하고 느낌을 글로 표현하는 배움 자체가 자연을 즐기는 활동이었습니다.

샘물기독학교에서 7년 6개월(2005년~2012년) 동안의 교직 생활은 가르침의 즐거움 그 자체였고, 기독교사로서 기독교교육의 본질과 실제에 대해 분명하게 정립할 수 있는 감사의 시간이었습니다. 이러한 샘물기독학교에서의 경험과 교육은 동탄에 더샘물학교 초등과정을 개교하기 위해 교육과정을 준비할 때 큰 힘이 되었고, 그러한 교육과정과 더불어 초등과정에서 더 필요하다고 생각되는 내용을 보완해서 더샘물의 초등교육과정이 만들어졌습니다. 더샘물의 교육과정은 뒷부분에서 나누고자 합니다.

2006년, 샘물기독학교의 첫해에 2학년으로 만났던 제자들이 올해 25살이 되었습니다. 대학을 졸업한 제자들도 있을 것 같고, 군 복무를 하는 제자들, 학부 또는 대학원 공부를 하는 제자들도 있을 것 같습니다. 감사한 것은 이들이 파송된 그곳에서 '섬기는 예수 제자'로서 각자에게 맡겨진 일들을 최선을 다해 감당하고 있다는 소식을 종종 들을 수 있는 것입니다.

물론 이들이 앞으로 살아가는 날 동안 힘든 일들도, 혼자 감당할 수 없는 일들도, 포기하고 싶은 일들도 있을 것입니다. 그래도 기독교 학교에서 함께 성장한 친구들이 있고, 자주 만나지는 못해도 늘 응원하고 중보 기도하는 선생님들이 있고, 이들의 삶을 위해 '아낌없이 주는 나무'로 살아가는 부모님들이 있고, 누구보다도 가장 좋은 길로 인도하시는 하나님이 계신 것을 이들은 알고 있고 기억하고 있을 것입니다.

3. 샬롯 메이슨, 그녀에게서 기독교적 가르침을 배우다.

샬롯 메이슨의 교육철학과 사상, 교육방법은 내가 지향하는 기독교교육의 교육철학과 교육방법에 큰 영향을 미쳤습니다. 물론 기독교교육의 본질은 기독교 세계관으로 교육의 목적을 세우고 교육의 내용을 가르치는 것입니다.

그런데, 이와 더불어 중요한 것은 이러한 교육의 목적과 교육의 내용을 어떻게 구체적으로 교육 현장에서 실행하고 성취해 나가는가?

즉, 교육과정의 구체적인 실행과정인데, 이러한 부분에서 샬롯 메이슨으로부터 중요한 기독교적 가르침을 배울 수 있었습니다.

샬롯 메이슨(1842~1923)은 아동교육에 헌신한 영국 교육가였습니다. 그녀는 자신의 교육철학과 방식에 확신을 두고 교사를 양성하면서 아이들을 가르쳤고, 영국의 가정 교육에도 영향을 주었습니다. 샬롯 메이슨의 교육은 오늘날에도 여러 교육가와 홈스쿨링 가정들에 영향을 주고 있고 교육의 현장에서 유용하게 활용되고 있는데, 나의 교육관에 큰 영향을 주었던 그녀의 교육철학을 나누고자 합니다.

교육은 관계이다

우리가 누구를 알고 있다고 하면, 모든 사람을 같은 정도로 알고 있는 것이 아님을 모두 동의할 것입니다. 이름만 알고 있는 사람, 그 사람의 나이, 성격, 사는 곳 등을 객관적으로 알고 있는 사람, 그 사람의 어떤 분야에 대한 호불호를 알고 내면의 생각에 관심이 가는 사람 등 다양하게 사람들을 알고 있습니다. 그리고 우리는 마지막에 언급된 아는 사람들을 인격적 관계가 있는 지인이라고 생각하고, 더 알고 싶어 하고 더 자주 만나고 싶어 합니다.

하나님과의 관계에서도 동일하게 생각할 수 있습니다. 주일마다 교회에 가서 예배를 드리고, 말씀을 읽고 기도하는 성도일지라도 하나님을 아는 정도가 다르고 하나님과 관계를 맺은 정도가 다를 것입니다. 하나님과 깊은 인격적 관계를 맺은 성도일수록 매일 하나님을 말씀으로 만나고 싶을 것이고, 하나님을 더 알고 싶고 하나님을 더 닮고 싶고 그분의 말씀에 순종하고자 노력할 것입니다.

이러한 통찰은 교육의 현장에서도 찾아볼 수 있습니다. 학생들이 왜 교육을 받는가?

가르침을 받은 많은 내용을 암기해서 지필 평가에 좋은 성적을 받아 뛰어나다는 평가를 받고 싶은 목적인가?

그러한 평가를 발판으로 세상이 말하는 좋은 대학, 좋은 직장에 가는 것이 목적인가? 배움의 목적이 이것이라면, 학생들은 지식을 객관적으로 이해하고, 평가의 목적을 달성하면 쉽게 잊어버리는 것을 자연스럽게 받아들일 것입니다. 관계성이 없는 객관적인 이해는 평가의 정도에 따라 희비가 엇갈리기에, 어떤 학생에게는 배움이 즐거움이 아닌 고통이 될 수도 있을 것입니다.

기독교교육은 학생들이 배우는 지식과 친밀한 관계를 맺을 수 있도록 가르쳐야 합니다. 지식과 관계를 맺는 교육은 교육목적, 교육과정, 교육방법, 교육평가와 연결됩니다. 즉 학생들이 교육을 받는 목적이 좋은 평가를 받기 위한 것이 아니라, 자기 생각과 삶에 영향을 주는 지식과 지혜를 만나도록 하는 것입니다. 그 지식이 학생 자신과 관계를 맺도록 하는 것입니다. 관계가 맺어지면 그 지식을 알아가는 과정이 즐겁고, 그 지식을 생활에 적용하는 과정이 즐거워집니다. 이것이 바로 배움의 즐거움입니다. 이러한 배움의 즐거움은 새로운 지식을 더 알고 싶어 하는 능동적인 관심으로 이어지게 됩니다.

학생들이 지식과 관계를 맺게 하는 교육의 방법의 하나로 샬롯 메이슨은 책을 활용하는 교육을 강조합니다. 그녀가 강조하는 『온전한 책』(whole book)과 『살아있는 책』(living book)은 책의 저자가 그 책의 내용을 풍성하게 알고 자신과 관계를 맺은 지식으로 표현하고, 그러한 지식을 독자들에게 그대로 전달하고 싶은 마음이 담겨 있는 책이라고 할 수 있습니다.

'교육은 관계이다'를 좁게는 지식과의 관계로 표현할 수 있지만, 넓게는 교사와 학생과의 관계, 학생과 학생과의 관계까지도 포함할 수 있습니다. 교사는 단순히 지식을 전달하는 자로 그치는 것이 아니라, 학생들을 하나님의 형상으로 바라보고 인격적인 관계를 맺으면서 가르칠 때 학생들은 그 배움의 현장에서 지식과 더욱 의미 있는 관계를 맺어져 갈 것입니다. 학생들과의 관계에서도 마찬가지입니다. 교실은 비교와 경쟁의 현장이 아니라, 존중과 협동의 공간이 되어야 합니다. 이렇게 학생들이 선생님과 그리고 함께 하는 친구들과 인격적인 관계를 맺은 교실에서 배움을 통해 지식과 의미 있는 관계를 맺어갈 때, 교실은 공동체가 되고 하나님 나라가 됩니다.

교육은 습관(훈련)이다.

'생각이 말이 되고, 말이 행동이 되고, 행동이 습관이 되고, 습관이 가치가 된다'라는 말이 있습니다. 하나하나의 작은 습관들이 모여서 그 사람의 인격을 형성하고 그 사람의 됨됨이를 길러준다는 의미입니다. 교육의 사전적 정의는 '지식과 기술을 가르쳐 인격을 길러주는 것'입니다. 즉, 인격을 형성하는 좋은 습관을 길러주는 것이 교육의 중요한 부분 중의 하나입니다.

그런데 사람의 습관의 본질을 파악하면서, 언젠가 열역학 제2법칙(고립계에서 총 엔트로피[무질서도]의 변화는 증가하거나 일정하다)을 생각했던 적이 있습니다. 자연계에서 에너지의 흐름과 사람의 심리와 습관 변화가 동일하다고 볼 수는 없으나, 비슷한 부분이 있다는 것을 느낀 것은 흥미로운 점이었습니다. 즉, 습관을 기르기 위한 교육(훈련)이 없으면 사람은 정돈된 모습이나 좋은 습관을 지니게 되는 것이 아니라, 자신의 본능에 충실한 무질서한 모습과 좋지 않은 습관을 지니게 되는 것을 우리는 종종 보게 됩니다.

다시 말하면 습관은 저절로 되는 것이 아니라, 몸에 배어 자연스럽게 나올 때까지 일관된 행동을 끊임없이 계속할 때 습관이 형성됩니다. 즉, 습관을 형성하기 위한 교육(훈련)은 통일성, 일관성, 지속성이 있어야 합니다. 가정에서는 부모님이, 학교에서는 선생님들이 각기 다른 기준, 다른 약속들을 제시하면 학생들은 무엇을 해야 할지 헷갈리다가 눈치를 보거나 자신에게 편한 기준과 약속을 받아들이게 됩니다.

가정에서는 부모가, 학교에서는 모든 선생님이 동일한 기준과 약속과 훈계를 제시하고 가르치는 통일된 교육(훈련)을 해야 합니다. 이러한 통일된 훈련은 일관되게 진행되어야 합니다. 상황에 따라, 선생님이나 학생의 감정에 따라 기준과 약속의 실행이 일관되게 지켜지지 않는다면, 학생들은 그 교육(훈련)이 그리 중요한 것이 아니며 핑계 댈 수 있는 여러 상황에 따라 변할 수 있다는 것을 알게 됩니다. 몸에 배어 자연스러운 행동으로 나오기 위해서는 통일되고 일관된 교육(훈련)을 인내를 가지고 지속해야 하는 것 또한 중요합니다.

교육을 하나의 씨앗이 아름드리나무가 될 때까지 키우는 것으로 비유할 때가 있습니다. 하나의 씨앗을 땅에 심고 그 씨앗이 나무가 되기까지 어떠한 정성과 수고와 사랑이 필요한지 우리는 잘 알고 있습니다. 햇빛이 잘 드는 양지에 심고, 때를 따라 적절한 물과 양분을 주고, 비바람을 막아주면서 나무를 키우듯이, 한 명의 학생이 좋은 습관과 성품을 가진 '예수 제자'로 성장하기까지 신뢰하면서 칭찬과 격려를 하고 인내하면서 훈계를 하는 지혜로운 교육이 필요합니다.

더불어 중요한 것은 학생들의 생활(습관) 변화는 말로 가르쳐서 생기는 것이 아니라, 부모님과 선생님들이 삶으로 가르칠 때 이루어진다는 것입니다. 예수님께서 그렇게 가르치셨듯이, 삶으로 가르치는 교육(훈련)은 기독교교육의 중요한 요소입니다.

교육은 문화(분위기)이다

전통적 교육철학은 학생을 지식 면에서 백지상태로 생각하고, 교사의 역할을 지식의 전달자로 보았습니다. 이러한 교육철학은 학생의 자율적 학습보다는 교사의 주입식 지도를 강조하였고, 지식의 이해 보다는 지식의 습득에 중점을 두었습니다. 그러나 현대 교육으로 오면서 학생들이 직접 경험하면서 알게 되는 지식, 단순한 습득이 아니라 자신의 이야기로 표현할 수 있는 이해 단계까지의 교육이 활발하게 실행되고 있습니다.

이러한 교육철학, 교육사상, 교육이론 등의 변화와 성장을 참고하면서, 샬롯 메이슨은 의미 있는 관계로 이루어지는 교육, 좋은 습관을 형성하는 교육과 더불어 문화(분위기)로 만들어지는 교육을 강조하였습니다. 행동이 지속적일 때 습관이 되듯이, 일관된 분위기가 지속해서 형성될 때 그 분위기는 그 공동체의 문화로 됩니다. 문화가 물질적 양식(의식주, 언어, 제도 등) 뿐만 아니라 정신적 양식(풍습, 전통, 사상 등)을 포함하듯이, 분위기 또한 환경에서 느껴지는 분위기와 더불어 관계에서 느껴지는 분위기를 포함합니다. 학생은 분위기를 통해서도 교육을 받고, 학생과 교사가 관계와 배움의 현장에서 지속해서 형성하는 분위기가 그 배움공동체의 문화가 됩니다.

학교의 분위기는 학생들을 어떠한 존재로 바라보는가와도 연결됩니다. 학생들이 하나님의 형상으로 지음 받았고 하나님의 성품을 닮아가며 성장해 나가는 인격적 존재로 바라볼 때 교사는 학생들의 영적, 정신적, 신체적 성장을 격려하는 관계를 형성해 나가고, 그러한 관계는 그 교실과 그 학교의 분위기가 됩니다.

또한, 가르침과 배움이 일어나는 교실에서도 비교와 경쟁의 분위기이거나 경직된 분위기가 아니라, 질서와 예의를 갖춘 모습으로 질문과 발표가 자유로이 이루어지고 각자의 의견을 다양하게 표현할 수 있는 협동과 토론의 분위기에서 학생들의 배움은 풍성하게 이루어집니다. 이러한 분위기는 그 학교의 교육 문화가 되어 학생들이 그 문화에 자연스럽게 영향을 받으면서 성장함과 동시에 그 문화를 창조해가는 구성원이 되는 상호 작용이 일어납니다.

4. 청소년들에게 필요한 기독교교육을 생각하다
(샘물중고등학교, 2013년~2018년)

7년 동안 샘물기독학교에서 연구팀장으로 초등과정 교사로 섬기다가, 2013년 샘물중고등학교로 가게 되었습니다. 샘물기독학교에서의 모든 시간이 감사의 시간이었기에 초등에서 중고등학교로 이직하는 것이 계획하고 기대한 일은 아니었지만, 기도 가운데 하나님의 인도하심이라는 확신으로 샘물중고등학교로 가게 되었습니다.

7년(2013~2018년) 동안 샘물중고등학교에서의 업무들을 통해 하나님은 초등과 중고등을 연결하는 기독교교육에 대한 나의 인식을 넓혀 주시고 10대 청소년들의 발달 시기에 그들의 신체적, 정신적, 영적 성장을 위해 필요한 기독교적 교육과정들을 개발하고 실행할 기회들을 허락하셨습니다. 2020년 현재, 동탄 더샘물학교에서 이 글을 쓰면서 감사한 것은, 더샘물학교 개교를 준비하는 모든 과정에서 샘물기독학교와 샘물중고등학교에서의 경험들이 너무나 귀하게 쓰였다는 것입니다. 이 부분은 더샘물학교 부분에서 구체적으로 나누고자 합니다.

　샘물중고등학교에서의 7년은 샘물기독교교육연구소 소속으로 있었기에 자신의 자아를 인식하고 정립해나가는 시기인 10대의 청소년들이 성경적이며 건강한 '정체성'을 가지고 성장하는 데 필요한 교육과정들을 개발하고 실행하는 시간이었습니다.

　첫째, 예비 중등(6학년) 교육과정의 개발과 실행이었습니다. 2009년에 개교한 샘물중고등학교는 2013년까지는 7학년을 신입생으로 받아 중등교육을 실행했었는데, 요즘 학생들의 사춘기 시기가 빨라짐에 따라 일 년이라도 일찍 기독교 세계관으로 학생들을 교육하는 것이 필요하다고 판단하여 예비 중등(6학년) 과정을 2014년 가을학기부터 시작하였습니다.

　예비 중등 교육과정의 목표는 성경적 세계관을 바탕으로 언어, 탐구, 여행, 자연의 4개의 범주 안에서 다양한 교육을 통해 하나님과 창조세계를 알아가는 배움의 즐거움을 누리는 것이었습니다. 예비 중등과정을 통해 13살인 6학년 학생들이 건강한 자아상을 세워가면서 7학년의 중등 배움을 준비해나가길 기대하며 실행했습니다.

　둘째, 샘물중고등학교 신입생들(예비 중등과 7학년)이 샘물의 기독교교육에 집중하기 위해 세상의 가치관으로부터 영향을 받은 묵은 누룩을 없애는 교육과정(마음 밭 교육과 마음 밭 수업)의 개발과 실행이었습니다. 4박 5일 동안 지리산 두레마을에서 진행되는 마음밭 교육은 2015년부터 시작하였고, 7학년 학생들에게 일 년 동안 샘물의 교육(사명선언문, 핵심가치)과 학습 태도(수업 약속과 자기주도학습)를 구체적으로 가르쳐서 샘물의 기독교교육에 집중할 수 있도록 실행했던 마음 밭 수업은 2017년부터 시작하였습니다.

마음 밭 교육이 진행되는 지리산 두레마을은 공기 좋은 지리산 중턱에 있는 기독교 공동체이기에, 예비 중등과 7학년 학생들은 4박 5일 동안 지리산 두레마을에 생활하는 것 자체로 영적, 정신적, 신체적 건강을 느낄 수 있었습니다.

마음 밭 교육은 세상의 생각은 잠시 내려놓고 자연을 느끼면서 하나님 말씀과 책과 노동에 집중하는 교육입니다. 말씀 묵상과 기도 산책으로 하루를 시작하고, 오전에는 책 읽기와 책 나눔을 오후에는 성경 통독과 두레마을을 섬기는 노동을, 저녁에는 신나는 공동체 활동을 하면서 단순한 배움 가운데서 길어 올려지는 깊은 생각과 공동체성을 세워가는 교육입니다.

샘물중고등학교에 있었던 2018년까지 매년 4박 5일 동안 함께 했던 마음밭 교육은 학생들에게는 세상의 교육과는 다른 기독교적 배움의 즐거움을, 교사인 나에게는 제자들 한 명 한 명과 친밀한 관계를 맺어가는 기독교적 가르침의 즐거움을 맘껏 누리는 시간이었습니다.

셋째, 10대 청소년들에게 필요한 교육과정(성교육, 진로교육)을 기독교 세계관으로 개발해서 실행하는 것이었습니다. 세상의 매체들은 하나님이 창조하신 성을 끊임없이 세속적으로 왜곡하여 퍼뜨리고 있고, 10대 청소년들은 그러한 비틀어지고 왜곡되고 건강하지 못한 정보들을 무분별하게 흡수하듯이 받아들이고 자신과 타인에게 적용하면서 상처를 주고받게 됩니다. 이러한 왜곡된 '성' 인식과 적용을 회복하기 위한 기독교적 성교육의 필요성은 두 번 강조하여도 지나치지 않았기에, 2016년에 외부 전문가를 모신 성교육 프로젝트 팀이 구성되어 교육과정 개발을 진행하였고 2017년에는 영성연구소 선생님들과 협업하여 예비 중등부터 11학년까지 그 학년의 발달 시기에 필요한 성교육을 실행하였습니다.

샘물의 제자들이 기독교적 성교육을 통하여 자신의 성을 하나님이 창조하신 아름다움으로 이해하면서 잘 관리하고, 이성을 창조 원리로 이해하고 존중하면서 건강한 이성 관계를 만들어 가리라 기대합니다.

9, 10, 11학년 학생들을 위한 진로교육 교육과정의 개발과 실행은 3단계의 협업 과정으로 진행된 즐거운 과정이었습니다.

제1단계는 신동열 목사님이 섬기시는 소명교육개발원과의 협업이었습니다. 소명교육의 전문가이신 신동열 목사님과 이해양 실장님과의 협업은 소명과 관련된 많은 내용을 배울 수 있는 즐거운 동역이었습니다. 귀한 자료들을 공유해 주시고 진로교육 강사로도 섬겨 주셨던 목사님과 실장님에게 이 자리를 빌려 감사의 마음을 표현하고 싶습니다.

제2단계는 밀알두레학교 진로교육을 담당하시는 김병철 교감 선생님과 최은미 선생님과 만남이었습니다. 밀알두레에서 진행하는 진로교육을 오픈하여 나눠주셔서 큰 도움이 되었습니다.

제3단계는 샘물에서 진로교육을 함께 준비하고 공동으로 진행하시는 선생님들과의 협업이었습니다.

진로교육은 하나님께서 창조하신 자신을 만나고, 하나님께서 주신 재능과 은사를 알고 비전과 소명을 꿈꾸는 과정입니다. 자신의 정체성, 자신의 재능, 자신의 흥미와 호기심, 자신이 추구하는 가치들을 알아가면서 20대에 더 준비해 가야 할 부분들, 30대에 열정적으로 하고 싶은 부분들을 선생님과 친구들과 함께 탐색하고 소망하고 준비하는 교육을 하면서 그들이 걸어가는 여정을 함께 걸어가는 여행과 같은 가르침의 즐거움을 누렸습니다.

2016년부터 3년 동안 연구 교감으로 재직하면서 WCA(Westminster Christian Academy)의 CTL(Center for Teaching and Learning) 교사교육 프로그램을 벤치마킹해서 진행한 다양한 교사교육을 통해 교사들을 섬겼던 시간도 정말 귀했습니다.

샘물에서 진행된 교사교육은 샘물의 교사로 선발된 신임교사들을 위한 5일간의 신임교사 연수, 1년 차 신임교사들을 1년 동안 교육하는 신행성(신임교사들의 행복한 수업 성찰), 1, 2년 차 교사들을 1년 동안 교육하는 행성(행복한 수업 성장), 학기 중에 모든 교사와 소통하면서 교육하는 T-day(Teacher's day), 방학 중에 3일 동안의 자체 교사 연수를 진행하면서 필요에 따라 외부 기관(기학연, 기대연, 좋은 교사)의 연수에 참여하는 것을 돕는 등 다양한 목적 성취를 위해 다양한 방법으로 진행되었습니다.

샘물에서 교사교육을 하면서 학생들을 가르치는 가르침의 즐거움과는 또 다른 차원의 가르침의 즐거움을 느낄 수 있었던 것은, 기독교사들이 교육의 현장에서 제자들을 사랑으로 교육하는 기독교교육을 맘껏 펼칠 수 있는 역량을 키우는 부분에 조금이라도 섬길 수 있었다는 감사와 기쁨입니다.

5. 파커 파머, 그에게서 기독교적 가르침을 배우다

　　우리보다 먼저 기독교교육의 목적과 교육과정에 대해, 기독교사의 정체성과 역할에 대해 고민하고 정리하고 살아온 선배들을 책으로 만난 것은 내가 15년 동안 기독교교육을 할 수 있는 데 큰 힘과 원동력이 되었습니다.

　　샬롯 메이슨의 『샬롯 메이슨 교육을 만나다』를 통해서는 샬롯 메이슨 교육의 철학과 방법을 배웠고, 존 반 다이크의 『가르침은 예술이다』를 통해서는 기독교사의 정체성과 기독교적 가르침의 본질들을 생각할 수 있었고, 헤로 반 브루멜른의 『기독교적 교육과정 디딤돌』을 통해서는 기독교 세계관으로 교육을 이해하고 수업설계를 할 수 있는 구체적인 안내를 받았고, 파커 파머의 『가르침과 배움의 영성』을 통해서는 이 세상에서 기독교교육이 왜 필요한지 즉, 기독교교육의 존재 목적을 생각하게 되었습니다.

　　지난 15년 동안 기독교교육을 하다가 기독교사로서의 정체성이 흔들릴 때, 기독교교육의 본질이나 구체적인 방법 등에 대해 고민이 생길 때 나는 책들을 읽고 있었고, 기독교사와 기독교교육에 대한 확신과 사랑이 담긴 그들의 책들을 통해 나의 연약함을 조금씩 더 견고하게 세워나가는 기쁨을 가질 수 있었습니다.

　　개인적으로 파커 파머의 기독교적 가르침의 본질과 기독교사의 정체성에 대한 깊은 영적 통찰에 큰 공감을 하였고, 그의 깊은 영성이 담긴 글들은 기독교교육의 현장에서 내가 기독교사로서 어디에 중심을 두고 준비를 해야 하는지, 나의 가르침의 방향이 어디로 향해야 하는지에 대해 항상 나침반과 같은 역할을 해 주었습니다. 『가르침과 배움의 영성』에서 다음과 같은 글을 읽었을 때 우리가 왜 기독교교육을 해야 하는지, 나의 기독교교육의 중심이 어디에 있어야 하는지에 대해 큰 깨달음을 가진 기쁨을 지금도 기억하고 있습니다.

> 나는 교육 전체에 스며 있는 고통을 단절의 고통이라고 부른다. 어디를 가든, 동료들로부터, 학생들로부터, 자신의 마음으로부터 단절되었다고 느끼는 교사들을 만난다. 우리는 연결되고자 하는 열정으로 기독교사의 자리에 선다. 어떤 주제에 깊은 유대감을 느끼며, 그 지식과 학생들을 연결해 주기를 원한다. 우리는 우리와 동일한 가치관과 소명을 가진 동료들과 공동체를 이루어 동역하기를 원한다.

우리나라의 기독교교육은 종종 대학입시라는 큰 산에 부딪혀서 교육의 방향성에 대해 고민할 때가 있습니다. 기독학부모들은 기독교교육을 대학입시라는 세상의 저울로 재면서 그 가치를 평가절하하고 여전히 사교육의 유혹을 떨쳐 버리지 못할 때가 있습니다. 그러한 현실에서 기독교사인 우리는 세상의 비교와 경쟁의 교육에서 어그러지고 왜곡된 '단절의 고통' 소리를 들을 수 있어야 하고, 그 '단절'을 기독교교육을 통한 '연결'의 회복으로 방향을 전환할 수 있는 영성이 있는 교육을 해야 합니다.

영성이 있는 교육을 하기 위해서는 기독교사인 내가 먼저 견고한 영성으로 내면을 세우는 개인이 되어야 하는데, 파커 파머를 두 번째로 만난 책, 『가르칠 수 있는 용기』에서 기독교사인 '나'를 바라보고 '나'를 인식하고 '나'를 세우는 것의 중요성을 다시 한번 생각할 수 있었습니다.

교사가 교육을 준비할 때 흔히 제일 먼저 하는 질문과 생각들은 '무엇을 어떤 목적으로 가르칠 것인가? 어떻게 가르치고 어떻게 평가할 것인가?'입니다. 어떤 인격적인 존재인 '누가' 어떤 인격적인 존재인 '누구'를 가르치는가에 대해서는 질문도 고민도 하지 않는데, 파커 파머는 『가르칠 수 있는 용기』에서 특히 가르치는 자가 '누구'인지의 중요성을 계속 강조하고 있습니다. 어떠한 지식을 어떻게 가르치는가를 준비하는 것보다 먼저 교사가 자신의 내면을 들여다보고 견고히 세우는 용기가 필요함을 이야기합니다.

자아정체성과 성실성으로 교사 자신의 내면을 건강하게 세울 때, 자신의 마음이 수용할 수 있는 한도보다 기꺼이 더 수용하겠다는 마음을 여는 용기가 있을 때, 교사는 훌륭한 가르침을 할 수 있다고 말하는 파커 파머를 통해 나는 나조차 인식하지 못하고 있었던 나의 깊은 내면을 들여다보는 시간을 가졌습니다.

그리고 '교육은 학생들의 내면적인 여행을 인도하여 이 세상을 진지하게 보는 방식과 이 세상을 진지하게 살아가는 방식을 가르치는 것이다.'라는 그의 글을 통해 대학입시가 우상이 되어버린 세상의 교육과는 차원이 다른 기독교교육의 가치에 확신하면서, 기독교사인 나에게 주어진 일들에 집중할 수 있었습니다.

6. 배움의 즐거움과 공동체의 회복을 꿈꾸다
(더샘물학교, 2019년~현재)

더샘물학교는 샘물중고등학교에서 '기독교교육운동의 확장' 비전으로 2019년 동탄에 개교한 기독교 학교입니다. 그리고 지금 나는 더샘물학교 초등과정에서 교장으로 섬기고 있습니다. 더샘물학교까지의 여정을 생각하면, 내가 지금 여기에 있는 것은 그리 계획적이지도, 그리 부지런하지도 않은 나를 신실하게 인도하신 전적인 하나님의 은혜임을 고백하게 됩니다.

　세상도, 기독교교육도 제대로 알지 못하는 20대 청년의 무식한 기도에 하나님은 '기독교교육'이라는 세미한 음성으로 응답해 주셨고, 어떠한 길로 어떻게 가야 할지도 모르는 나에게 때를 따라 좋은 사람들을 만나게 하시고 좋은 기회들을 허락해 주셨습니다. 내가 주체적으로 스스로 결정한 것은 교육학 공부뿐이었던 것 같습니다.

　목사님의 조언으로 신학 공부를 하였고, 친구의 제안으로 분당샘물기독학교에 가게 되었고, 동탄에 더샘물학교를 개교해 기독교교육운동의 확장을 실천해 보자는 학교 리더의 말씀에 기도 가운데 순종함으로 함께 했습니다. 부족하고 부족한 자에게 가르침의 재능을 주시고, 하나님이 기뻐하시는 기독교 학교에 일꾼으로 불러주시고 하나님 나라의 다음 세대를 교육하는 너무나 귀한 일을 지금까지 감당하게 하시는 하나님의 은혜가 큽니다.

　앞에서 언급하였듯이 더샘물학교 초등교육은 샘물기독학교와 샘물중고등학교에서 13년 동안의 기독교교육 경험을 통해, 기독교학교 초등교육에서 하나님과 창조세계를 알아가는 배움의 즐거움을 맘껏 누리기 위해 실행하고 싶고, 각 학년의 발달과정에서 전인격적인 성장을 위해 실행해야 하는 교육과정을 통합적으로 정리해서 실행하고 있습니다. 더샘물학교교육에 대해 나누고 싶은 내용은 정말 많지만, 더샘물 교육의 독특성을 담은 5가지 특징을 이 자리를 빌려 나누고자 합니다.

첫째, 기독교 세계관으로 자기 자신과 주변의 사물과 상황과 환경을 이해하고 분별하면서 하나님과 창조세계를 알아가는 교육입니다.

　세계관은 엄마 배 속에 있을 때부터 부모의 생각과 태교로 영향을 받고 세상에 태어나면서부터 많은 이들의 언어와 비언어의 전달로 때로는 의식적으로 때로는 무의식적으로 형성하게 됩니다.

　누워만 있어야 하는 한 살 때도 '너는 남자라서.' '너는 여자라서.'라는 '성'과 관련된 어른들의 세계관을 들어야 하고, 언제 기어야 하고 언제 걸어야 하고 언제 말을 해야 하고 언제 글을 읽어야 한다는 세상이 정해놓은 시기에 그러한 역량을 발휘하지 못하면 부모에게 걱정을 주는 자녀로 위축되고 자존감이 낮아지게 됩니다. 우리의 학생들이 '예수 제자'라는 정체성으로 건강하게 성장하기 위해서는 기독교 세계관으로 자기 자신을 귀하게 바라보는 시각이 필요합니다.

　사람들이 보내는 판단이 아니라 존재 그 자체를 귀하게 보시는 하나님의 시각으로 자신을 바라보게 하기 위한 교육을 다양한 각도로 실행하고 있는데, 맥스 루케이도의 『너는 특별하단다』를 1학년 국어 교재 중에 하나로 사용하는 것도 국어교육목적의 성취 외에 기독교 세계관으로 자신을 바라보게 하는 목적이 담겨 있습니다. 더샘물학교는 일 년 동안 7, 8권의 통권책을 국어 교재로 사용하고 있는데 각 학년에서 한 권 정도는 가치면에서 이러한 목적을 위해 선정하고 있습니다.

　"네 이웃을 네 몸과 같이 사랑하라"라는 하나님 말씀처럼, 자신을 건강하게 바라보는 세계관으로 주변의 사물과 상황을 이해하고 분별하고 활용하고 섬겨야 합니다. 이러한 교육은 고학년으로 올라갈수록 더 구체화하여 교육하게 되는데, 4학년부터 있는 성경적 세계관 수업을 통해 학생들과 밀접한 관련이 있는 주제들을 하나하나 함께 생각하고 토론하고 분별하고 정립하는 시간을 가지게 됩니다. 성경적 세계관 수업을 통해 자기 자신에 대해, 공부에 대해, 미디어에 대해, 성에 대해, 진로에 대해 기독교 세계관으로 분별하고 자신의 생활에 적용하는 더샘물 제자들로 성장하길 기대해봅니다.

둘째, 책을 즐거워하고 책을 통해 생각이 깊어지고 표현이 풍부해지는 교육입니다.

더샘물의 초등 교육과정은 샬롯 메이슨 교육의 영향을 받아 책과 밀접한 연관성을 가지고 있습니다. 국어는 국공립 교재는 참고용으로 사용하고, 학교에서 정한 통권 책을 교재로 사용하여 국어의 읽기, 듣기, 쓰기, 말하기, 문법, 문학의 국어 목표를 성취하면서, 다른 과목과 융합하여 통합적인 가르침을 하고 있습니다.

예를 들어 3학년 국어 교재 중 하나인 『나니아 연대기』 중 '사자와 마녀와 옷장'을 공부하면서 3학년 학생들은 저자인 C.S. 루이스를 만나고 책의 스토리와 연결된 역사적 배경, 상황적 배경, 등장인물의 성격과 심리 등을 공부하면서, 『나니아 연대기』의 다른 책들을 스스로 찾아 읽게 됩니다.

학생들은 『나니아 연대기』를 읽으면서 단순히 스토리와 등장인물만 만나는 것이 아니라, 저자인 C.S. 루이스가 책을 쓴 목적과 그가 아이들을 얼마나 사랑하는지까지도 느끼게 되면서 저자를 생동감 있게 만나게 됩니다. 이러한 학생들의 자발적인 책 읽는 즐거움을 돕기 위해 학교는 어디에서나 책을 읽을 수 있는 환경과 분위기를 조성하는데, 학교의 현관과 복도 기능이 있는 허브 공간에도 책이 있어 학생들이 앉아서 책을 읽을 수 있고, 각 교실의 책장에도 학부모님들의 기증을 받은 책들이 있어서 어디에서나 학생들이 책 읽는 모습을 볼 수 있습니다.

또한, 국어 교재 한 권의 마무리를 각자가 역할을 정해서 연극으로 표현하고 정리하는 것은, 연극의 준비와 발표를 통한 통합적인 배움과 더불어 책 읽기를 더욱더 좋아하기를 바라는 선생님들의 마음도 담겨 있습니다. 다른 과목에서도 주제와 관련된 온전한 책(whole book)을 통해 학생들이 깊이 있는 지식을 알아가도록 돕습니다.

마이크로소프트 설립자인 빌 게이츠가 "나를 키운 것은 마을의 도서관이다. 나는 아이들에게 컴퓨터보다 먼저 책을 사 줄 것이다"라고 말한 것을 알고 있습니다. 자녀들이 책을 충분히 읽고 깊은 사고력의 역량을 가진 후에 컴퓨터 활용 역량을 성장시키는 것도 늦지 않다는 것을 부모들은 알고 있어야 합니다.

셋째, 마을 수업(무학년 공동체 수업)으로 진행되는 주제 통합 프로젝트 교육입니다.

더샘물 초등과정은 2019년에 1, 2, 3학년으로 개교하여, 2020년에는 1, 2, 3, 4, 5학년으로 구성되어 있습니다. 마을 수업은 모든 학년의 학생들이 구성원이 되어 한 마을을 이루게 되고, 5학년 학생이 그 마을의 이장(섬김이)으로서 후배 학생들을 섬기면서 배움의 내용을 이끌어가는 섬김이가 되고 선생님은 그 마을의 멘토가 되어 중요한 배움의 방향들을 바로잡아주고 마을 이장의 섬기는 리더십 역량을 성장시키는 데 도움을 줍니다.

작년(2019년) 마을 수업에서는 세 마을(예수 제자 마을, 예수 사랑 마을, 예랑 마을)이 형성되어 더샘물 공동체 세우기, 5가지 컬러 푸드와 건강, 추석의 유래와 놀이 등의 주제를 가지고 함께 논의하고 만들고 발표하는 프로젝트 교육이 진행되었습니다. 올해(2020년)는 코로나 상황으로 인해 마을 수업이 늦게 시작되었는데, 첫 번째 프로젝트로 지금 현재 우리의 상황과 연결하여 '우리의 청지기 사명, 환경과 건강'이라는 주제로 마을 수업이 진행되고 있습니다.

프로젝트 교육에서 중요한 부분은 그 교육에 참여하는 학생들과 밀접한 연관이 있는 주제를 정해 능동적으로 스스로 논의하고 연구하고 내용을 정리할 수 있도록 지도하는 것이 중요한데, 지금 시점에서 '환경과 건강'에 함께 논의하면서 학생들이 환경과 건강을 위해 스스로 할 수 있는 작은 것부터 실천할 수 있도록 돕는 교육은 꼭 필요하기 때문입니다.

넷째, 때로는 모든 학년이 다 같이, 때로는 학년 군끼리 교실을 떠나 배움의 공간을 확장하여 진행하는 공동체 여행입니다.

작년에 더샘물교육을 실행하면서 공통으로 느꼈던 점은 학생들이 정말 좋아하는 교육활동은 모든 학년이 함께 하기에 공동체성을 느낄 수 있는 마을 수업과 여행 수업이었습니다. 마을 수업은 하나의 주제에 대해 다 함께 논의하면서 정리해 나가는 배움의 즐거움이 있다면, 여행 수업은 교실에서 말과 글로 배우는 평면적인 지식의 한계를 벗어나 직접 현장에서 관찰과 경험으로 알게 되는 입체적인 배움의 즐거움을 누릴 수 있다는 것입니다.

한 달에 한 번씩 실행했던 여행 수업을 보면, 화가의 가치관이 담겨 있는 그림을 직접 보면서 화가의 세계와 만나는 미술 전시회 여행 수업, 가족관계에서 일어날 수 있는 갈등과 해결의 과정을 재미있게 풀어낸 가족 뮤지컬 여행 수업, 자연에서 즐겁게 뛰놀면서 자연 그 자체를 즐기는 휴양림 여행 수업, 과학의 원리를 직접 경험하면서 알게 되는 과학관 여행 수업, 책 이야기의 세계에 푹 빠지는 즐거움을 누린 국립도서관 여행 수업 등이 있었습니다.

선생님이 직접 기획하고 실행하는 여행 수업도 있지만, 마을 수업과 연계하여 각 마을에서 마을 이장(섬김이) 중심으로 학생들이 직접 여행 수업을 기획하고 준비하여 실행한 후 발표하는 여행 수업도 올해는 시도해 볼 계획입니다.

다섯째, 학부모와 동역하는 교육입니다. 기독교교육에서 가정은 학교와 같은 방향을 바라보고 힘있게 동역하는 중요한 역할을 감당해야 합니다.

왜냐하면, 학교는 자녀를 교육하는 일차적 권리와 의무를 가진 학부모로부터 교육을 위임받은 곳이기에 자녀 교육의 모든 부분을 감당할 수도 없고 감당해서도 안 됩니다. 또한, 학교에서 동일한 교육을 하더라도 어떠한 가정환경에서 어떠한 자녀 양육을 받는가에 따라 학생들의 영적, 정신적, 신체적 성장의 정도는 다르게 진행됩니다.

예를 들어, 기독교 학교에서 경험하는 사물과 상황을 기독교 세계관으로 분별하고 적용하고 실천하는 것을 교육하더라도 가정에서 부모가 세상의 물질적, 인본주의적 세계관으로 살아가면서 자녀들에게 강조한다면 학생들은 혼란을 겪다가 자신에게 편한 쪽을 선택하게 될 가능성이 큰 것을 보게 됩니다.

더샘물학교의 학부모와의 동역은 다양하게 진행됩니다. 학부모가 기독교교육을 이해하고 가정에서도 같은 방향으로 일관성을 가진 자녀 양육을 할 수 있도록 돕는 학부모 교육, 자녀가 기독교교육을 통해 하나님이 기뻐하시는 '예수 제자'로 성장하기를 바라는 마음을 담은 학교와 교사와 학생을 위한 중보 기도, 학교의 교육활동에 직접 참여하여 학부모의 재능으로 섬기는 교육 참여 등, 학부모와의 동역은 더샘물학교의 자랑이자 큰 힘입니다.

2019년에 있었던 학부모와의 동역을 두 가지 정도만 구체적으로 나누면, 하나는 교복의 디자인, 색상, 주문과 제작 과정 등 모든 부분이 학부모의 섬김으로 만들어진 더샘물 초등교복과 또 하나는 아빠의 섬김으로 신나게 진행되었던 1박 2일 아빠와의 캠프였습니다. 아빠와 함께 텐트를 치고 저녁 식사를 직접 만들어 먹고, 잔디밭에서 신나게 공동체 놀이를 하고 저녁에는 텐트에서 아빠와 단둘이 대화를 나누는 시간을 가졌던 아빠와의 캠프는 자녀들에게도 아빠들에게도 잊을 수 없는 시간이 되었습니다.

학부모와 함께 소통하면서 동역하는 더샘물 교육은 앞으로 더욱 더 풍성하게 진행되리라 기대되고, 이러한 가정과 동역하는 교육으로 학생들은 안정감 있는 환경에서 더욱 신나게 '예수 제자'로 성장할 것입니다.

이러한 다양한 기독교교육을 통해 더샘물학교 학생들은 하나님과 창조세계를 알아가는 배움의 즐거움을 누리면서 동시에 깊은 생각을 다양하게 표현할 수 있는 역량을 지닌 '예수 제자'로 성장할 것이고, 가정과 학교와 교회는 하나님이 기뻐하시고 임재하시는 공동체의 회복을 경험하면서 동역의 즐거움을 가질 것입니다. 더샘물학교는 아직은 2년 차인 작은 학교이지만 내면에는 10년 이상의 기독교교육 노하우를 가지고 있고 하나님이 주신 위대한 비전을 품고 그 여정을 걸어가고 있습니다.

5. 기독교사의 삶, 비전을 주신 이에게 순종하다

수학과 과학을 좋아했던 10대 소녀가 이제는 기독교교육의 현장에서 쓰임 받는 것을 기뻐하고 제자들을 사랑하는 50대 아줌마가 되었습니다. 주어진 일에 열심히는 살았지만 어디로 향해 달리고 있는지는 몰랐던 20대의 청년이, 이제는 자신이 서 있는 곳의 의미를 알고, 현재 자신이 감당하고 있는 기독교교육의 가치와 목적을 알고, 자신이 사랑하고 섬기고 있는 제자들이 얼마나 귀한 자들이고 그들의 성장이 얼마나 중요한지를 알고 있는 중년이 되었습니다.

내가 어떤 위치에 있고 무엇을 하고 있는가도 의미가 있겠지만, 내가 지금 매일매일 의미를 두고 최선을 다해 일하고 있는 일의 가치와 목적을 알고 살아가고 있기에 행복하고 감사합니다.

어디로 가야 할지 알지 못하는 아브라함이 '떠나라'라는 하나님의 명령에 순종하여 고향인 갈대아 우르를 떠나서 가나안으로 향했습니다. 한 명의 자식도 없는 85세인 아브라함에게 나타나신 하나님은 아브라함의 자손이 '하늘의 별처럼 많을 것이다'라는 약속을 하셨고, 지금 우리는 그 약속을 신실하게 행하신 하나님을 보고 있습니다.

창세기에 있는 아브라함의 삶에서 우리는 히브리서 11장 1절의 말씀인 "믿음은 바라는 것들의 실상이요, 보이지 않는 것들의 증거다"라는 말씀을 생각하게 됩니다. 그리고 그 말씀으로 지금 현재 우리에게도 신실하게 동행하시고 인도하시는 하나님을 만나게 됩니다. 기독교교육이 무엇인지도 모르고 신대원에 용감하게 들어갔던 20대 중반의 나를 생각하면, 그 길이 무슨 길인지도 모르고 시작했던 참 무식한 행동이었다는 생각이 듭니다. 5년, 10년 이후의 삶의 계획도 없었던 무모한 시작이었다는 생각도 듭니다.

아주 미세하게 들렸던 '기독교교육'이라는 음성에 작은 믿음으로 미련한 순종의 발걸음을 걸었는데, 신실하신 하나님은 지난 15년 동안 기독교교육의 현장에서 나를 사용하여 주셨고, 기독교교육에 대한 이론과 현장의 경험을 통합하여 더샘물학교의 초등교육을 기획하고 실행하는 일들을 허락하셨습니다.

그동안 힘든 일들도 많았지만, 지금까지 감당할 수 있었던 것은 동행하시며 인도하시는 하나님을 날마다 경험케 하시는 하나님의 전적인 은혜이었음을 고백하게 됩니다. 앞으로의 삶 또한 신실하게 인도하시는 하나님의 '세미한 음성'에 순종하며 세상의 눈으로는 미련해 보이는 듯하지만, 하나님께서 보시기에는 '착하고 충성된 종'으로 살아가기를 기도하며 걸어갑니다. 왜냐하면 내 안에 착한 일을 시작하신 하나님께서 예수 그리스도의 날까지 이루어가실줄 믿음으로 바라보기 때문입니다(빌립보서 1:6)

기독교교육은 하나님께서 기뻐하시는 하나님 나라의 일입니다. 왜냐하면, 기독교교육은 하나님 나라의 다음 세대인 '예수 제자'를 교육하는 일이기 때문입니다. 예수님께서 부활하시고 승천하시기 직전에 명령하신 "모든 민족을 제자로 삼아 우리에게 명령한 모든 것을 가르쳐 지키게 하라"(마 28:19,20)는 말씀에 순종하는 일이기 때문입니다.

이 세상에서 기독교교육을 하는 것은 쉬운 길이 아닙니다. 세상과 거스르는 일이고, 세상을 변혁하는 일이고, 세상을 회복하는 일입니다. 눈에 보이지 않는 영적 전쟁이 매일 일어나는 곳이기에, 이러한 귀한 일에 부름을 받은 기독교사는 기름을 준비한 다섯 처녀처럼 깨어서 준비(마 25:4) 해야 하고, 비둘기처럼 순결하지만 뱀처럼 지혜(마10:16)로워야 합니다. 기독교사는 학문을 가르치는 전문성이 있어야 할 뿐만 아니라, 삶의 가르침을 통해서 제자들이 하나님을 알게 하고 하나님의 성품을 닮아가도록 가르쳐야 합니다. 쉽지 않은 길이지만, 기독교사들이 순종하면서 감당하고 있는 것은 부르신 하나님께서 동행하고 계시고, 기독교교육이 하나님 나라에서 정말 필요한 귀한 일임을 알고 있기 때문입니다.

이제 한국에서 기독교교육을 받은 1세대들이 청년이 되어 '예수 제자'의 삶을 걸어가고 있습니다. 이들이 삶의 현장에서 '예수 제자'로서의 삶을 우직하게 살아가고, 부모가 되어 가정에서 기독학부모로서 자녀를 기독교 세계관으로 양육하고 그 자녀들이 기독교교육을 통해 성장해 나가는 꿈을 꾸게 됩니다.

한국의 수많은 기독교사의 믿음과 순종의 행보에 하나님께서 신실하게 응답해 주셔서, 기독교교육을 통해 성장한 '예수 제자'들이 파송 받은 그곳에서 하나님 나라 확장의 사명을 감당해 나가고 있다는 소식들이 끊임없이 들려오는 날들을 믿음으로 바라보게 됩니다. 그리고 연약하고 부족한 우리들을 사용하셔서 하나님의 일들을 신실하게 행하시는 하나님께 감사와 찬양과 영광을 올려드립니다.

예술교육을 기독교적으로 하다

유승민
샘물중고등학교

1. 미술 수업에서는 뭔가 엄청난 일이 생긴다

2014년, 샘물중고등학교가 자리를 옮기고 강당에서 첫 입학설명회를 열게 되었습니다.
무언가 학교가 지나온 역사를 기념할 만한 것이 없을까?
미술과에서 아이디어를 내어 새로운 학교의 강당 로비에 조형물을 설치하기로 했습니다. 저는 미술동아리 학생들과 함께 학교 곳곳에 홍보 포스터를 붙였습니다.

1박 2일 거대한 아트프로젝트! 샘물의 역사가 담긴 설치작품 만들기. 간식 제공, 몸은 힘들지만, 보람은 확실히 보장하며 선착순 20명. 열정이 있는 사람은 누구든 환영!

아이들이 삼삼오오 모여들면서 금세 모집인원을 훌쩍 넘었습니다. 물론 미술 작업보다 학교에서 친구들과 간식도 먹고 즐겁게 놀려는 아이들도 있었습니다. 미술 교사의 처지에서 정예 멤버를 데리고 일을 착착 진행하면 훨씬 수월했겠지만, 자원한 친구들을 모두 받았습니다. 그렇게 우리는 밤을 새우면서 철사로 뼈대를 만들고, 한지를 붙이면서 조형물을 만들었습니다. 그리고, 어떤 친구들은 직접 포즈를 취해서 사람 모양의 실루엣을 그리고 오렸습니다.

그 후로도 세월호를 기억하는 설치미술 작업, 국토 순례를 앞두고 전교생이 플라스틱 벽돌을 만들어서 하나의 길을 만드는 공동 작업 등 규모가 큰 프로젝트 수업을 매년 학생들과 함께 기획하고 실행하였습니다. 다양한 예술 활동에 열심히 참여했던 학생 중 하나는 졸업을 한 후에도 가끔 연락을 해서 다음과 같이 말합니다.

"저는 늘 선생님의 엄청난 프로젝트에서 일 순위인 거 아시죠?"

현재 영국 런던에서 유학 중인 이 제자는 코로나 사태로 인해 잠시 귀국했다가 온라인 미술 프로젝트의 진행을 돕게 되었습니다. 중학교 1학년 학생 전체가 온라인 학습일기를 만들었으니, 이것도 엄청난 프로젝트라고 부를 것 같습니다.

이처럼 미술 수업을 향한 아이들의 기대감은 교사를 춤추게 하는 최고의 동기입니다. 수업이나 프로젝트에서 그 결과도 중요하지만, 과정에 참여하는 아이들의 반응을 생각하면 교사인 저도 비슷한 기대와 흥분에 사로잡힙니다. 막상 수업에서는 엉뚱한 길로 들어서기도 하지만, 예술의 특성인 모호성과 불확실성을 핑계 삼아 재미있고 엄청난 수업을 만들 기회를 호시탐탐 찾아봅니다.

이렇게 보면 미술 교사에게는 예술가적 마인드뿐만 아니라 어느 정도의 추진력, 주변 사람들을 동참시킬 수 있는 친화력과 융통성이 상당히 필요해 보입니다. 이런 기준에 비춰볼 때 저는 작가도 교사도 아닌 모호한 정체성으로 미술 교사를 시작했고, 보기와 다르게 끝을 흐지부지하게 마무리하고, 나의 방법이 최선이라고 고집하는 까칠한 성격을 갖고 있으니, 여러모로 부족한 면이 많습니다. 그런 점에서 이제부터 소개하는 글은 가르침의 소명을 뒤늦게 깨닫고 성경적인 예술교육을 찾아 길을 떠났던 한 미술 교사의 성장 이야기이자 여행기입니다. 그 여정을 함께 나누고자 합니다.

2. 작가인가? 또는 교사인가?

미술 교사로서 저의 발걸음은 꽤 독특합니다. 사범대학교 미술교육과를 나왔지만, 주요 관심은 예술을 통한 교육이 아니라 예술 창작 그 자체에 머물렀습니다. 미술학 석사과정을 마치고 초보 작가의 길로 접어들면서 대학의 전공 수업을 맡게 되었지만 부끄럽게도 이 때 선생이라 할 만한 모습이 없었습니다. 교육에 대한 저의 관심은 2004년, 수원시에 있는 중앙기독초등학교에 미술 교사로 부임하면서 시작되었습니다.

기독교 학교라는 안정된 기반에서 김요셉 목사님과 교장 선생님의 인도와 선배 선생님들의 도움으로 교사의 기본적 소양을 다지고, 미술교육에 필요한 지원을 아낌없이 받았습니다. 장담하건대, 제가 지금까지 예술교육에 매진할 수 있었던 이유는 영성과 예술의 관계를 강조하고 창의적인 교육을 추구하는 환경에서 교사의 첫 발걸음을 내디뎠기 때문입니다.

작가와 교사의 갈림길에서 교사를 선택한 결정적인 계기는 아이러니하게도 교직에 들어온 첫해 여름방학에 개최한 개인전이었습니다. 대학원 재학 중에 제작한 작품이 주목을 받게 되면서 여러 곳에서 전시회 참가 권유를 받았고, 헤이리 예술마을 설치작업과 대학로 종교미술제 출품, 동아 미술제 예선 통과를 거쳐 서울 종로구 효자동 화랑에서 개인전을 할 기회가 찾아온 것입니다.

그렇게 거의 동시에 다가왔던 작가의 삶과 미술 교사의 삶이 잠시 겹쳐졌을 때 예술가의 막연한 미래가 두려움으로 다가왔습니다. 애당초 가지 않은 길이라면 모르겠지만, 창작의 고통이 얼마나 큰가는 여름방학 내내 개최한 개인 전시회를 통해 확실히 알 수 있었습니다. 그렇게 뜨거웠던 여름의 전시가 끝나고, 다시 교사로 돌아오면서 작가로서의 활동은 자연스럽게 마무리되었습니다. 이러한 결정이 타협으로 보일 수도 있겠지만 작가와 교사를 모두 감당한다는 것은 제 능력 밖이라 생각했습니다. 그 대신에 어떤 미래가 펼쳐질지 몰랐지만, 예술가의 태도로 미술 교사를 하면 된다는 물색없고 단순한 각오를 품었습니다.

이렇듯 짧았던 작가 활동은 미술 수업을 준비하는 데 있어 매우 큰 도움을 주었습니다. 미술에 있어서 창작과 더불어 전시라는 측면도 매우 중요합니다. 특히 수업에서 만든 창작물들은 함께 전시하는 것만으로도 공동 프로젝트의 성격을 가집니다. 미술 교사의 관점에서 수업 안에서 예술적 활동을 받아들이고 온전히 즐기는 학생들을 만나는 것은 정말 소중한 순간입니다. 특히 어린아이들의 상상력과 과감한 표현은 교사의 기대치를 뛰어넘습니다.

유치원생부터 시작해서 초등학교 6학년에 이르기까지 나이에 따라 다양한 반응을 보이지만, 작업 과정에 몰입하면서 창의적인 작품을 만들어내는 것은 비슷했습니다. 괴테가 지적한 것처럼 우리는 창의성을 천재성과 결부 지어 생각하게 되면서 공동체 안에서 생겨나는 창작의 씨앗을 지나치는 경우가 많습니다.

교사, 특히 미술 교사로서 수업의 분위기를 우호적으로 만들고 서로의 작품이 어우러져서 또 다른 작품으로 탄생하도록 프로젝트를 기획하는 것은 매우 중요합니다. 아이들은 이러한 과정을 통해서 하나님이 심어주신 자신의 창조성을 깨닫고, 다른 친구의 독특한 표현을 받아들이게 됩니다.

제가 미술 수업을 준비하면서 관심을 가졌던 또 다른 분야는 미술사와 작가 연구, 현대미술의 흐름이었습니다. 미술이라는 분야가 작품 제작과 감상, 미술사의 영역을 넘어 미학이라는 철학의 지경으로 뻗어있기 때문에 이러한 흐름을 파악하고 잘 연구하면 다양한 수업을 준비할 수 있겠다는 확신이 들었습니다.

한편으로는 미술이 정물이나 석고상을 잘 그리는 것으로 대체되는 현실에서, 살아있는 예술교육을 하고 싶은 마음도 컸습니다. 열정이 가득했던 미술 교사 초기에는 초등학생들을 데리고 유럽과 네팔, 미국을 방문하여 예술 캠프와 작품전시회를 열기도 했습니다. 그러나, 예술교육의 가치를 발견하고 좋은 미술 수업을 위해 고민하면 할수록 이런 질문이 들었습니다.

'미술에 재능이 없거나 관심이 많지 않은 학생들도 예술 창작 활동을 재미있게 즐기고 창의적인 문제 해결력을 키울 방법은 무엇일까?'

'어떻게 해야 학생들이 예술을 경험하면서 하나님이 주신 창조성을 발견하고 이를 다시 자신의 삶에서 꽃피울 수 있을까?'

저의 초등학교 교사 시절은 이렇게 막연하고 이상적인 질문을 남기면서 마무리되었습니다.

3. 학교에서 예술교육의 위치는 어디인가?

중앙기독초등학교에서 미술 교사로 4년을 보낸 후 예술과 문화 선교사로 일하겠다는 꿈을 가지고 정든 학교를 떠났습니다. 그러나 제대로 준비되지 못한 상태로 여러 한계에 부딪히면서 오히려 다시금 교사의 소명을 확인하게 되었고, 2009년에 이제 막 설립된 기독교대안학교인 샘물중학교에 합류하였습니다.

그 당시에는 교회의 공간을 빌린 터라 미술실도 따로 없어 작은 카트 하나에 도구와 재료를 가득 담고 다니면서 교실을 찾아다녔지만, 그저 미술수업을 할 수 있다는 것만으로도 행복했습니다. 그러나 중학교 미술교육의 현실은 초등학교와는 아주 달랐습니다. 크게 두 가지로 나눠보면 학생들이 수업을 받아들이는 인식이 달랐고, 학교교육과정의 실제에서도 차이가 컸습니다.

먼저, 초등학생과 달리 중학생들은 미술을 즐거움보다 부담으로 받아들이는 경우가 많았습니다. 중학생들, 빠르면 초등학교 5, 6학년 학생들은 본격적인 십 대 사춘기가 되면서 다른 친구들에 비해 확연하게 떨어지는 자신의 표현력에 실망하고, 감정 표현에도 소극적인 경향을 보입니다. 이런 현실에도 불구하고 여전히 전통적인 미술교육은 정물과 풍경을 묘사하고, 흰색 도화지에 무언가를 채우기를 강요하는 방식으로 진행됩니다.

저 또한 미대 입시라는 지루한 연습 과정을 경험했고, 대학에서는 작품을 만들기 위해서 꿈속에서도 아이디어를 짜내야 했던 터라 아이들이 느끼는 예술의 모호함과 창작의 막연함에 공감할 수 있었습니다.

그렇다면, 어떻게 미술을 가르쳐야 할까요?

모두가 창의성을 기르기 위해서 예술이라는 교과가 필요하다고 하지만, 이를 위해서 교사는 어떻게 수업을 준비하고 가르쳐야 할까요?

다음으로 중학교 미술교육, 넓게는 예술교육의 문제는 기대치와 현실의 괴리감이 너무 크다는 데 있습니다. 2015 개정 교육과정은 '창의융합형 인재양성'을 목표로 삼고 있습니다. 이에 발맞춰 교육계 전반에서는 창의인성과 창의지성을 강조하였고 이에 관한 연구도 부쩍 늘어났습니다. 이는 지식교육에 치중하던 학교교육의 불균형과 성장과 경쟁 위주의 학교 풍토를 개선하기 위함입니다.

따라서 교육 현장에서 예술을 통한 인성교육이나 예술과 과학기술의 융합을 실현하려는 시도가 많아졌습니다. 그러나 여전히 예술교육이 학교 교육과정에서 차지하는 위치는 별반 달라지지 않았고, 이러한 변화에 미술 교사들이 적극적으로 참여하려는 움직임도 별로 없습니다.

그렇다면, 오늘날 학교 현장에서 예술교육의 위치는 어디에 있을까요?

기독교 학교도 이러한 질문에 대해 만족스러운 답을 주지 못합니다. 이에 대하여 예술을 가르치는 기독교사의 관점에서 진지하게 고민하며 대답을 제시하고자 합니다. 먼저 예술교육의 위치는 니콜라스 월터스토프가 지적한 대로 현대 사회에서 예술이 차지하고 있는 위상과 관련되어 있습니다. 예술은 한편에서는 영원한 가치를 지닌 작품으로 칭송받으면서 현실 세계의 한계를 뛰어넘는 변혁과 도전의 상징으로 대우받고 있지만, 다른 한편에서는 선전의 도구나 실용적 수단으로 취급됩니다.

다시 말해서 인간다운 삶을 영위하기 위하여 예술의 필요성이 인정되는 것은 사실이나, 경제나 정치, 사회적 이슈를 대변하는 도구로 사용되기도 하는 것입니다. 미술 분야로 좁혀보면 작가가 명성을 얻고 작품이 상업적으로 높게 평가될수록 수 세기 동안 인정된 고전과 명화들의 가치는 상대적으로 올라가고 박물관과 미술관의 경비는 삼엄해집니다. 결국, 세상과 미술 사이에 장벽이 세워지게 됩니다.

예술이 처한 이러한 현실은 학교 안에서 예술교육의 정체성과 이어집니다. 우리나라의 경우를 살펴보면 교육 현장에서 예술 교과의 위치는 유치원에서 초등학교를 거쳐 중·고등학교로 올라갈수록 입시 위주의 교과 편성과 합리적이고 이성적인 지식을 다루는 교과들에 밀려 점차 변방으로 내몰리고 있습니다. 이러한 현실은 우리에게만 해당하는 상황은 아닙니다. 다중지능의 창시자인 하워드 가드너는 디지털 미디어 시대의 청소년을 연구하면서 미국의 중·고등학교에서 예술 과목이 뒷전으로 밀려나기 시작했고, 심지어 아예 없어지고 있음을 발견하였습니다.

이런 상황이 발생한 까닭은 현대자본주의 사회가 요구하는 대로 산업형 인재양성에 초점을 맞추고 학생들의 학업 성취도를 중시하는 방향으로 교육 환경을 개편했기 때문입니다. 이로 인해서 학교 안에서 상상력과 창의성이 길러지는 기회와 공간이 점차 감소되고 학생들의 문제 발견 및 창의적 해결 능력은 약화하는 상황을 불러왔습니다.

기독교 학교로 시선을 돌려보면 상황은 더 복잡해집니다. 포스트모더니즘과 세속적인 교육철학의 영향 안에서 기독교의 정체성을 유지한다는 것은 지극히 어려운 임무가 되었습니다. 그러나 성경을 기반으로 학교를 설립하고 운영하기로 했다는 것은 공교육과는 다른 교육, 즉 영성교육과 창의성 교육을 아우르는 전인적 교육을 추구하겠다는 의지를 담고 있습니다. 저는 기독교대안학교의 미술 교사로서 예술 교과가 학교의 교육과정뿐만 아니라 교육의 전반적인 위기를 개선하는데 이바지할 수 있다고 생각합니다.

무엇보다도 예술은 배움의 대상인 청소년들을 이해하고 그들의 문화를 알 수 있는 하나의 통로가 되기 때문입니다. 모방과 소비 지향적인 삶을 상상력과 창의성이 수반된 자기 주도적인 삶으로 바꾸기 위해서는 영성과 예술성이 조화된 교육이 필요합니다.

예술교육의 회복은 바로 이 지점에서 시작합니다. 예술교육은 예술이 가지고 있는 특유의 모호성과 주관성으로 인해 학생과 학교 모두에게 교육적 대안을 제공하며, 희랍적인 교육방법과 전체주의적 관행에 지친 학생들에게 여유를 제공하고 자유로운 의사 표현을 할 수 있는 장을 부여합니다. 달리 말해서 예술교육은 사고형에 치우친 근현대 학교의 교육과정이 감각, 직관, 감정을 중시하는 감성 활동을 포함할 수 있도록 균형을 잡아줍니다.

가르침에 있어서 종교적 상상력을 강조하는 마리아 해리스는 감성과 지성 활동의 통합을 중요시하면서 미술의 문제가 삶의 구체성과 연결되어 있음을 주장하였습니다. 그녀는 예술교육에 있어서 분명한 철학을 바탕으로 미적인 관점에서 학생을 이해하고 교육의 환경을 구성하는 것이 무엇보다 중요하다고 보았습니다.

감사하게도 제가 있는 대안학교의 환경은 이를 실천하기 위한 좋은 토대를 제공하고 있습니다. 이미 성경적 재구성을 위해서 교육과정 혁신에 우호적이며, 이를 연구하기 위한 교사들의 열정도 높았습니다. 저는 예술 교과 선생님들과 함께 교육과정을 연구하고 예술교육에 관한 철학적인 배경을 세워가면서 '예술을 예술답게 가르친다는 것이 무엇이며, 실제의 삶과 연결된 교육을 준비하기 위해서 어떤 과정을 거쳐야 하는가'를 고민했습니다.

샘물중학교에 이어 고등학교가 설립되면서, 예술 분야로 진학하려는 학생들도 생겨났습니다. 그런데 중학교에서 다양한 수업과 프로젝트 활동을 통해 미술에 흥미를 가진 학생들이 정작 미대 입시를 준비하면서 창작에 대한 열정을 잃어버리는 것을 종종 보게 됩니다. 이러한 문제를 해결하고자 중학교에서 고등학교로 연결되는 미술교육과정을 체계화하고 학교 안에서 미대 진학을 준비하는 시스템을 만들었습니다.

미대 입시를 준비하는 전공반은 전적으로 미술 전공을 희망하는 학생들이 있어야 운영되는 체계라서, 중학교에서 고등학교로 연결되는 교육과정이 탄탄하게 뒷받침되어야 합니다. 학생들은 정규교과에서 영성, 인성, 지성과 연결되는 창작 활동과 미적 경험을 한 후에 자신의 진로를 예술 분야로 선택하게 됩니다. 이러한 흐름은 예술교육이 학교 전반의 교육과정을 균형 있고 원만하게 만드는데 기여할 수 있음을 잘 보여줍니다.

4. 우리는 모두 예술가로 부름을 받았다

그렇다면 학생들은 예술을 배움으로써 무엇을 얻게 될까요?

이에 대한 답을 찾기가 힘든 것은 앞에서 밝힌 대로 세속적인 관점으로 예술을 보는 경향 때문입니다. 우리는 문제의식과 충격요법으로 무장한 현대예술이 절대적 진리와 가치를 부정하면서도 스스로 우상화하는 것을 경계해야 합니다. 예술의 고급화와 우상화는 예술의 주제가 심오하고 형이상학적인 영역을 다루어야 한다는 오해를 낳고 있습니다. 이에 맞서 기독교 학교의 예술교육은 일상의 삶에서 창의적 표현을 위한 소재와 대상을 찾는 법을 가르쳐야 합니다.

다양한 분야에서 탁월한 재능을 보여 준 르네상스 시대의 거장 레오나르도 다빈치와 스테인드글라스를 재해석한 루이스 티파니는 꽃이나 곤충 등의 자연물을 소재로 삼아 세심하게 관찰하며 대상을 재현하였습니다. 또한, 후기 인상주의 화가인 빈센트 반 고흐는 자연의 풍경과 흔하게 볼 수 있는 시시한 물건, 자신의 얼굴과 주변 사람들을 주로 그렸지만, 그의 회화에는 현실에 대한 애착이 있습니다. 프랑스의 평론가 아르토의 표현대로 반 고흐는 삶의 가장 저속한 것들 속에서 신화를 끄집어낼 수 있는 예술가입니다.

예술의 이러한 속성은 하나님의 피조 세계를 예술의 주제로 다루기 위하여 자유로운 상상력을 발휘할 것을 강조하는 프랜시스 쉐퍼의 예술관과 연결됩니다. 쉐퍼는 하나님이 말씀으로 무에서 세상을 창조하셨을 때, '종교적' 물체들만 창조하신 것이 아니고 산, 나무, 새, 새의 노래 등과 같이 비종교적 피조 세계도 지으셨음을 상기시킵니다.

이에 더하여 쉐퍼는 하나님이 꽃을 만들었다면 그것을 그리거나 소재로 삼아 글을 쓸 가치가 있고, 새를 만들었다면 그림으로 그릴 가치가 있으며 하늘을 만들었다면 하늘을 그려 볼 가치가 있다고 하였습니다. 이는 하나님이 이미 창조하신 위대한 작품들을 기초로 하여 이루어지는 인간의 창조 행위는 나름의 가치가 있음을 의미하는 것입니다.

이와 반대로 자연을 표현하면서 전혀 다른 세계관을 강하게 투영하는 작가들도 있습니다. 사실 안타깝게도 이런 작가들이 예술계의 다수를 차지합니다. 근대를 대표하는 천재 조각가 로댕은 자연주의 예술론을 주장하면서 고대의 예술가처럼 조각에 생명과 감정을 불어넣고자 노력하였습니다. 그는 예술가의 제작 행위가 신의 창조와 비교된다고 주장했지만, 실상은 자연을 만든 신에 주목하지 않고 자연 그 자체를 신적인 존재로 숭배하는 것이 핵심이었습니다. 생태학의 주창자인 에른스트 헤켈의 그림은 자연의 시각적 질서와 자연과 인간을 하나로 보는 생태학적 시각을 담고 있으며, 그림책 작가 케이트 스콧의 작품에는 초기 진화론의 영향을 받은 흔적이 가득합니다. 그녀의 박물관 연작은 백과사전 형식으로 구성되어 있는데, 동물과 식물 개체 사이의 유사성과 연관성을 비교하여 진화의 흔적을 담아냄으로써 자연물 자체에 독특한 특성을 부여하고 있습니다.

이렇듯 같은 자연을 표현하면서도 작가에 따라 작품의 형식이나 구성이 달라지는 이유는 무엇일까요?

우리는 예술에 대한 고민은 경험과 관념이 균형을 이루어야 하며, 예술작품은 작가의 세계관에 전적으로 의존한다는 것을 인식해야 합니다. 어떠한 예술이라도 단순히 관찰과 기록에만 치우치면 모방이 되고, 자의적인 해석이 지나치면 근본적인 실재를 상실하게 될 것입니다. 아브라함 카이퍼는 이 점을 경계하면서 예술의 소명이 미적 결과물을 재생산하는 것뿐만 아니라 자연적 형식에서 아름다움의 질서를 발견하는 데 있다고 보았습니다.

이렇게 얻은 지식은 자연의 아름다움을 초월하는 세계를 만드는 일에 사용되어야 합니다. 카이퍼의 주장은 예술이 독립적이면서도 현실에 뿌리박은 나무가 되어 세상 곳곳에 침투해야 함을 상기시켜 줍니다. 그리고 예술적 창작 행위를 위해 하나님께서 창조하신 세상을 총체적인 시각으로 보는 것이 중요하다는 것을 일깨워 주며, 더 나아가서는 예술교육을 종교적 상상력이 필요한 창조, 타락, 구속의 세계로 확장해 줍니다.

창조된 세계 안에는 하나님의 형상으로 지음 받은 인간이 가장 큰 부분을 차지하고 있습니다. 인간이 하나님의 형상으로 지음을 받았다는 것은 사고하고 감정을 느끼고 창조할 수 있는 능력을 소유하고 있다는 것입니다. 쉐퍼는 창조주의 형상을 지닌 인간은 창조성을 발휘하도록 부름을 받았으며, 창의성은 인간성의 고유한 부분임을 강조하였습니다. 즉, 창조성은 인간의 본성에 내재해 있다는 것입니다.

물론 인간의 창의성은 무에서 유를 창조하는 것이 아니라 이미 창조된 재료를 가지고 의미 있는 무언가를 만드는 것으로써 대부분 창조, 죄, 구원, 사랑, 역사, 전쟁, 신화 등 인간에 관련된 이야기들로 이루어 집니다. 즉, 하나님의 형상으로 창조된 인간이 인간 자신을 회화와 문학의 주제로 삼고 있는 것입니다.

쉐퍼는 이러한 순환에 대해 예술을 통해 묘사되는 기독교인 삶의 총체성이라고 정의하였습니다. 이를 정리하면 기독교인의 삶 자체보다 더 중요한 예술작품은 없으며, 모든 기독교인은 각자의 인생에서 창의성의 재능을 발현시키는 예술가가 되도록 부르심을 받았다는 것입니다. 기독교 학교는 이러한 토대 위에서 교사와 학생이 창의적 표현과 공동체 감각을 확립하고 공유하는 창작공간을 만들어 가야 합니다.

5. 수업에서 마주치는 두려움을 인정하다

　기독교대안학교의 장점인 교육과정의 독립성과 유연성, 그리고 학생 친화적인 성향은 새로운 예술교육의 모태가 됩니다. 그중에서도 예술을 통한 교사와 학생, 학생과 학생의 소통은 수업의 핵심적인 요소로 작용합니다. 작품 창작과 같은 예술적 경험을 위해서는 학생들에게서 나오는 삶의 단편들이 필요하기 때문입니다.

　교사인 우리가 학생들로부터 그들의 감정과 인간관계에 관련된 이야기를 듣고자 한다면 공동체적 의식을 가지고 동역자의 자리에서 학생들을 맞이해야 합니다. 결국, 이러한 변화는 근현대 교육에서 오래도록 유지해오던 표현력 위주의 미술 수업이 관계 중심의 창작공간으로 전환되는 바람직한 결과를 가져옵니다. 따라서 우리는 교사와 학생의 특성을 파악하고 서로의 관계를 새롭게 정립할 필요를 갖게 됩니다.

　예술을 가르치는 교사는 교과 지식을 전수하는 것에 머무르지 않고, 학생들이 심미안을 확립하고 성숙한 시민의식을 함양하여 인격적인 성숙에까지 이르도록 가르칠 책임이 있습니다. 이를 위하여 교사는 사명을 가지고 교과의 전문성 안에 삶에 대한 통전적인 이해를 담아내기 위하여 연구와 실험을 지속해서 반복하고, 가르침의 기예를 갖추어야 합니다. 이러한 전제는 예술을 포괄한 전인적 가르침에 대한 본질적인 질문과 맞닿아 있습니다.

　교육의 혁신은 교사와 그가 가르치는 수업의 혁신과 불가분한 관계를 맺고 있음으로 교사가 먼저 사명과 열정을 가지고 인격적인 교수 방법을 발전시키기 위해 교과를 연구하고 수업을 개발하며 가르치는 일에 최선을 다함으로써 3박자를 모두 갖춘 교사상을 확립해야 합니다. 이를 위해서 기독교교육가들의 주장을 빌려 예술을 가르치는 교사가 어떻게 갈등과 긴장을 감수하며 학생과 소통해야 하는가를 단계적으로 제안하려 합니다.

첫째, 가르침의 과정을 인격적인 만남으로 이해하는 것입니다.

반 다이크는 그의 저서에서 가르치는 방식을 은유로 표현하는 창의적인 작업을 시도하였습니다. 그는 특히 가르침의 개념을 소개하기 위해서 장인과 안내자의 은유를 사용합니다. 그의 표현을 빌리자면 교사는 지도를 가지고 자신의 독특하고 개성적인 방법으로 전체 여정, 통과해야 할 지역, 학습해야 할 다양한 기술과 내용을 펼쳐 보여 주는 방법을 통해서 목적지를 향해 학생들을 인도합니다. 이러한 은유는 교사가 장인의 자세로 수업을 철저히 준비하고, 안내자의 관점으로 여정에 참여하는 모든 학생에게 전적으로 주의를 기울여야 함을 뜻합니다.

둘째, 가르침의 은유를 음미하면서 학생을 배움의 자리로 초대하는 것입니다.

교사들이 권위주의적인 방법에서 벗어나 교사 자신과 학생을 이해하고 협력의 관계를 만들기 위해서는 가르치는 방식을 스스로 살펴보아야 합니다. 이러한 필요성이 제기되는 이유는 교사가 학생의 본성을 알지 못하고 경쟁과 성공에만 초점을 두었던 결과로 인해 학교 안에 만들어진 적대적인 환경이 교사와 학생 모두를 두려움에 빠트리고 있기 때문입니다. 파커 파머는 『일과 창조의 영성』에서 교사가 당면한 두려움에 대해 이렇게 제시하고 있습니다.

우리는 학교에서 학생들을 변화시키지 못하는 엉성한 가르침을 이따금 접하곤 하는데, 그 이유는 교사들이 막연한 두려움에 마비되기 때문이다. 그들은 청소년의 비웃음, 자신의 무지 노출, 세대 간의 갈등, 통제력의 상실 등을 두려워한다. 이런 교사들이 사용하는 권위주의적인 방법, 학생들과 선생들과 과목들 사이에 엄청난 거리를 조장하는 방법은 그런 두려움을 견제하려는 무의식적인 노력이다.

이러한 두려움을 인정하는 것이 예술을 가르치는 교사의 첫걸음이라 생각합니다. 자신을 표현해야 하는 예술교육의 특성상 교사가 방어적인 모습으로 학생을 대하는 것은 교육적 책임에도 적절하지 않으며, 그런 교사에게 학생들은 마음의 문을 닫을 것이기 때문입니다. 따라서 예술을 가르치는 교사는 다음의 두 가지를 성찰할 필요가 있습니다.

먼저, 학생들의 의무와 책임을 강조하던 방식에서 기다림과 존중의 자세로 전환하는 것입니다. 저 또한 학생을 교정하고 일정한 지식을 전달하기에 급급하여 그들의 특성과 잠재력을 무시한 적이 있었음을 고백하게 됩니다. 교육과정을 개발하고 교육방법을 고민하기에 앞서 학생들이 어떤 방향으로 성장할지에 대한 분명한 목적도 없이 현실의 허기와 갈증을 채우기 위해 상상력이 부재한 교육만 한 건 아닌지 반성하게 됩니다.

다음으로, 열린 마음으로 갈등과 긴장을 끌어안는 것이 중요합니다. 교사는 학생과 상호 소통하는 가운데 교실 안에서 긴장 관계가 발생할 수 있음을 인정해야 합니다. 저의 흔한 실수는 긴장이 일어난 상황 그 자체에 초점을 맞춰 대응했던 것입니다. 대표적인 예로 수업에 참여하지 않는 학생들을 권위적으로 복종시키려 하거나 무시하는 방식이었습니다.

그러나 파머의 충고대로 교사에게 필요한 건 고전적인 영적 덕목들이라는 것을 다시 깨닫게 됩니다. 그것은 겸손과 믿음으로써 교사가 들을 때와 말할 때, 받아들일 때와 거절할 때, 공동체의 요구를 따를 때와 공동체가 따라오도록 만들 때를 분별할 수 있도록 도와줍니다.

이러한 주장은 교사가 쉽게 선택할 수 있는 권위주의적인 태도가 학생과의 관계 형성에 도움을 주지 못한다는 것을 상기시킵니다. 교사는 항상 학생들의 작은 반응에도 귀를 기울이고, 교육적 기회로 증폭시킬 수 있는 감각을 유지해야 합니다. 이를 위해서 항상 겸손한 마음과 자신의 판단을 믿는 용기를 가져야 합니다.

그리고 동료 교사와 학생에게 항상 열린 마음으로 질문을 던져야 합니다. 그리고 그 질문에 대한 대답이 만족스럽지 않더라도 수용할 태도가 있어야 합니다. 그래야 불확실성이 가득한 이 세상에서 일정한 공식으로 풀리지 않는 갈등과 문제들을 창의적으로 바라보고 관계 개선에 대한 진전을 이룰 수 있기 때문입니다.

안전한 환경에서 자유로운 상상력과 독창적인 사고가 활발하게 전개되는 예술 수업. 이를 위해서 어떻게 두려움을 인정하고 극복했는지, 저의 실패담을 통해 나누고자 합니다.

6. 두려움을 넘어 관계 중심의 수업을 지향하다

2015년, 본격적으로 사춘기가 시작된 중학교 2학년 학생들을 위해서 학교의 핵심교육으로 '예술을 통한 인성교육'을 기획했습니다. 미술을 맡은 저와 체육, 음악, 미디어, 무용 선생님이 모여서 '나를 찾아 떠나는 여행'이라는 개념을 가지고 새로운 수업을 준비했습니다. 다양한 예술 분야의 전문가들이 모여 통합 교육과정을 개발하고 매주 새로운 프로젝트를 준비했기 때문에 당연히 학생들의 반응이 뜨거울 것으로 생각했습니다. 그런데 생소한 수업이다 보니 결정적인 실수들이 있었고, 이로 인해 교사와 학생들의 갈등은 높아만 갔습니다.

여러 문제 중 하나는 수업 시간을 확보하고자 체육 수업을 활용했다는 점입니다. 캠핑이나 공동체 게임처럼 야외에서 진행되는 활동을 제시해도 운동 시간을 뺏긴 남학생들의 반발은 엄청났습니다. 다음으로, 그 당시 학생생활팀을 맡았던 제가 한편에서는 지도와 훈육을 하고, 다른 한편에서는 마음을 터놓고 자신을 오픈해야 하는 수업을 진행한 것입니다. 이런 형편 때문에 학생들이 생활 규정을 위반할수록 문제 상황에서 만나는 경우가 많아졌고, 이에 비례해서 수업의 참여도는 뚝뚝 떨어졌습니다.

4월의 어느 날, 학교 안에서 공동체가 함께하는 공간을 만들고자 모둠별로 천막을 치고 그 안을 아지트로 꾸미는 프로젝트를 진행하였습니다. 의욕 있는 몇몇 학생들 외에는 잡담하거나 돌멩이를 던지면서 시간을 보내는 아이들이 대부분이었습니다. 그렇게 프로젝트가 지지부진하던 중에 주말 동안 돌풍이 와서 천막이 뒤집히고 날아갔습니다. 나중에 이 광경을 본 아이들은 하나님의 계획이라고 말하면서 아주 좋아했습니다.

이와 유사한 일들이 계속되면서 저는 힘들게 준비한 수업을 이해하지 못하는 학생들을 원망했고 갈등 상황 속에서 시간을 보냈습니다. 심지어 자녀의 불만을 들은 한 학부모는 담임교사를 통해 상담을 신청해 오셨습니다. 결국, 본디 취지와 다르게 학생들과 갈등의 찌꺼기만 남긴 채 겨울방학을 맞이했습니다.

그 후 동료 선생님들의 격려와 도움으로 학생들의 만족도를 조사하고 이를 반영하여 수업을 보완하였습니다. 방학 때 지난 수업을 성찰하면서 마음을 새롭게 한 것도 큰 도움이 되었습니다. 먼저 체육 수업을 분리하고 연극 부분을 추가하면서 수업의 틀을 잡아갔습니다. 매년 말에 연기·연출팀과 미술팀, 미디어팀, 음악팀으로 나눠서 함께 준비하는 창작극도 해마다 완성도를 더해 갔습니다.

2018년에는 교보교육재단의 인성교육 프로그램으로 선정되어 프로그램의 내실을 더하고 교육적 효과를 검증받기도 했습니다. 돌이켜 보건대 부정적인 반응과 평가를 빌미로 예술통합 수업을 일찌감치 포기했다면 이 수업은 실패한 경험으로만 남았을 것입니다. 결국, 예술 수업의 불확실성으로 인해 갈등 상황 가운데 인내를 가지고 버티는 것이 얼마나 중요한가를 깨달았고, 오늘의 수업을 발판으로 내일의 수업을 준비하는 법을 배웠습니다. 그리고 이러한 도전을 가능하게 하는 힘이 선생님들과의 연합에서 나온다는 것을 생생하게 느꼈습니다.

이런 교훈을 얻었음에도 여전히 저는 성과에 집착하고, 반응에 예민하며, 실패로 인해 좌절감에 빠지기도 합니다. 점차 교과나 주제 통합에 관심을 가지는 시선이 늘어나고 있지만, 새로운 수업 방식에 부정적인 아이들, 통합에 부담을 갖는 교사들의 반응이 두려워 내 수업이나 잘 챙기자는 생각이 들 때도 많았습니다. 그러나 교사가 갈등과 어려움을 극복하지 못하고 자신의 교실로 움츠릴수록 수업은 단조롭고 정체에 빠지게 됩니다.

그리고 나 홀로 일방적인 수업을 했을 때 가장 아쉬운 것은 수업에서 발산되는 학생들의 에너지를 느낄 수 없다는 점과 교육과정이 삶의 문제와 동떨어지기 쉽다는 점이었습니다. 다시 말해서 관계 중심적인 예술 수업은 교사와 교사, 교사와 학생, 학생과 학생의 관계를 이어주고 생태, 환경, 공동체에 관심을 두는 책임 있는 청지기의 삶을 살아가도록 도와줍니다. 이미 실험적인 수업을 통해 예술의 영향력을 조금씩 맛보고 있었기에 뜻을 같이하는 동역자들과 함께 나눌 비전이 필요했습니다.

감사하게도 성경은 예술을 연구하고 만들고 가르치는 일에 기준을 제시하고 있습니다. 그 일의 핵심은 헌신한 일꾼을 부르시고 그를 통해서 공동체를 만드는 것이었습니다. 최초의 성막 공사 과정에는 예술에 대한 하나님의 관점이 있습니다. 성막 공사의 책임자인 브살렐은 하나님의 말씀대로 자연에서 영감을 얻고 이를 변형할 수 있는 자유를 가졌지만, 성막 건축의 정확한 기준과 미적인 완성도를 충족하기 위하여 그가 가진 방법과 기교를 총동원하고, 수많은 드로잉을 하면서 연구를 거듭했습니다.

좀 더 상상력을 발휘해 보면, 브살렐은 성막을 짓는 명예로운 사업을 맡기까지 길고 긴 도제 기간을 거치며 수련했을 것입니다. 그가 경험을 쌓은 곳이 매우 거대하고 복잡한 구조물을 짓는 이집트 어느 지역의 공사 현장이었음을 짐작할 수 있습니다. 이렇게 얻어진 수많은 경험과 지식을 활용할 수 있도록 하나님은 오홀리압을 조수로 붙여 주시고 지혜로운 기능공들을 보내주셔서 함께 일하게 하셨습니다.

이를 미술 수업에 적용해 보면 브살렐과 오홀리압의 커다란 작업실은 성막에 쓰일 각종 기구를 만드는 스튜디오로, 새로운 기법과 표현을 탐구하는 연구실로, 제작 기법과 재료의 쓰임새를 가르치고 배우는 교실로 작동했을 것으로 생각됩니다. 우리는 이를 통해 고대로부터 공동체성 및 공간 개념은 예술 작업을 완수하는 데 있어 매우 중요한 요소라는 것을 알 수 있습니다.

이와 더불어 브살렐과 오홀리압의 사역을 통해 교사와 교사의 관계가 동역자로 맺어지는 것이 중요하다는 것을 일깨워 줍니다. 이렇게 형성된 관계는 교사 개인에게 수업 연구와 설계, 가르침에 있어서 고갈되지 않는 에너지원이 됩니다.

하지만 미술 교사의 사역을 온전히 성막 건축이라는 과업에 비교해서 설명하기에는 둘 사이의 간격이 꽤 넓어 보입니다. 교육 현장에서 교사의 임무를 수행할 때 만나게 될 현실적인 어려움이 있기 때문입니다. 먼저 교사가 미술 교과를 성경적으로 재구성한다는 원대한 구상을 하고 있어도 반복적인 업무와 처리해야 할 일들 때문에 실행할 수 없는 경우가 많습니다.

또한, 교육과정을 기획하고 실험할 때 성공이 바로 보장되지 않거나 물질적, 시간적 비용이 과도하게 소모될 것으로 예측되는 상황에서 연구에 집중한다는 것이 쉽지 않습니다. 이처럼 현대 사회에서 교사를 포함한 기독교인들이 겪는 어려움은 비전과 일의 괴리감을 적절히 다루지 못하는 것입니다. 저도 이런 슬럼프가 찾아오면 스스로 기준을 낮추고 산책을 하거나 텃밭을 가꾸는 등 소소한 일에 몰두하곤 합니다. 그러나 더 근본적인 해결 방법은 다음 장에 있습니다.

7. 나의 이야기에서 하나님 나라의 이야기로 연결되다

잠시 먼 과거로 돌아가서 한 시대를 소개할까 합니다. 현대인들에게 어둠의 시기로 각인된 중세는 우리에게 알려진 바가 생각보다 적습니다. 그러나 C. S. 루이스는 중세를 과학과 기술이 득세하기 이전에 인간과 신이 교통하고, 여러 권위가 공존하는 시대로 보았습니다. 이러한 관점은 자연을 대하는 인간의 태도에서도 드러납니다.

일례로 현재를 살아가는 우리에게 우주는 정복하고 지배하는 대상이지만, 루이스가 이해했던 중세의 우주 모형은 인간과 신학의 중심 원리를 담아내는 심미적인 대상이었습니다. 그러나 객관적이고 과학적인 사고가 전부인 것처럼 여기는 시대에서는 사람들을 매혹하는 세계, 즉 신화에서 비롯된 서사시의 힘과 자연의 경이로움을 담은 예술작품의 감동은 설 곳을 잃어 갑니다.

지금은 과학기술과 마법이 결합한 판타지가 옛 신화를 대신하고 있습니다. 요즘 아이들은 마블의 영웅들을 줄줄 꿰고 있지만, 훨씬 더 오래된 이야기에는 별 관심이 없습니다. 자고로 인간과 신들이 서로 엮이면서 만들어내는 이야기는 인류의 역사와 더불어 말이나 글로 전해지고 각색됐습니다. 어떻게 보면 이런 신화들이 다양한 예술과 문학의 장르에서 끊임없이 재생산된다는 것은 그 안에 담긴 내용이 우리의 삶과 동떨어지지 않았기 때문입니다.

따라서 최근에 교육을 포함한 여러 분야에서 강조되는 스토리텔링은 그다지 새로운 것이 아닙니다. 오늘날 지식의 형식은 이론적인 면에 치중된 관계로 단원이나 주제에 따라 분절된 방식으로 다루어집니다. 이러한 방법은 우리가 무엇을 배웠고, 어디에 있는가를 쉽게 확인하도록 도와줍니다.

그러나 이렇게 암기된 지식이 이해와 응용의 차원으로 연결된다고 확신하는 것은 순진한 태도에 불과합니다. 마음의 훈련과 세상에 대한 인식이 상실된 지식은 인생의 문제에 관해 적절한 답을 제시하지 못합니다. 루이스는 교육을 '시야와 정신을 넓히는 것'이라고 생각하면서 우리가 자신만의 개성을 잃지 않으면서도 더 깊고 풍부한 세계관을 가질 수 있도록 문학이라는 훌륭한 대안을 제시합니다. 그는 문학이 우리에게 색다른 세계관을 보여 준다고 강조합니다.

비슷한 맥락에서 존 볼트는 학생들에게 성경의 장대한 서사를 소개하고 그 광대하고 풍부한 상상력을 탐구하게 하는 교육은 기독교인의 정체성과 성격을 형성하는 데 매우 중요하다고 보았습니다. 이런 주장은 성경을 신학적인 내용을 담은 텍스트가 아니라 하나님 나라의 이야기로 받아들이는 것이 중요함을 알려줍니다.

성경은 하나님의 역사가 담긴 이야기입니다. 예수님의 재림을 기다리는 이 때에 나의 이야기도 하나의 가지가 되어 위대한 이야기에 접붙임이 된다는 것은 말할 수 없는 영광입니다. 이것은 마치 루이스가 창조한 '나니아 나라'에 초대된 아이들처럼 나 자신이 기독교의 이야기 속으로 걸어 들어가서 창조, 타락, 구속, 그리고 하나님 나라의 완성을 경험하게 됨을 뜻합니다.

저의 어린 시절을 돌아보면, 희망보다는 절망적인 상황이 더 많았음에도 불구하고 하나의 이야기가 만들어지고 있었습니다. 신기한 건 그 당시 배웠던 학교의 지식은 모두 까먹었어도 심심할 때마다 읽었던 세계명작전집에 대한 기억은 아직도 생생해서 가끔 수업을 위한 아이디어에 동원되기도 합니다. 누런 종이에 조잡하게 인쇄된 책들에는 트로이 전쟁의 영웅 아킬레스의 무용담, 명탐정 셜록 홈스의 기막힌 추리, 오즈 왕국의 반전과 신기한 존재들, 서슬 퍼런 조조에 맞선 의형제의 용기와 우애, 라임오렌지나무의 친구인 제제의 슬픔과 그리움이 담겨 있었습니다.

그 전집이 해적판이 분명했던 것은 세계적으로 저명한 소설과 한국 전래동화, 추리소설, 이솝 우화와 그림 형제의 단편들이 뒤죽박죽 섞여 있었기 때문인데, 호기심이 강했지만 끈기가 부족했던 저는 그렇게 잡다한 구성을 즐겼던 것 같습니다. 지금 생각해 보면, 전통적인 교육방식보다는 이야기로 풀어줘야 이해가 되는 아이였습니다.

이렇듯 이야기를 좋아하던 소년은 청년을 지나 장년이 되어서도 이야기로 삶을 해석하곤 합니다. 내친김에 단편소설 하나를 소개하면서 신앙인이 갖는 딜레마를 극복한 경험을 나누고자 합니다. 우리는 하나님의 말씀대로 살고자 해도 세상의 기준과 비교해서 열등감을 느끼거나 인생의 무게로 인해 절망감을 느낀 채 첫 다짐을 후퇴시키고 적당한 타협점을 찾게 됩니다. 이처럼 자신이 처한 한계를 발견하고 기독교인의 삶과 사역에 대한 기대가 무너질 때, 팀 켈러의 제안대로 일과 영성의 관계를 재정립할 필요가 있습니다. 그는 J. R. R. 톨킨이 지은 『니글의 이파리』를 소개하면서 다들 무언가 성취하기를 꿈꾸지만 그걸 온전히 이룰 힘이 없음을 상기시킵니다.

> 『니글의 이파리』의 주인공인 니글은 이파리 하나에서 시작하여 멀리 숲을 배경으로 한 거대한 나무를 그리기 원했던 화가이다. 니글은 나뭇잎이 가진 독특한 아름다움을 묘사하기 위해 정성을 기울였지만, 이웃들이 부탁하는 일들을 처리하느라 그림에 몰두할 수가 없다. 그러던 어느 날 친구의 부탁을 들어준 대신 병을 얻게 되고, 결국 그림 한 점 제대로 완성하지 못하고 머나먼 여행을 떠나게 된다.
> 니글이 떠나고 난 뒤 그가 남긴 이파리 한 장은 마을 박물관에 전시되었고, 점차 잊혀 갔다. 하지만 니글은 새로 도착한 나라의 입구에서 자신이 꿈꾸던 나무가 완성되어 실제로 존재하는 것을 보게 되고, 그곳에 머물면서 천국을 향한 순례자들이 쉴 수 있는 숲을 더욱 아름답게 가꾸게 된다.

학자이자 소설가였던 톨킨의 자전적인 이야기는 현재의 삶 너머에 참다운 실재가 있으며, 지극히 단순하고 사소한 것일지라도 주님의 부르심에 답하기 위해 애쓰는 선한 수고는 영원한 가치를 지니고 있음을 보여줍니다. 기독교 신앙을 지키기 위해 평생을 씨름하면서 세상의 관점에서 보기에 하찮은 일을 감당하는 것이 제자의 삶이라고 한다면, 일상적으로 반복되는 작은 일에 성실하게 임하는 것은 당연한 의무가 됩니다. 비록 현재의 삶에서 열매를 거두지 못한다 하더라도 온전하게 성장한 나무를 꿈꾸며 나뭇잎 한두 장을 성실히 그려내는 삶의 자세가 필요합니다.

이 소설의 주인공이 화가라서 더 마음에 와닿았을까요?

제가 보기에 예술은 먹고사는 문제가 아니라서, 이해하기 어려운 주제라서, 지식으로 쉽게 환원되지 않는 분야라서 늘 주변으로 밀려나 있었습니다. 그러나 우리가 개인적인 삶이나 학교와 사회에서 인간이 누릴 수 있는 만족과 여유를 누리지 못하면서도 그 이유를 명확히 알 수 없는 까닭이 여기에 있습니다.

그것은 우리가 하나님의 형상의 중요한 부분인 창조성을 잃어버렸기 때문입니다. 세속 교육의 목적이 지식의 습득과 인성의 함양에 있다면, 기독교 학교는 교육을 통해서 인간의 참된 목적인 '하나님을 찬양하고 영화롭게 하는 일'에 사활을 걸어야 합니다. 바로 그 일에 예술교육이 도구가 되길 소망합니다.

8. 다시, 수업이다

기독교대안학교에 온 지도 벌써 12년이 되어 갑니다. 처음에는 중학교의 미술 강사로 시작했지만, 학교 설립 초반의 혼란스러운 시기를 거치면서 하루아침에 교감을 맡게 되었고, 여느 대안학교들이 그러하듯이 폭포처럼 쏟아지는 문제들에 대응하면서 7년을 보냈습니다. 하지만 준비되지 못한 채 학교의 중간 관리자가 되는 것은 너무나 어렵고 부담스러운 일이었습니다. 그래도 다행인 것은 미술 수업을 놓지 않고 꾸준히 학생들을 만났다는 점입니다. 인제 와서 생각해 보면 대안학교의 위기와 생존이라는 긴장 속에서 가르침의 자리가 숨구멍이 되었음을 고백하게 됩니다.

교감의 자리에서 학교의 전체 교육과정을 살펴보니 기독교교육에 대해 아는 것이 별로 없음을 깨달았습니다. 무엇보다도 성경에 기반한 수업 재구성에 대해서 많이 들어왔지만, 제가 가르치는 미술 교과에서부터 어떻게 적용해야 할지 막막했습니다. 이런 고민 끝에 아세아연합신학대학교 교육대학원에 들어가게 되었고 다섯 번의 방학 동안 기독교 세계관과 교육과정에 대해 배울 수 있었습니다. 무엇보다 다양한 배경의 선생님들과 교육에 대한 고민을 나누면서 하나님의 목적 안에서 공부하는 것이 즐거웠습니다.

그리고 이렇게 연구한 것들을 모아 '기독교적 미술교육과정 개발'에 관한 논문을 쓸 수 있었습니다. 제가 앞에서 소개한 내용은 대부분 이 논문에 바탕을 두고 있습니다. 석사과정을 마친 후에는 예술을 통한 인성교육에 관심을 가지고 연구와 수업을 진행하였고, '기독교학교교육연구소'에서 주최한 인성교육 연구모임에 참여하였습니다. 이곳에서 '기독교학문연구회'를 이끌어 가시는 성균관대학교 유재봉 교수님을 만나서 교육철학 박사과정을 시작하게 되었습니다. 앞에서 언급한 것처럼 공부는 뒷전으로 미루던 제가 만학도가 될 줄은 꿈에도 몰랐습니다. 자격이 없는 사람이 나름의 방법을 찾기 위해 좌충우돌하면서 여기까지 오게 되었습니다.

올해, 저는 다시 중학교 1학년 학생들의 담임이자 중·고등학생들에게 미술과 예술통합 수업을 가르치는 교사의 자리로 돌아왔습니다. 비록 코로나19 사태로 인해 학생들과 온라인으로 만나야 했지만, 새로운 교육방법과 교육과정을 연구하면서 온라인에 적합한 수업을 개발하였습니다. 그리고 무엇보다 반가운 것은 이 기회에 동료 선생님들과 수업에 관한 논의를 충분히 할 수 있었다는 점입니다.

온라인 수업은 열린 공간에서 자연스럽게 수업이 공개되는 상황을 제공합니다. 오히려 이런 지점이 교사들이 서로 수업에 관한 고민을 나누고 협력할 수 있는 여지를 만들어 줍니다. 이러한 예로 중학교 1학년 학생들을 위한 노작 수업을 개발하기 위해서 선생님들과 협력한 과정을 들 수 있습니다. 먼저 수업에 참여하게 될 학생들의 담임선생님들과 의견을 나누고, 농사와 목공을 경험한 선생님과 함께 교육과정을 설계하고 수업을 진행하였습니다.

그리고, 노작 수업과 통합이 가능한 과학, 미술, 사회, 성경 교과의 선생님과 의논하며 아이들의 삶과 연관된 수업, 마음밭을 가꾸는 수업을 개발하기 위해 뜻을 모았습니다. 이러한 과정을 진행할 때 함께 하는 선생님들이 부담이 아니라 흥미를 느끼고 참여하는 것이 매우 중요합니다. 교사에게 있어서 창의적인 수업 개발은 누가 시켜서가 아니라 좋은 수업을 하고 싶다는 내면의 동기로 인해 시작되기 때문입니다. 수업을 나누고 함께 준비하면서 마음이 뜨거워지는 동역의 시간을 한번 경험하면, 그 맛에서 헤어 나오기가 힘들어집니다.

이제 글을 맺으면서 예술교육에 있어서 가르침의 의미를 정리하려 합니다. 이제 저는 기독교대안학교의 교사로 12년을 보내며 교사 생활 시즌 1을 마무리하였습니다. 그런데도 아직도 제가 갈등과 긴장을 끌어안는 교사가 되었는지 잘 모르겠습니다. 그렇지만 제가 설레고 좋아하는 일이 무엇인지는 말할 수 있습니다. 아이들의 마음에 작은 불꽃을 일으키는 수업, 생명력 있는 수업을 찾아서 열정을 발휘하는 것은 언제나 가슴을 뛰게 합니다.

이렇게 시즌 2를 지내다 보면 언젠가는 엄청난 수업을 경험한 제자들을 동역자로 다시 만나게 되지 않을까요?

그렇게 함께 아름다운 공동체를 만들어 가기를 꿈꾸게 됩니다.

저는, 우리는 기독교 학교 교사입니다

김병재
은혜의동산기독교학교

1. 기독교 학교, 내가 기독교 학교의 교사로 존재하는 이유

　기독교대안학교에서 근무하고 나서 끊임없이 던졌던 질문이었습니다. 특히나 이 질문이 빛을 발한 때는 제가 고등과정을 맡게 되면서부터였습니다. 학교에 초등, 중등, 고등과정이 모두 있었기에 더욱 그랬습니다. 초등과 중등과정에서 학생들을 만난다는 건 정말 행복 그 자체였습니다.
　어려움?
　학교가 재정적으로 충분하지 못한 것을 제외하면 전혀 없다고 볼 수 있었습니다. 사실 재정조차도 그리 큰 문제는 아니었습니다. 왜냐하면, 교사로서 하고 싶은 교육의 내용, 방법, 평가를 나름대로 마음껏 펼치고 있는 상황에서 '돈'은 그리 중요하게 여겨지지 않았기 때문입니다.

고등과정도 처음엔 그리 어려움이 없다고 느꼈습니다. 그러나 오래지 않아 입시에 대한 압박이 오기 시작했습니다. 이건 누가 강요했다고 보기 어려운, 교육과 사회의 구조에서 오는 부담이었습니다. 물론 이런 분위기에 익숙한 교사들의 안착도 한몫했습니다. 고등의 교육과정이 조금씩 국가 교육과정과 입시에 잠식되고, 저의 학창 시절에는 너무나도 익숙했지만, 학생들에게 물려주기는 극히 싫었던 전 국가적인 고3 경쟁의 그림자가 드리울 무렵, 앞서 언급한 질문이 떠올랐습니다.

'기독교 학교는 왜 존재하는 거지?'

'나는 기독교 학교에 왜 있는 거지?'

적어도 이 물음은 저에게는 매우 실존적인 질문이었습니다.

'입시에 집중하는 학교라면, 굳이 내가 기독교 학교 교사라는 이름으로 여기에 있어야 하는 걸까?'

그 반대도 마찬가지였습니다.

'혁신과 대안교육만의 모습을 보이는 학교라면, 기독교 학교 교사라는 이름이 필요한 걸까?'

이 질문에 답을 찾거나, 답을 찾아 나가는 과정 없이 제가 기독교 학교에서 일해야 하는 이유는 없었습니다.

이런 생각이 최고조에 달했을 때가 2014년 4월이었습니다. 네, 이 글을 읽는 여러분이 생각하는 그 일이 맞습니다. 상상하기 어려운 참사를 마주한, 특별히 수많은 학생이 희생된 현실 앞에서 '교사'로서 서 있기 힘든 지경이었습니다. 꿈처럼 떠나버린 학생들, 다음 세대에게 나는 기독교 학교 교사로서 무엇을 가르치고 있었던 거냐는 질문이 엄청난 무게로 저를 압박했습니다. 집에 앉아서 눈물을 흘리고, 머리를 밀고 광화문에 나가고, 학교 학생들과 분향소를 찾아 애도했었지만, 이것이 한 사람의 어른으로, 아빠로, 특별히 교사로 두 발을 딛고 살아갈 힘을 주진 못했습니다.

그때 눈에 들어온 단어가 '기독교'였습니다. 물론 기독교 학교에 근무하는 내내 아니, 그전에도 하나님을 알아가는 데 나름 힘썼습니다. 하지만 당시엔 '기독교'라는 단어가 내가 기독교 학교의 교사로 존재해야 하는 존재적, 실존적 이유를 찾아 줄 것 같았습니다. 너무나 당연한, 정답인 말이지만 사실 이때가 아니었다면 저는 진정 절망하며 퇴직했을 겁니다. 기독교 학교, 기독교 학교 교사의 정체성은 '기독교'에 있기 때문이지요. 결론적으로 저는 기독교의 핵심 진리 중 거듭남, 삼위일체의 다양성과 통일성을 통해 기독교 학교 교사로 두 발을 딛고 서 있을 수 있었으며, 그렇게 학생들을 기쁘게 가르칠 수 있었습니다.

2. 하나님의 영광을 위한 교육의 초석, 거듭남

저에게 있어서 거듭남 혹은 중생은 교사로서 정체성의 기반이 되었습니다. 모든 삶이 예배이듯, 수업 또한 예배라는 사실은 기독교 학교 교사에게 있어서 누구나 알고 있는 중요한 진리입니다. 그렇다면 수업이 예배가 될 수 있는 가장 기초적인 원리는 교사와 학생의 거듭남 여부에 달려있습니다. 거듭나지 않은 사람이 하나님을 알 수 없고 예배할 수 없듯이, 수업의 구성원인 교사와 학생의 거듭남 없이 수업은 예배가 될 수 없기 때문이지요.

기독교 학교는 학교라는 전형적인 이 땅의 교육기관의 모습을 갖추고 있으면서, 거듭난 사람들의 교육 활동을 통해 궁극적으로 하늘에 계신 아버지를 예배하는 일상을 가져야 합니다. 이건 교사 개인이 신자로서 활동하는 개인의 예배가 아닌, 교사와 학생으로 이루어진 공동체가 지향해야 할 목적입니다. 그래서 거듭남은 기독교 학교의 교육목적에서 빠질 수 없는 요소입니다.

과연 공동체의 예배가 이뤄지지 못하는 교육기관이 '기독교 학교'라는 이름으로 남아있을 이유는 무엇일까요?

물론, 기독교 학교의 모든 학생이 신자는 아닙니다.

그렇다고 모든 교사가 신자라는 확신은 있을까요?

슬프지만 이 질문에도 그렇다고 답할 수 없습니다. 하지만 이건 이 땅의 교회도 마찬가지입니다. 신자들의 모임인 교회가 복음을 통해 예배하길 원하듯이, 기독교 학교도 마찬가지로, 복음을 전하며 복음 안에서 교육해야 하는 이유가 이것입니다. 이 일은 우리 주님께서 재림하실 때까지 끝나지 않을 일이지만 그럼에도 거듭남을 위한 열심은 기독교 학교, 특별히 교사들이 가져야 할 강력한 원동력입니다.

3. 그래도 우리는 '교사' 아닌가요?

어떤 분들은 이렇게 물을 수 있을 겁니다.

"그래도 우리는 '교사' 아닙니까? 교사는 교사의 일을 해야지요. 수업이 설교가 되면 안 되죠?"

맞습니다. 우리는 교사입니다. 우리는 교육학적으로 전문성을 가져야 합니다. 그리고 그 전문성을 여지없이 수업과 상담, 방법과 평가 등을 통해 발현해야 하지요. 저는 이를 적극 지지하고 공감하며 저 또한 그렇게 되길 바라며 노력합니다. 하지만 좀 더 생각해 볼 필요가 있습니다.

우리가 가진 '직업적 전문인으로서의 교사'라는 정체성을 말이지요. 사실 '교사'라는 말에 대해 가지고 있는 인상과 의미는 상당히 제한적입니다.

공무원? (물론 기독교 학교의 교사는 공무원이 아닙니다만)

중립성?

전달자?

교육전문가?

그럼 묻겠습니다.

우리는 교사이기 이전에 무엇입니까?

자신이 위치한 모든 영역을 정의하는 정체성은 무엇입니까?

저는 '믿는 자'라고 말하고 싶습니다. 기독교 학교의 교사로서 우리가 진리를 먼저 맡은 자라면, 우리는 우리 다음 세대에게 신앙을 전수할 의무가 있습니다. 이것은 교육기관의 전문인으로의 교사보다 더 깊고 넓은 정체성입니다.

저는 도리어 묻고 싶습니다.

사랑하는 선생님들, 수업이 설교같이 되면 안 되나요?

제 말을 오해하지 마시기 바랍니다. 전 이 글을 읽는 교사 여러분이 수업마다, 학생을 만나는 모든 만남마다 설교를 하리라고 절대, 절대 생각하지 않습니다. 제가 무슨 권위로 그러겠습니까마는, 수업마다 설교하라고 한들 여러분은 전문인인 교사로서 최선을 다하실 것이기 때문이지요.

하지만 때로는 하나님의 형상이 회복될 것을 간절히 바라는 교사의 마음이 학생들에게 전해졌으면 좋겠습니다.

기독교교육학자 게블라인의 말처럼, 이것이 교사의 가치관과 열정을 통한 기독교교육의 강력한 통합방법이 아니겠습니까?

물론 이런 마음은 학교의 모든 활동을 통해서 전해져야겠지요. 하지만 가끔! 원색적인 복음과 성경의 진리가, 학교의 교목이 아닌 교사의 말로 전해지길 바랍니다.

우리가 기독교 학교에 있는데 무엇이 문제인가요?

혹시 이걸 막는 사람이 있는 건가요?

적어도 저는 여러분을 격려하고 응원합니다. 선생님들의 입을 통해 열정적으로 전해지는 복음의 내용은 학생들의 거듭남을 위한 하나님의 섭리로 사용될 것이며, 학생들에게는 신앙의 선배로서의 부모가 아닌 다른 어른이 존재한다는 사실로 새겨질 것이고, 교사 자신에게는 신앙 전수자로서의 정체성을 깊게 새겨줄 것이라 생각합니다. 함께 힘냅시다.

4. 삼위일체를 통해 학생을 바라본다면?

그렇다면 교사의 가장 큰 업무인 수업, 넓게는 교육활동 전체에 구체적으로 적용할 수 있는 진리는 무엇일까요?

위에서 잠시 말했었지만, 저에게 있어서 기독교 학교 교사로서의 정체성을 받쳐준 또 하나의 진리는 삼위일체입니다. 삼위일체에 대한 어렵고 까다로운 인상 때문인지, 뭔가 세 개만 모이면 삼위일체라고 말하는 그런 틀에 박힌 말들 때문인지는 모르겠지만 기독교 학교 내에서도 삼위일체에 관한 논의나 이를 토대로 하는 수업 연구는 이뤄지지 않는 듯합니다. 그래서 그런지 이에 대해 나누고자 하는 저의 마음도 매우 조심스럽습니다.

혹시나 저의 잘못된 적용이 하나님의 영광을 가리지 않을까, 삼위일체에 대한 나의 모자란 생각이 다른 선생님들께 피해를 주지 않을까 하는 우려입니다. 그럼에도 삼위일체, 특별히 다양성과 통일성에 대한 수고로운 고민은 저를 비롯한 교사들의 교육을 풍성히 채울 것이라 생각합니다. 저는 삼위일체 교리의 역사적이고 철학적인 논의를 할 수 있는 능력은 없습니다. 다만 여기서 말하고자 하는 것은 하나님께서 삼위일체로 계신다는 사실, 여기서 유추할 수 있는 하나님의 다양성과 통일성에 대한 나눔입니다.

삼위일체의 다양성과 통일성으로 학생들을 본다면 어떨까요?

신자인 교사는 하나님의 형상으로서 하나님의 형상인 학생들을 바라봅니다. 그들은 하나님의 형상으로서 삼위일체 하나님의 다양성과 통일성을 '유한'하게 나타냅니다.

이것이 교사에겐 어떤 의미가 될까요?

일단 학생들을 통일된 '인간'으로서 보게 합니다. 위대한 하나님의 형상이자 죄의 관성에 머무는, 때론 아직 죄 안에서 사는 존재이지요.

하나님 형상으로서의 학생은 존중받아 마땅합니다. 학생은 교사의 올바른 사랑을 받을, 하나님 형상으로부터 부여된 권리가 있습니다. 사실 교실 현장에서 좀 더 눈에 들어오고, 예뻐 보이는 학생이 있다는 걸 알고 있습니다. 저도 그랬으니까요. 하지만 우리에게 학생들을 편애할 권리는 없습니다.

기독교 학교 교사는, 우리가 죄의 관성으로서 가지고 있는 편애의 편리함을 버려야 합니다. 이게 참 어려운 일이지만 그래야만 합니다.

선생님이 특정 학생을 편애하는 걸 학생들이 모를까요?

절대 그렇지 않습니다. 교사와 학생은 인격적 대면 관계이기 때문에, 학생들은 이 선생님이 나를 미워하는지, 나에게 관심은 있는지, 나를 사랑하는지, 누구를 더 좋아하는지에 대해 정확하게 알고 있습니다. 결코 경험하기 싫은 현실이지만, 저는 교사의 편애로 부담스러워하고 힘들어하는 학생들을 종종 만납니다. 교사인 우리도 학창 시절 교사의 편애로 인한 기억의 생채기가 있는 것처럼 학생들 또한 졸업 후까지 동일한 상흔을 가지고 있습니다.

이런 모습은 성경의 진리로 학생들을 가르친다고 말하는 기독교 학교에 결코 있어서는 안 됩니다. 이런 의미에서 "죽고 사는 것이 혀의 힘에 달렸나니"라는 성경의 가르침은 교사로서 마음에 깊게 새겨야 할 말씀입니다. 흔히 교사를 '걸어 다니는 교육과정'이라고 표현하지요. 학생을 향한 교사의 사랑은 우리의 말뿐 아니라 눈짓, 행동 등 전신을 통해 전달됩니다. 그렇기 때문에 하나님 형상으로 학생들을 바라보고 사랑하는 교사의 전인은 학생들로 하여금 그리스도를 가리키는 표지판이 될 것입니다. 그 반대의 경우는, 사실 상상하기도 두렵습니다.

죄인으로서의 학생에게는 최선을 다해 인간의 비참함을 나누고 죄를 철저히 미워하도록 지도해야 합니다. 역사적으로 '죄인'으로서의 인간을 너무나 강조한 나머지 그에 따른 교육의 부작용이 있었기에 역으로 '죄인으로서의 학생'을 강조하지 않을 때가 많습니다. 하지만 우리는 우리의 상황에 따라 성경의 진리를 가감할 수 없습니다.

특별히 인간의 정체성과 관련된 '죄'의 문제는 더욱 그렇습니다. 학교생활에서 학생의 비도덕적 행위에 대해 "네 잘못이 아니란다"라고, 감상적으로 말하는 게 능사는 아닙니다. 그렇다고 정죄하라는 말이 아니라는 건 아실 겁니다. 죄인으로서의 학생을 대하는 교사에게, 앞서 말한 올바른 사랑이 중요한 이유가 여기서도 드러납니다.

때로 우리가 제대로 학생의 죄를 묻고, 그 죄를 미워하도록 훈육할 수 있으려면, 그들을 그 전부터 힘껏 사랑하는 마음과 사랑하려는 의지가 이미 학생들에게 전달되었어야 합니다. 이것이 없다면 학생들에게 교사는, 단순히 '꽉 막힌 꼰대' 그 이상도 이하도 아닙니다. 기독교 학교에서는 특별히 더 그럴 수 있습니다.

하나님께서 삼위로 다양성을 나타내신 것처럼 학생들 개개인도 다양합니다. 우리가 학생들 각자의 다양성을 염두에 두고 교육해야 하는 이유는 세속적 교육철학이나 유행하는 교육방법 때문이 아닙니다. 하나님께서 그러한 분이시기에, 그런 하나님께서 우리에게 유한하게 남기신 흔적이 있으므로 그렇습니다.

저는 학교의 팀장으로 있으면서 여러 가지 교육방법과 평가를 시도하려는, 하지만 두려워하는 몇몇 선생님과 대화하며 그들을 격려한 적이 있습니다.

교사들이 두려워하는 이유는 뭘까요?

개인적으로 저는 '익숙함'을 꼽습니다. 우리가 지금까지 받아왔던 교육의 관성, 그 익숙함에서 벗어나는 것에 대한 두려움입니다. 지금까지 우리는 오랫동안 획일화된, 극단적으로는 전체주의적인 교육을 받아왔습니다. 그래서 이것이 잘못된 것이라고 인지하더라도 그게 익숙해서 편합니다. 익숙함이 주는 안정을 떠나는 게 두렵습니다. 이런 모습은 고등과정에서 더욱 심합니다. 바로 '수능' 때문입니다.

수능은 우리에게 너무나 익숙합니다. 수능을 준비하는 방법 또한 익숙합니다. 다양한 수업이나 평가의 방법을 고민할 필요가 없습니다. 그냥 주어진 문제집을 수업 시간에 풀어주면 됩니다. 익숙하게도 학생들의 '입시 결과'가 학교의 '열매'로 표현되는 일이 부지기수입니다. 이상한 점은, 그렇게 '익숙한 입시'가 안정을 주기는커녕 교사와 학생 모두에게 불안을 안겨준다는 겁니다.

이런 모순이 또 어디 있을까요?

사랑하는 선생님들. 저는 여기서 입시를 하지 말자고 주장하는 게 아닙니다. 우리를 죄어치는 입시의 거대한 구조 앞에서, 기독교 학교 교사가 정말 애쓰고 신경을 써서 생각해야 할 부분을 놓치는 게 안타까울 뿐입니다.

선생님들. 우리 생각을 바꿔보는 건 어떨까요?

기독교 학교 교사가 다양한 방법으로 수업하며, 학생들을 다양하게 평가하는 건 탁월한 교사임을 인증하기 위해서가 아닙니다. 우리가 만나는 교육의 대상, 하나님 형상인 학생들이 그런 존재이기 때문입니다. 익숙함이 주는 안정을 떠나는 게 두려울 수도 있지만, 우리에게는 설렘이 됩니다. 하나님께서 부여하신 인간성을 바탕으로 고민하여 실행하는, 원색적이며 적극적인 교육은 기독교 학교이기 때문에 이뤄질 수 있고, 더 나아가 이뤄져야 합니다.

학생들을 평가하는 것도 마찬가지입니다.

교사가 학생들에게 통일되게 세워야 하는 평가의 기준은 무엇일까요?

평가의 방법과 기준을 다양하게 잡아야 하는 이유는 무엇일까요?

반대로 한 학생이 지닌 다양성을 하나의 숫자로 나타내는 평가의 문제는 무엇일까요?

이 모든 질문의 기준은 하나님께 있습니다. 어떤 이유가 되었든 우리는 기독교 학교 교사로서 학생들 각자의 다양성을 인정해야 하며, 그 다양한 인격의 요소를 어떻게 성장시키고 평가할지를 교육학적으로 고민해야 합니다.

반대로 보자면, 하나님의 형상으로서의 학생 각각의 다양함을 고민하지 않는 모습은 위험합니다.

이 글을 읽는 여러분이 저와 비슷한 시대를 살아왔다는 걸 전제한다면, 학창시절 때 교사에게 이런 말 많이 들어보지 않으셨나요?

"내가 졸업한 너희 선배 길동이에게 이러저러한 방법으로 수업을 했었거든. 그랬더니 말이지, 점수가 잘 나오더라. 너희도 마찬가지야. 내가 알려주는 방법대로만 하면 너희 선배와 같이 될 거야".

저는 이 말을 했던 당시 선생님의 진정성을 추호도 의심하지 않습니다. 저 같은 학생이 얼마나 답답하셨을까 생각하면 잠시 죄송한 마음이 들기도 합니다만, 이런 일상적인 말도 잘 들여다봐야 합니다.

이 선생님이 생각하는 학생들은 어떤 존재일까요?

졸업한 선배 길동이는 길동입니다. 그리고 이 선생님 앞에 있는 학생들은 길동이가 아닌 다른 존재들이지요.

졸업한, 과거의 길동이에게 유효했던 수업방법이 현재 길동이가 아닌 학생에게 유효할 것이란 생각의 근거는 무엇일까요?

도노반 그레이엄이라는 교육학자는 하나님 형상을 고려하지 않는 교육은 하나님께 대한 반역이라고까지 표현합니다. 우리 적어도 반역자가 되진 맙시다.

5. 삼위일체를 통해 교과를 바라본다면?

삼위일체의 다양성과 통일성으로 교과를 바라보면 어떨까요? 모든 교과가 피조물이기에 모든 교과는 통일되게 하나님을 나타냅니다. 마치 한 마리의 코끼리를 부분적으로 느껴 판단하는 장님처럼, 교과들은 자신들의 한계와 방법 안에서 한 분이신 하나님을 드러냅니다. 그래서 교과 통합수업은 단순히 학생들의 유기적 사고력을 높이려는 방법을 넘어서 피조물을 창조하신 한 분 하나님을 나타내는 좋은 도구입니다.

저는 학교에서 과학을 가르쳤습니다. 그래서 부족하지만 과학 교과 안에서 하나님의 속성을 고민했습니다.

태양계를 생각해 볼까요?

천문학자 요하네스 케플러는 세 가지의 행성 운동법칙을 통해 태양계 행성의 움직임이 통일된 물리법칙 안에서 운동한다는 걸 발견했습니다. 하지만 통일된 물리법칙 안에서 운동한다는 게 각 행성 고유의 다양성을 해하진 않습니다. 태양계 내의 행성 중 물리량이 같은 건 없으니까요. 인격이 없는 행성들 안에서도 삼위의 다양성을 통해 하나이신 하나님의 불변을 나타내신 하나님을 찬양합니다.

학생들과 실제 찬양을 해도 좋습니다. 수업 중에 찬양해도 되냐고 반문할 분이 계실 수도 있습니다. 그런데 잘 생각해봅시다.

왜 안 되겠습니까?

저는 이런 부분에 있어서 기독교 학교에 계신 선생님들이 자신이 가진 예배의 자유를 만끽하셨으면 좋겠습니다.

다른 교과의 선생님들은 어떠십니까?

각자의 교과 속에서 하나님의 다양성과 통일성을 감지하여 나눠 주십시오. 이건 누가 해 주는 게 아닙니다. 교사인 우리가 해야 할 일입니다. 이런 주제를 교사들끼리 함께 나눌 때 얼마나 행복할까 싶습니다. 우리는 기독교 학교에 있으니 가능합니다.

하나님께서 삼위일체로 존재하신다는 사실은 관념적인 명제가 아닙니다. 도리어 교사인 우리와 학생들에게도 매우 실존적인 사실입니다. 아시다시피 바울은 로마서 1장을 통해 하나님을 아는 지식을, 하나님의 영원하신 능력과 신성을 그 피조물 가운데 두셨다고 말합니다(롬 1:19~20).

우리가 학교를 통해 가르치는 교육내용은 모두 피조물입니다. 좀 더 확장하면, 우리가 사용하는 교육방법 또한 피조물입니다.

더 확장해 볼까요?

우리가 있는 기독교 학교도 피조물입니다. 더 나아가 우리가 만나는 학생들도 피조물입니다. 네덜란드의 신학자였던 헤르만 바빙크는 이러한 하나님을 아는 지식, 즉 계시가 자연, 역사, 인류, 가정, 사회, 과학, 예술 등 모든 것의 근거가 된다고 말합니다. 바빙크는 이를 "모든 시간 안에서 영원의 맥박이 고동친다"라고 멋지게 표현합니다.

이 멋진 표현을 차용하겠습니다. 기독교 학교의 교사는 피조물 가운데 뛰고 있는 하나님의 맥박을 감지해야 합니다. 그 속에 감지된 하나님께서 어떤 하나님인지 학생들에게 전해야 할, 때론 그들과 주고받아야 할 의무가 있습니다. 피조물 가운데 고동치는 영원의 맥박을 감지하는 일은 기쁨 중 기쁨입니다.

가슴이 두근거리지 않으십니까?

저는 터져버릴 것만 같습니다. 이 기쁨을 기독교 학교 내에서 하는 공적 예배로, 때론 수업의 내용이나 수업 중 간단한 찬양과 나눔으로, 때론 내 앞에 앉아 있는 학생과의 상담으로, 학교에서 일어나는 모든 교육활동을 통해 직설적으로, 교육학적으로 표출하시기 바랍니다.

지금까지 나눈 내용이 제가 기독교 학교 교사로 있었던 이유 일부입니다. 우리가 학원 강사도, 공교육 교사도 아닌 이유를 찾아야 합니다. 모두가 '교육'이라는 큰 틀 아래 있지만, 우리가 있는 자리는 '기독교 학교'이기 때문입니다. 없는 걸 억지로 찾아서 모두 자기 위안의 바다에 빠지자는 말이 아닙니다. 학원과 공교육 모두 그들이 해야 할 특별한 역할이 있는 것처럼, 기독교 학교는 하나님께서 특별히 의도하신, 기독교 학교만이 해야 할 역할이 있습니다.

선생님들이 지금 기독교 학교에 계신 이유는 무엇인가요?

전 정말 궁금합니다. 그리고 이런 정체성의 근거들을 서로 나누는 자리가 있기를 소망합니다. 수많은 기독교 학교 교사들의 풍성한 근거들은 서로에게 더욱 더 굳건한 소망과 힘이 될 수 있을 테니까요.

6. 기독교 학교 교사가 되기 위한 최소한의 노력

개인이나 공동체가 기독교 학교의 정체성을 찾기 위해서는, 일단 '시간'이 필요합니다. 이 글을 읽으시는 기독교 학교의 관리자분들이 계신다면 꼭 염두에 두시길 부탁드립니다. 모든 기독교 학교가 그런지 모르겠지만, 적어도 제가 아는 기독교 학교들은 교육과정에 있어서 유연성을 가지고 있습니다. 이런 유연성이 불안 요소로 지적될 때도 있습니다.

전통적인 학교의 교육과정은 변하지 않는 게 미덕인 것처럼 여겨졌었습니다. 하지만 교육과정의 유연성은 큰 장점이 있습니다. 무엇보다 변하는 시대, 변하는 학생, 변하는 상황에 맞춰 필요한 내용을 교육할 수 있다는 것입니다. 물론 '좋은 게 좋은 거다'라는 식으로 급작스럽게 편성되는 수업이나 프로그램은 없어야 합니다. 이런 경우는 불안 요소입니다.

어쨌든 기독교 학교의 교사들은 너무 바쁩니다. 담임 업무와 담당 수업 준비, 상담, 학교 전체 행사의 기획 및 분담 등. 더욱이 이런 일들이 학기 말 평가와 겹쳐버린다면 정말 정신 차리지 못할 정도입니다. 이런 이유로, 학교에서 팀장으로 있으면서 가장 많이 신경 쓴 부분이 '필요 없는 행사'를 줄이는 일이었습니다. 네, 교사들은 '시간'이 없습니다. 그런데 기독교 학교의 정체성을 찾아가는 일은 '시간'을 필요로 합니다. 이런 문제들을 관리자분들이 잘 조정해 주실 거라고 생각하며 글을 이어가겠습니다.

기독교 학교의 교사들은 계속해서 자신 안의 것을 퍼내는 일을 합니다. 그게 정보든, 말이든, 체력이든 말입니다. 학생들과 함께 있는 일은 기쁨이지만 당연히 힘들고 진이 빠집니다. 길고 긴 교사회의를 마치고 나면 더욱 그렇습니다. 그래서 교사들은 채울 시간이 필요합니다. 물론 더 개인 경건 시간을 통해서도 어느 정도 채워지긴 합니다. 하지만 교사들에겐 기독교 학교와 수업의 정체성과 연관된 내용이 채워져야 합니다.

그래야 힘이 나고, 안정감이 생기며 다른 교사들과의 유대가 강해집니다. 그래서 여기서는 제 경험에 비추어 두 가지를 제안하려 합니다. 더 좋은 경험이 있으시다면, 꼭 나눌 수 있는 자리가 있으면 좋겠습니다.

먼저 성경공부 모임입니다. 큐티 말씀을 나누는 시간이 아닙니다. '공부'입니다. 슬픈 일이지만 기독교 학교 교사야말로 성경공부가 필요한 사람들인데 성경을 공부할 시간이 없습니다. 성경적 가르침, 성경적 수업 재구성이 필요한 데 말입니다. 교사 중 신학을 전공한 사람이나 교목을 중심으로 공부 모임을 구성하면 됩니다. 상황에 따라서는 외부에서 목사를 초청하여 진행하는 것도 방법입니다.

이 모임에서는 딱히 교육적 적용을 하지 않아도 됩니다. 순수하게 성경을 공부하는 겁니다. 구약이나 신약 개관을 해도 좋고, 한 권을 정해서 공부해도 좋으며, 교리나 신앙고백을 공부해도 좋습니다. 일단 교사가 건강해야 하지 않겠습니까. 기간이나 교육내용은 인도자가 구성해도 좋고 모인 교사들이 함께 정해도 좋습니다. 교육과정을 구성하는 건 교사들이 잘하니까요. 성경공부 모임은 신자인 교사들의 건강과 더불어 교사들이 공통적인 내용을 중심으로 강력한 결속을 가질 수 있는 시간이 됩니다. 한 주에 1시간 반에서 2시간 정도면 좋겠습니다. 이를 위한 특별한 시간을 할애해도 좋고 여의치 않을 경우, 저녁에 모여도 됩니다. 이때, 저녁 식사 지원은 필수겠지요.

다음으로 독서 모임입니다. 한 학기 동안 위와 같은 성경공부를 했다면 한 학기는 독서모임을 하시길 바랍니다. 이때는 성경공부에서 하지 않았던 '교육적 적용'이 주가 됩니다. 기독교교육과 학교에 대한 도서도 괜찮습니다. 세계관 및 철학 관련 도서도 추천합니다. 아시다시피 기독교교육 관련 도서는 교사들의 수업 개발과 직접적인 적용에 효과적입니다. 하지만 일시적일 수 있는 단점이 있습니다. 이를 잘 보완할 수 있는 게 세계관과 철학 관련 도서입니다.

철학자 강영안은 자신의 책 『철학은 어디 있는가』를 통해 텍스트와 삶 사이에 철학을 위치시킵니다. 기독교 학교 교사가 할 일이 이게 아닌가 생각합니다. 교육내용을 통해 학생들의 삶을 형성하기 원한다면 우리가 고민해야 할 자리에는 분명 철학이 존재합니다. 예를 들어 '인간이 무엇인가'를 논하는 도서를 공부하며 나눈다면, 교사와 학생들의 인간성에 대해 매우 다양한 관점을 나눌 수 있습니다. 이런 관점들을 토대로 실제적인 수업 내용과 방법들을 개발할 수도 있지요. 이런 면에서 보자면 독서 모임은 교사의 전문성과 기독교 학교의 수업을 풍성히 채울 수 있는 좋은 도구입니다.

말씀드린 두 가지 제안에는 중요한 전제가 있습니다. 바로 '원하는 교사'를 대상으로 진행해야 한다는 겁니다. 확실한 근거는 제시할 순 없지만, 기독교 학교 교사들은 특히 자기 신념이 강한 것으로 보입니다. 이건 기독교 학교라는 특별한 공동체를 선택한 교사 '개인' 신념의 영향이 큰 듯합니다. 고로 교사 자신이 적극적으로 참여할 생각이 없는, 임용 시 전달되지 않은 일방적인 교사교육은 반발심만 일으킬 수 있습니다. 그래서 자신이 원하는 교사를 대상으로 진행하되, 참여하는 교사에 대한 지원은 아끼지 말아야 합니다. 교재나 모임을 위한 지원비, 장소는 응당 있어야 합니다. 모임을 수료했다면 그에 맞는 보상을 하는 것도 좋은 방법입니다.

7. 학부모와 함께 걷기

이제는 '교사'에서 잠시 눈을 돌려 기독교 학교의 또 다른 핵심 요소인 '학부모'를 보려 합니다. 학교의 상황마다 다를 순 있겠지만, 대체로 기독교 학교 교사들은 학생들, 학부모들과 매우 친밀합니다. 한글의 올바른 의미는 아닙니다만, 여기서 저는 학부모들과의 친밀을 긍정적, 부정적 의미로 나누겠습니다.

긍정적 의미는 올바른 친밀로 학교의 교육철학과 교사 개인의 교육철학, 학부모들의 교육철학이 상징적, 실제적 의미에서 같을 때를 말합니다. 생각만 해도 흐뭇한 장면이 아닐 수 없습니다.

하지만 부정적 의미의 친밀도 등장합니다. 교사 개인의 교육적 입장과 다른 입장의 학부모들이 '과도한 친밀'로, 교사에게는 참견과 압박으로 느껴지는 조언과 의견을 전달할 때입니다. 생각만 해도 우울해지는 장면입니다. 여기서 교사를 대하는 학부모의 태도를 논하는 것은 제 능력 밖의 일입니다. 그래서 저는 교사로서, 교사가 할 수 있는 것만 나누려 합니다.

이미 아시다시피 기독교교육은 (교회에서 설립한 학교라면) 교회와 학교, 가정이 함께 걸어가는 것으로 단단해지며 그렇게 되어야 합니다. 그리고 학생에 대한 교육의 우선순위와 책임은 분명히 부모에게 있습니다. 우리는 이 사실을 어떤 상황에서도 반드시 기억해야 합니다. 교사들이 가끔 착각할 때가 있습니다. 자신이 돌보는 학생을 그 학생의 학부모보다 많이 알고 있다는 착각입니다. 물론, 때로는 학부모보다 교사가 해당 학생을 더 많이 알고 있을 순 있습니다.

저도 인정합니다. 하지만 정말 그렇다고 하더라도 우리는 기독교 학교의 교사로서, 성경이 말하는 학생에 대한 부모의 일차적 교육책임을 존중해야 합니다. 그게 순서니까요. 저는 여기서 기독교 학교 교사들의 학생에 대한 열정을 뭐라고 하는 게 아닙니다. 학생에 대한 올바른 사랑이 필요하듯, 교육의 책임에 대한 원칙 또한 잘 지켜져야 한다는 것이지요.

그렇다면 부모의 일차적 교육책임을 인정하고 존중하면서, 동시에 부모와 교사가 어떻게 동일한 기독교적 교육철학과 방법으로 함께 걸어갈 수 있을까요?

저는 여기서 '부모와의 소통'을 위한 몇 가지 방법을 제시하려 합니다.

대부분의 기독교 학교들이 새로운 학기를 시작하기 전, 오리엔테이션의 형식으로 학부모들을 만납니다. 학부모들을 만나는 자리는 교사에게 언제나 긴장되는 자리지요. 당연히 며칠 전부터 이런저런 서류들을 준비하고, 때론 거울 앞에서 독백으로 부모님들에게 전할 말을 준비하실 겁니다. 저 또한 그랬습니다.

2008년, 처음 맡은 반의 학부모들을 만나는 자리를 준비하려 얼마나 분주하게 시간을 보냈는지 모릅니다. 반을 어떻게 운영할 것인지, 학부모님들은 어떻게 도와주셔야 하는지를 진땀 흘려가며 떠들었던 기억이 납니다. 28살의 교사가 4학년 학생들은 어떤 특징이 있는지 책 몇 권으로 얼기설기 쌓은 미천한 지식을 나눴던 기억도 있습니다. 지금 돌이켜 보면 참 용감했다는 생각이 듭니다. 어떤 내용을 나누든 선생님들 각자가 더할 나위가 없이 잘 하실 거라는 걸 압니다. 다만 이 첫 만남에서 두 가지를 꼭 강조하시길 권합니다. 이것들이 교사의 진심이 되어야 하는 건 당연합니다.

먼저 학부모에 대한 존경을 표하시길 권합니다. 앞서 말한 바와 같이 일차적 교육의 책임자는 부모입니다. 그런 부모가 자신의 자녀를 교사에게 맡겼습니다. 이건 당연한 일이 아닌 감사할 일입니다. 세상 어떤 것보다 부모에게 귀한 사람, 눈에 넣어도 아프지 않을 남의 자녀를 우리가 '교사'라는 이유로 맡게 된 것이거든요. 자녀를 맡긴 부모들의 태도는 존경받아야 합니다.

더 나아가 학부모들은 한 사람을 키운 '부모'입니다. 육아를 감당하는 세상의 모든 부모는 존경받아 마땅합니다. 이 지점이 앞서 말한 바와 연결됩니다. 학부모를 존경하는 만큼 그 학생에 대한 우리의 사랑, 지식, 평가가 학부모보다 정확하거나 많지 않다는 걸 인정해야 합니다. 여기가 학부모와 함께 걷는 기독교교육의 출발점이라 할 수 있습니다.

나아가 학생에 대한 사랑을 표현하시길 바랍니다.

학생을 사랑하라고?

그런 당연한 말을 왜 합니까?

이렇게 생각하실 수 있습니다. 네, 당연한 말 맞습니다. 다만, 이것이 교사에게 너무나 당연한 말이어서 아무 준비가 없는 전제가 될 수 있는 것도 사실입니다. 제가 잠시 질문을 드리겠습니다.

학생을 사랑하는 게 쉽나요?

저는 '당연히 아니다'라고 대답합니다. 사랑은 어렵습니다. 앞에서 편애에 대해 잠시 언급한 것처럼 교사가 학생을 사랑하는 것, 사람이 사람을 사랑한다는 건 어떤 유형이든 어렵습니다. 이건 교사도 마찬가지입니다. 교사는 성자(聖者)가 아닙니다. 아이들만 봐도 눈에서 사랑의 광채가 빛나는, 아주 보기 드문 교사도 일부 있습니다.

하지만 저와 같이 학생을 사랑하기로 굳게 마음을 먹고, 학부모들 앞에서 선언해야 하는 교사도 있습니다. 이는 언약공동체를 표방하는 기독교 학교의 교사가 응용할 수 있는 성경적 원리입니다. 아시다시피 기독교에는 유아세례라는 게 있습니다. 유아세례는 갓 태어난 공동체의 아기를, 그 부모가 성경의 진리로 양육하겠다는 공적 선언의 의미도 갖습니다. 나아가 이 자리를 함께한 공동체에도 그 책임이 있다는 걸 의미합니다. 공적 선언으로서 유아세례가 자녀를 양육하는 데 친절하고 긍정적인 부담이 되는 것처럼, 언약을 근간으로 하는 기독교 학교의 교사가 학부모들에게 말합니다.

"저는 학생들을 진심으로 사랑합니다."

"저는 학생들을 진심으로 사랑하기로 마음을 먹었습니다"

이렇게 선언하는 것은 두 가지 관점에서 긍정적인 부담이 됩니다. 먼저 교사가 지속해서 학생들을 사랑할 부담을 갖습니다. 자리를 함께한 학부모 또한 교육에 동참해야 한다는 부담을 갖습니다.

첫 만남에서 위와 같이 하셨다면, 그 후로는 정기적으로 편지를 보내시길 권합니다. 저는 기독교 학교의 교사로서, 기독교 학교에 자녀를 보내는 학부모로서 서로가 서로에게 가장 필요한 것은 소통이라 생각하며, 실제 교사와 학부모 모두에게 가장 많은 요구가 그것입니다. 학부모는 내 아이를 맡은 교사가 어떤 생각을 하는지 당연히 궁금해합니다.

이런 상황에서 몇 달 동안 아무런 소통이 없던 교사가 큰마음을 먹고 기획한 프로젝트 수업이 있다고 안내문을 보낸다면, 학부모 관점에서 마냥 반갑겠습니까?

그렇지 않습니다. 교사가 학부모와 함께 교육하고 싶다면 정기적으로 교사의 생각과 마음을 전해야 합니다. 그렇다고 한 달에 한 번씩 모든 학부모를 대면하여 이야기를 나누는 건 불가능합니다. 가능하다 하더라도 교사나 학부모 모두에게 지치는 일이 됩니다. 여기서 교사들이 할 수 있는 좋은 방법이 편지입니다.

안내문 형식이 아닌, 교사 개인의 편지 말입니다. 여기서는 '방법'에 대해 나누는지라 저의 개인적인 경험에 비출 수밖에 없으니 이해해 주시기 바랍니다. 저는 매달 학부모에게 편지를 보냈습니다. 정말 어쩔 수 없을 때는 한 달 정도 넘어가는 일도 있었습니다만, 거의 빼먹지 않고 <부족한 교사의 편지>라는 제목으로 학부모들에게 편지를 썼습니다. 물론 학생들도 꼭 읽도록 했습니다. 학생들도 담임교사가 어떤 생각을 하는지 알아야 합니다. 편지의 형식은 간단합니다. 교사 개인의 고민과 생각이 담긴 교육철학 한쪽 정도, 반과 관련된 전체적인 공지 반쪽 정도, 학생들과 함께 찍은 사진 한 장. 총 두 쪽 정도입니다. 이런저런 설명을 하는 것보다 편지 전문을 보여드리는 것이 더 나을 듯합니다.

다음은 12학년 '진리반'을 담임할 당시 3월 초에 학부모들에게 보냈던 편지의 전문입니다. 편지 끝자락에 '호랑이'는 저의 별명이었음을 밝힙니다.

<부족한 교사의 편지>

저는 커피를 매우 좋아합니다.
직접 볶아서 먹을 정도면 얼마나 좋아하는지 아시겠죠?
그래서 처음 가는 곳이 있다면 근처 카페에 꼭 들러서 커피를 맛봅니다. 보기보다 책을 좋아해서 커피를 마시며 독서를 하는 게 최고의 휴식이지요. 그런데 카페에 갈 때마다 경험하는 게 있습니다. 한 무리의 사람들이 카페로 들어옵니다. 그리고 자리에 둘러앉아 잠시 이야기를 나눕니다. 그리곤 하나, 둘 휴대전화를 꺼내 듭니다. 모두 나름대로 휴대전화 삼매경에 빠집니다. 그리고 적막함이 찾아옵니다.
많이 보신 기억이 있으시죠?
개그 소재로 사용되기도 했던 모습이지요. 사람들은 개그로 인해 웃음을 짓지만, 마음 한쪽 무엇인지 모를 돌덩이가 자신을 쿡쿡 찌르고 있다는 걸 느낍니다. 이런 모습이 흔하게 느껴지는 현실이 그리 반갑지 않기 때문인 듯합니다.
한국의 학생 교육은 어떤 나라보다도 '경쟁'이 중심입니다. 왜냐하면, 세상이 적자생존의 영역이라 믿기 때문이지요. 친구들이 다른 친구를 괴롭히더라도 그건 괴롭힘을 받는 친구가 약하기 때문이며, 소외된 사람들의 억울함을 보더라도 그건 나의 일이 아니기에 공감하지 않습니다. 만약 세상이 정말 적자생존의 영역이라면 거기에 맞춰 홀로 살아가는 우리는 행복해야 하건만 그렇지 못합니다.
철학자 비트겐슈타인은 '개인 규칙 따르기'란 존재할 수 없다고 말합니다. 왜냐하면, 비트겐슈타인은 사회제도, 즉 많은 사람이 함께 존재하는 상황에서 만들어진 규범이 없는 한 옳고 그름을 알 수 없다고 봤기 때문입니다. 그러므로 어떻게 살아가는 게 옳은 삶인가 하는 문제는 사람들 사이의 관계, 사회적 연결망 안에서 생각할 관점이 분명히 있을 수밖에 없습니다.

자녀와 학생들의 교육 주제 중의 하나가 '인성'이 된 지 오래입니다. 이에 대한 수많은 이론과 가르침이 난무하지만, 가만히 생각해 보면 매우 기본적이고 간단한 전제가 있습니다. 우리는 남들과 함께 살아가며 그렇게 살아갈 수밖에 없는 존재라는 것입니다. 인성, 즉 사람됨의 기본은 우리가 함께 살아가는 존재라는 걸, 그 지극히 당연한 사실을 깨닫는 지점부터 시작되어야 합니다. 혼자서는 행복할 수 없기 때문이지요.

이런 의미에서 '이웃사랑'을 '명령'하신 하나님의 계명은 정말 귀합니다. 우리를 만드신 분이시기에 우리가 어떤 존재인지, 우리 자신보다 더 잘 알고 계시기에. 이 얼마나 감사한 일입니까!

사랑하는 학부모님들, 전 학생들이 하나님의 말씀대로 자라길 간절히 바랍니다. 단순히 개인의 입시와 진로를 위해 자신의 모든 물리적 자원을 쏟아붓는 일이 없었으면 합니다. 많은 사람이 말합니다. 학생 때는 공부만 하라고. 그래야 나중에 남을 바라보든, 돕든 한다고 말이죠. 사랑하는 학부모님들, 전 학생들이 세상의 흐름대로 자라길 절대 바라지 않습니다. 이렇게 1년을 보내길 바라지 않습니다. 아무리 이들이 대한민국의 '고3,' 1, 2학년이라고 해도 말입니다. 주께서 주신 지성을 사용하여 하나님의 영광을 위해 공부하고, 이웃을 위해 공부하며 계속해서 세상의 아픔을 안고 가는 학생들이 될 수 있도록 지도해 주시길 바랍니다. 저도 학교에서 그렇게 이끌도록 노력하겠습니다.

시간이 갈수록 진리반 학생들이 과하게 사랑스럽습니다. 이렇게 사랑스러운 아이들을 맡겨주셔서 감사할 따름입니다. 고맙습니다. 언제든지 연락해 주시기 바랍니다.

-부족한 교사 호랑이 김병재 드림(010-****-**** / *****@gmail.com)-

<공지사항>

1. 한 달이 훌쩍 지나갔습니다. 진리반 학생들은 매우 잘 지내고 있습니다. 지각도 거의 하지 않았기에 많은 선생님이 놀라고 있습니다.
2. 4월은 학부모 상담이 있습니다. 4월 중 학부모님들이 괜찮은 시간에 최대한 맞추겠습니다. 시간을 정해서 4월 10일까지 알려주시면 감사하겠습니다.
3. 4월 8일에 검정고시가 있습니다. 현재 모든 수업을 검정고시에 맞춰서 진행하고 있습니다. 노력한 만큼 결과를 얻는 은혜가 있길 기도해 주세요. 아울러 검정고시가 끝나고 나면 진리반에 알맞은 다양한 수업이 기다리고 있습니다.
4. 저는 제 부족함을 알기에 미디어를 최대한 줄입니다. 그래서 예전부터 '네이버 밴드'를 하지 않으며 카카오톡도 알람을 끄고 지냅니다. 혹시 중요하거나 급한 연락을 하시려면 문자나 전화를 주시면 고맙겠습니다.

8. 기독교 학교에 대한 대표적 오해 두 가지

'학부모와 함께 걷기'를 마무리하기 전에 두 가지만 더 나누도록 하겠습니다. 이건 선생님들께서 학부모님들을 상대로 상담을 하실 때 도움이 되시라고 드리는 일종의 팁입니다. 물론 저와 똑같은 생각을 하시는 분이 계신다면 '같은 생각을 하는 교사가 있구나' 하며 위로받으시길 바랍니다.

'기독교 학교'라는 말이 생긴 지 오래지만 그런데도 기독교 학교에 대한 오해가 참 많습니다. 그중 예비 학부모 및 기존의 학부모님들이 하시는 가장 대표적인 오해가 있습니다. 바로 학생의 '사회성'에 대한 우려입니다. 학부모님들은 보통 이런 말들로 문의 및 질문을 하시죠.

학부모: "선생님, 다 좋은데… 반이나 학교 전체에 학생들 수가 적어서…."

교사 호랑이: "(이미 예상하며) 네…."

학부모: "제 애가 하도 숫기가 없어서, 아이들이 이렇게 적으면 사회성 발달이 어렵지 않을까요?"

교사 호랑이: "아! 아버님, 어머님. 그건 걱정하실 필요가 없습니다. 왜냐하면, 말이죠"

자, 선생님들. 이런 질문 받아보신 적 있으시죠?

없으시다면 아마 곧 받으실 겁니다.

선생님들은 뭐라고 답변하시나요?

사실 학생의 사회성은 학생이 얼마만큼 '건전한 방법을 통해 갈등을 해결하느냐'에 달렸습니다. 이런 의미에서 기독교 학교의 적은 학생 수는 득이면 득이지 실이 아닙니다.

학생들이 많으면 학생의 사회성이 발달하나요?

전혀 그렇지 않습니다. 이건 이미 저희가 경험했으니까요. 한 반에 50~60명이었던 저의 학창시절이 그렇습니다. 학생 수가 많은 상태에서 학생 사이에 갈등이 생기면 그냥 묻어두면 됩니다. 왜냐하면, 갈등을 일으킨 학생 말고도 내가 지낼 수 있는 다른 학생들이 훨씬 많기 때문입니다. 그냥 보지 않고 살면 됩니다. 아시다시피 사람은 갈등을 회피하려 합니다. 갈등의 문제를 직면하는 건 누구에게나 두려운 문제이며 어린 학생의 경우 더욱 그렇습니다. 하지만 학생 수가 적을 경우, 회피할 가능성 자체가 없어집니다. 갈등이 있는 학생들은 끝까지 이 문제를 풀어야 합니다. 여기서 기독교 학교 교사의 피로가 갑절로 더해지는 건 잘 알고 있습니다. 왜냐하면, 교사도 이 문제를 직면해야 하기 때문이지요. 상황에 따라 다를 순 있겠지만 대체로 중등교사분들의 다크서클이 보일 경우, 여기에 해당할 때가 많습니다. 기독교 학교에서 두 학생의 갈등은 이미 두 학생의 문제만이 아닙니다. 해당 학급과 과정 전체, 담임교사와 교사 공동체 모두의 문제가 됩니다. 공동체 내의 두 학생의 갈등을 해결하기 위해 공동체 전체의 에너지를 사용합니다.

그래서 갈등 해결은 쉽지 않습니다. 이런 과정을 통해 학생들의 사회성은 자라납니다. 그 단단한 사회성이 서서히 드러납니다. 학교를 졸업한 학생들을 보면 확연히 알 수 있을 때가 많습니다. 혹시나 학부모님들께 위와 같은 질문을 받으신다면, 이제는 자신 있게 답변하시는 선생님들 되시길 응원합니다.

또 하나의 오해가 있습니다. 위의 상황과 연결해서 생각해 보겠습니다. 다음과 같은 상황입니다.

학부모: "아, 선생님 덕분에 마음이 좀 놓이네요."
교사 호랑이: "그렇죠? 걱정하지 마시고 자녀를 교육하는 데 함께 힘써주시길 부탁드립니다."
학부모: "선생님, 그럼 저도 한 가지 부탁드릴게요."
교사 호랑이: "예, 말씀하세요."
학부모: "기독교 학교에 다니면 아이가 좀 물렁물렁해지잖아요. 너무 곱게만 키워서 말이죠. 하하. (주먹을 꽉 쥐시며) 그러

니까 좀 강하게! 교육해 주세요. 예배, 말씀, 기독교적 수업 다 좋은데 그러면 아이가 좀 온실에만 있었던 티가 날까 봐요."

교사 호랑이: "아, 그런 생각을 하시는군요. 그러실 수도 있죠. 하하하…."

자, 이 상황을 읽으시며 옅은 미소를 머금은 선생님, 노고가 많으십니다. 이미 질문을 받으신 적이 있으시군요. 맞습니다. 이 질문은 정말 많이 받는 질문 중 하나입니다. 이런 질문의 뿌리에는 기독교에 깊이 뿌리내린 신앙과 현실의 분리가 자리 잡고 있습니다. 신앙은 신앙으로, 현실은 현실로 보는 것이지요. 신앙과 현실은 어떠한 상호작용도 하지 않는다는 생각입니다. 이건 학부모나 교사, 학생 모두에게 넓게 퍼져있는 요소입니다.

이렇게 보면 기독교 학교에서는 이원론과 싸움이 매우 중요하다고도 할 수 있겠습니다. 어쨌든, 신앙으로 교육받은 학생이 졸업 후 세상과 소통이 어려울 것이라 보는 이런 시선은 생각보다 많습니다. 기독교 학교가 온실이라고 생각하니까요.

그런데 여러분, 온실이 아닌 교육이 있습니까?

잠시 제 이야기를 하겠습니다. 저는 시골에 살고 있습니다. 농가 주택 같은, 집 앞에 비교적 넓은 밭이 있는 집입니다. 그래서 봄이 되면 이런저런 작물을 심습니다. 올해는 모종보다는 파종을 하고 싶었습니다. 그래서 작년에 모아둔 옥수수와 단호박 씨앗을 발아하기로 마음먹었습니다.

그럼 전 어떤 선택을 할 수 있을까요?

다음과 같은 선택을 할 수 있습니다.

'그래, 씨앗도 힘들게 자라봐야 나중에 더 강해지겠지. 자기가 알아서 뿌리 내리고, 자기가 알아서 양분을 빨아들여야 튼튼해지지. 땅 뒤집고 퇴비 줄 것도 없이 그냥 뿌리자.'

그리곤 옥수수와 단호박 씨앗을 구분도 하지 않은 채 그 단단한 땅에 그냥 마구 뿌린다고 생각해 보십시오.

또 다른 선택을 할 수 있습니다.

'그래, 일단 땅을 뒤집자. 뿌리가 잘 내리려면 땅이 부드러워야 하니까. 양분도 많이 없어졌을 테니 퇴비도 좀 주고. 맞다! 잡초도 없애야지.'

그리곤 겨우내 말라버린 씨앗을 물에 불리고, 솜을 깔아 정성껏 올려준 뒤 발아를 기다립니다. 모종판에 넣을 좋은 흙을 준비하고 2~3일 뒤 발아된 씨앗을 하나하나 모종판에 심습니다. 그리고 잘 뒤집힌 땅에 어느 정도 자란 모종을 심습니다. 옥수수와 단호박의 특징을 잘 생각하며 말이죠. 아참! 잡초가 자라지 않도록 마른 풀로 땅을 덮어주었고요.

자, 어떻습니까?

모든 교육은 온실입니다. 아니, 온실이 되어야만 합니다. 이건 다음 세대를 대하는 앞선 세대의 책임입니다. 강하게 자라려면 잘 돌봐줘야 합니다. 기독교 학교는 기독교를 중심으로 하는 교육을 학생들에게 온실로 제공합니다. 이 온실은 결코 학생들을 유약하게 하지 않습니다. 왜냐하면, 신앙이 현실이기 때문입니다. 섬세하고, 따뜻하며, 정확한 신앙교육은 학생들이 현실에서 강하게 존재할 수 있도록 합니다. 이렇게 본다면 기독교 학교교육의 책임, 그 무게가 더욱 크게 느껴집니다. 기독교 학교는 학생들이 진리를 소유하도록, 그 진리를 자신의 삶에서 뿜어내도록 교육해야 합니다. 그게 신앙이고, 그게 현실입니다. 그래서 기독교 학교는 온실이 맞습니다. 기독교교육의 온실입니다.

아! 가장 중요한 전제를 빼먹었습니다. 지금까지 나눈 이 모든 것은 학부모님과 함께 걷기 위해서 존재합니다. 학부모 상담을 학부모 교육으로 생각하시고 가르치려 하면 안 된다는 것, 명심하셔야 합니다.

9. 글을 마치며

시간이 되었습니다. 책상 위가 어지럽습니다. 형광색으로 줄 그어진 성경, 교과교재, 그리고 이런저런 참고도서들을 투덕투덕 정리합니다. 그래도 그 어지러운 모습이 나의 고민과 노력을 보여 준다고 위로하며 의자에서 일어나 교무실을 나갑니다. 학생들 특유의 향과 땀내가 배어있는 복도를 비교적 가볍게 걸어가며, 지나가는 학생들과도 가볍게 인사합니다.

저 멀리 복도에서 전력 질주하는 학생, 때론 고라니 울음소리로 소리를 지르는 학생들이 있지만, 오늘은 그냥 그러려니 하며 은혜를 베풉니다. 수업해야 하는 교실 앞에 서서 호흡을 가다듬습니다. 교실 안에서 어떤 내용인지 모를 학생들의 조잘거리는 소리가 들립니다. 손가락이 약간 뻐근할 정도로 교실의 문고리를 잡고, 깊게 들이마신 숨을 짧고 힘있게 내뱉으며 교실 문을 엽니다. 고개를 돌리는 학생들, 이내 그들의 반기는 목소리가 여기저기 들려옵니다.

"안녕하세요, 선생님"

그렇게 우리는 홀로 교실 문을 들어갑니다.

사랑하는 선생님들! 그런데 사실 우리는 혼자가 아닙니다. 우리

위에 계시는 성부 하나님, 우리를 위해 간구하시는 예수 그리스도, 우리와 함께 계시는 성령 하나님, 그런 영광스러운 삼위 하나님께서 함께하십니다. 이게 끝이 아닙니다. 여러분과 함께 하나님께서 기뻐하실 교육을 위해 씨름한, 다른 선생님들의 고민과 열정이 우리와 함께합니다. 선생님들과 함께 걷는 학부모님들의 기도가 함께합니다. 이 모든 풍성함과 함께 우리는 교실로 들어갑니다.

제가 너무 이상적으로 말했나요?

맞습니다. 이건 이상(理想)입니다. 아마도 우리가 품은 교육적 이상은 주님께서 다시 오시기 전까지는 이뤄지지 않을 겁니다. 하지만 이상은 환상이 아닙니다. 우리에게는 주님께서 보여 주시는, 바라야 할 이상이 있습니다. 성경은 '소망'을 영혼의 닻이라 했습니다. 우리가 기독교 학교 교사로서 흔들리지 않을 수 있는 이유는 학생들이나 다른 이들의 인정 때문이 아닙니다. 주님께서 보여 주시는 그 이상을, 교사 된 우리가 소망하기 때문입니다. 지금 이 글을 읽는 선생님, 당신이 소망의 닻을 통해 흔들리지 않는 배가 되길 잠시 기도합니다. 그리고 부족하나마 격려를 전합니다. 우리 함께 해봅시다.

저자소개

김병재

2008년부터 화성의 은혜의동산기독교학교에서
중고등 과학 교과를 가르쳤으며
현재 은혜의동산기독교학교교육연구소 객원연구원으로 섬김.
키워드 : 교사, 신학, 철학, 인간, 다양성

유승민

2004년부터 2007년까지 중앙기독초등학교에서 미술을 가르쳤으며
2009년부터 샘물중고등학교에서 가르치면서
교감과 담임교사로 섬김
2015년부터 현재까지 '예술 중심의 융합 교육과정'을
개발하고 운영함.
키워드 : 기독교 세계관, 예술교육, 융합교육, 창작 공동체,
　　　　 예술적 글쓰기

이정미

두레연구원 제3기 연구원을 거쳐
2005년부터 2013년까지 샘물기독학교에서
2013년부터 2018년까지 샘물중고등학교에서 가르치고
2019년부터 현재까지 더샘물학교 초등교장으로 섬김.
키워드 : 기독교 세계관, 관계, 공동체, 청지기, 하나님 나라

이해리

1995년부터 교사였고
두레교회 부속 두레학교에서는 2006년부터 가르치고 있으며
현재 두레학교 교장으로 섬김.
키워드 : 소통, 비전 공동체, 마음을 이끄는 수업, 성장, 영성

조희국

보드게임교육연구회(보이다) 연구위원 역임하고
2006년부터 샘물학교에서 가르치고 있으며
현재 5학년 담임으로 섬김.
키워드 : 기독교교육, MK 교육, 학습 놀이(보드게임과 교구),
　　　　학급 운영, 기윤실교사모임, 좋은교사운동

주순희

2006년부터 릭스쿨에서 가르치며 교장으로 섬김.
키워드: 삶을 위한 배움, 사랑을 위한 배움, 나답게, 함께, 새롭게

허 연

2006년 공립 초등 교사를 시작하여
2007년부터 두레학교에서 가르치고 현재 초등 교감으로 섬김.
『기독교 역사관으로 한국 신화 가르치기』라는 책을 씀.
키워드: 교육과 하나님 나라, 역사, 교육과정 재구성, 비판적 사고력, 기독교적 평가

허찬영

2004년부터 현재까지 꿈의학교에서 과학과 물리를 가르침.
2014년부터 2019년까지 꿈의학교 생활관에서 함께 함.
2020년부터 통합 독서 교육과정 LCLRI(Learning Collaboration and Loving through Reading and Intergration의 약자로 2019년 꿈의학교에서 시작함) 2기를 개발하고 운영함.
키워드 : 도전, 수용, 헌신, 연구, 애통함

교사들이 말하는 기독교대안교육

2020년 12월 31일 초판 발행

발 행 인 | ACTS교육연구소
기획편집 | ACTS교육연구소
저   자 | 김병재 · 유승민 · 이정미 · 이해리 · 조희국 · 주순희 · 허 연 · 허찬영

발 행 처 | 아세아연합신학대학교
          등록: 1990.11.22 제1990-000001호
          경기도 양평군 옥천면 경강로 1276
          031) 770-7746~7
          www.acts.ac.kr
          press!acts.ac.kr

편집 · 인쇄 | 사) 기독교문서선교회
            서울시 서초구 방배로68
            02) 586-8761~3(본사)
            www.clcbook.com
            clckor@gmail.com

총판처 | CLC 영업부 031) 942-8761

        ISBN: 978-89-92193-38-2 (94230)
        ISBN: 978-89-92193-29-0 (세트)
        가 격: 13,000

* 낙장 · 파본은 교환해 드립니다.